GUIDE A BLOIS.

GUIDE
HISTORIQUE
DU VOYAGEUR
A BLOIS
ET AUX ENVIRONS.

BLOIS
MARCHAND, LIBRAIRE, GRANDE-RUE
MDCCCLV.

In tenuitate copia

BLOIS

Aucune des villes dont le beau fleuve de Loire baigne les murailles n'offre un aspect plus pittoresque que la ville de Blois. Bâtie en amphithéâtre, sur une côte escarpée, elle étale aux yeux toutes ses parures : en bas, l'hôtel-de-ville, le collége, l'Hôtel-Dieu, les quais et leurs blanches maisons, sur lesquelles se détachent les hautes nefs de l'église Saint-Laumer, noircies par le temps et la flamme des huguenots ; au-dessus, le château, si célèbre dans l'histoire, l'église des Jésuites, au pignon traditionnel ; tout en haut, le donjon des anciens seigneurs de Beauvoir, la cathédrale, l'évêché et ses jardins suspendus.

Elle est traversée, dans sa longueur, par trois grandes voies de communication, placées aussi par étages : le fleuve, les levées et le chemin de fer. Une pyramide, haute de 18 mètres, s'élève sur le pont de Blois, dont la forme, peu usitée, répond à la disposition amphithéâtrale de la ville, répétée par les eaux pures du fleuve qui coule à ses pieds.

Cette disposition, tout à l'avantage de l'aspect extérieur, perd de son prestige quand on pénètre dans les rues étroites et tortueuses de la vieille cité, quand on gravit les rampes et les escaliers qui relient les quartiers hauts aux quartiers bas :

> Montez à travers Blois cet escalier des rues
> Que n'inonde jamais la Loire au temps des crues. (V. Hugo.)

Si, du moins, ces anciens quartiers, maintenant sombres et tristes, étaient encore égayés par la vue des curieuses maisons de bois, des splendides hôtels de pierre, où le caprice des maîtres architectes du Moyen-Age et de la Renaissance avait élevé ces originales façades à *pignon sur rue*, que l'on y admirait naguères......; mais la Révolution et le mauvais goût de l'Empire et de la Restauration les ont successivement détruites. Seule, la rue Saint-Lubin renferme plusieurs de ces vieilles maisons à sculptures fantastiques du XVe siècle, et on trouve encore, çà et là, quelques débris des édifices du style plus correct de la Renaissance, dans les hôtels qui portent les noms historiques d'Amboise, de Guise, d'Aumale, de Cheverny, dont nous parlerons plus loin.

Il reste peu de chose des anciennes fortifications ; les portes gothiques ont été détruites ; un amas de glaces a renversé, en 1716, le vieux pont du XIIe siècle. La Révolution a démoli un grand nombre d'établissements religieux et d'églises, dont les clochers et leurs flèches pointues rompaient l'uniformité des lignes, en se détachant des groupes de maisons de même que les peupliers dans les massifs des bois.

D'immenses prairies, des terres fertiles, de riches vignobles, trois grandes forêts, des villages populeux, de beaux châteaux entourent la ville de Blois, qui, par sa position pittoresque, la magnificence de ses anciens édifices, la bonté de son territoire, est tout-à-fait digne d'être placée à l'entrée de ce riant pays, appelé le *Jardin de la France*. Aussi, le médecin Bernier, notre premier historien, inscrivait-il glorieusement en tête de son livre cette variante d'un vers d'Horace :

NVLLVS IN ORBE *LOCVS BLÆSIS* PRÆLVCET AMŒNIS.

Les Blésois ne semblent pas indignes, non plus, de leur ancienne réputation de courtoisie, de belles manières et de bon langage qu'y avait naturalisés le séjour habituel de la cour. Quant aux mœurs douces et polies, à la bonté du cœur et aux qualités de l'esprit, ils n'ont pas à en tirer vanité, ce sont des produits du sol :

La terra molle e lieta e dilettosa
Simili a se gli abitator produce. (T. TASSO.)

Il y a longtemps que ces différentes qualités du sol blésois et du caractère de ses habitants avaient été signalées par les historiens, et après les vers du Tasse on lira avec plaisir cette naïve appréciation faite par un vieil auteur qui écrivait pour les touristes du XVIe siècle.

« Les bourgeoys et habitants de Bloys, par une certaine
» doulce et politique accordance, conviennent avecques
» la douceur de l'aër et bonté de leur territoire ; car si
» on se met à considérer quelle et combien grande est la
» courtoisie dont ils usent entre eux, et leurs communes
» conversations et devis familiers ; combien sont leurs
» manières civiles ; de quel entregent, élégance et fa-
» conde ils s'entretiennent ; quelle galantise et gentil-
» lesse ils monstrent tant en leur vivre qu'en leurs ha-
» bits, on devra confesser que ceste humanité si grande,
» qui est en leur ville, et en leurs manières avenantes et
» convenables suit et accompagne la naturelle bonté du
» terroir. »

On a cherché à prouver que la ville de Blois existait dès le temps des Gaulois, comme chef-lieu du pays blésois, *pagus Blesensis*, et on a fait venir ces noms du mot *Bleiz* ou *Blaiz* qui, dans les dialectes dérivés de la langue des Celtes, signifie *loup*. Le plus ancien emblème de la ville était un loup ; quand les villes se blasonnèrent, il orna l'écusson de la nôtre, et quand Louis d'Orléans le remplaça par la fleur-de-lys royale, il devint, avec le porc-épic, emblème du prince, l'un des supports de l'écusson. Elle subsistait certainement sous la domination romaine, car on y a découvert plusieurs monuments de cette époque. Il y avait probablement alors, au lieu où se trouve le château actuel, une forteresse destinée à protéger et défendre le passage de la Loire, à cet endroit, vers lequel se dirigeaient plusieurs voies antiques. Des bourgs se formaient à l'abri de ces forteresses, et la ville de Blois fut composée par la réunion de trois de ces bourgs qui, en s'étendant, finirent par se joindre.

L'un s'appelait le bourg du Foix, *de Fisco*, parce qu'il faisait partie du *fisc* ou du domaine royal. C'était probablement le plus ancien, car c'est sur son territoire qu'ont été trouvées les antiquités romaines provenant de Blois. Le second, où était une chapelle dédiée à saint Jean-Baptiste, fut nommé Saint-Jean-en-Grève, *S. Joannes de Arena*, parce qu'il se trouvait placé près des grèves de la Loire, dont les levées n'existaient pas encore. Le troisième s'appelait le Bourg-Moyen, *Burgus Medius*, en raison de sa position entre les deux autres ; celui-ci fut entouré de murailles et devint la ville proprement dite ; les autres en furent les faubourgs. Un quatrième faubourg fut construit vers le XIe siècle, et reçut le nom de *Bourgneuf* qu'il a conservé. Quant à celui de Vienne, qu'on appelait autrefois l'Ile de Vienne, Vienne-lez-Blois, il n'était pas considéré comme faisant partie de la ville ; il était, ainsi que son territoire, renfermé dans deux bras de la Loire, et ne quitta cette position insulaire qu'à l'époque de la construction du pont actuel de Blois, en 1617, quand les deux bras de la Loire furent réunis en un seul.

Quoi qu'il en soit de l'antiquité de la ville de Blois, il n'est question, pour la première fois, des Blésois, dans l'histoire, que vers l'année 584. Ils étaient alors gouvernés par des comtes non héréditaires qui finirent dans la personne de Robert, proclamé roi des Français en 922, et qui mourut l'année suivante de la main de Charles-le-Simple, son compétiteur.

Sous le règne de ces princes, Blois fut ravagé deux fois par les Normands ; la ville fut brûlée en 854.

Les rois mérovingiens frappèrent à Blois des monnaies, dont les médailliers conservent quelques rares échantillons.

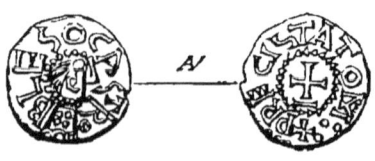

Le Blésois fut ensuite gouverné par des comtes

héréditaires. La première race, celle des comtes de Chartres, commença par le célèbre Thibault-le-Tricheur, et finit à Marguerite, fille aînée de Thibault V, et épouse de Gautier d'Avesnes ; elle mourut en 1200.

Le terroir Blésois adoucit les mœurs de la race de Thibault-le-Tricheur ; les comtes de Blois exercèrent généralement le pouvoir d'une manière paternelle. Thibault V, qui fut appelé par ses sujets *le Bon*, leur fit la remise de beaucoup de redevances féodales et leur accorda un grand nombre de priviléges; il en donna un, entre autres, aux chanoines de Saint-Sauveur, par lequel il se démettait en leur faveur de ses droits féodaux pendant les trois jours qui suivaient celui de l'Ascension. Ce privilége exorbitant, que l'on appelait *la comté*, subsista dans presque toutes ses clauses, notamment dans l'administration de la justice, jusqu'à la Révolution.

Hugues de Châtillon, comte de Saint-Pol, qui avait épousé Marie, fille de Gautier d'Avesnes et de Marguerite, devint le chef de la troisième dynastie des comtes de Blois.

L'an 1391, Louis de Châtillon, fils unique de Gui II, mourut sans laisser de postérité ; le vieux comte, n'espérant plus avoir d'enfants, et étant accablé de dettes, le roi, aidé du sire de Coucy, *grand contracteur,* selon l'expression de Froissart, obtint de Gui de vendre, au détriment de ses héritiers, son comté au duc d'Orléans, qui avait à faire l'emploi de la riche dot de Valentine de Milan. Gui se réserva la jouissance du comté de Blois pendant sa vie, et reçut deux mille couronnes d'or (400 mille francs de notre monnaie).

Le comte Gui étant mort en 1397, Louis d'Orléans, frère de Charles VI, entra en possession du Blésois, et devint le chef de la troisième dynastie de ses comtes. Il fit son entrée solennelle à Blois le 31 août 1403.

Pendant les vingt-cinq années de captivité que Charles d'Orléans, son fils, passa en Angleterre, le comte de Vertus, frère de Charles, et après lui, le grand bâtard d'Orléans, gouvernèrent le comté. Le comte de Vertus mourut à Blois en 1420.

L'année 1429 fut une époque glorieuse pour la ville de Blois. Orléans, alors une des principales villes du royaume, était assiégée: les armées françaises étaient retirées sur la rive gauche de la Loire et Blois était devenue ville frontière. Ce fut dans ses murs que Jeanne-d'Arc vint se mettre à la tête de la petite armée qui allait tenter le dernier effort pour le maintien de l'indépendance nationale. Son étendard fut béni dans l'église de Saint-Sauveur, par l'archevêque de Reims ; elle envoya, par un héraut, aux chefs anglais, une lettre par laquelle elle les sommait de rendre les clefs des bonnes villes qu'ils avaient *enforcées*, et le 28 avril elle partait pour accomplir les grandes choses que sa mission divine lui avait réservées.

A son retour de captivité, Charles d'Orléans voulut faire participer les habitants de Blois aux progrès du bien-être qui s'introduisait alors dans toutes les habitudes de la vie. Pour les encourager à bâtir des demeures plus commodes et plus élégantes, il leur permit de couper dans sa forêt de Blois, qui venait, dans ce temps-là, jusqu'aux portes de la ville, tout le bois nécessaire à ces constructions, *aimant mieux*, disait-il, *loger des hommes que des bestes*. La ville fut presque entièrement rebâtie, et ce fut l'origine de ces jolies maisons de bois dont il reste encore quelques pittoresques débris.

Charles mourut en 1464, et son fils, après avoir gouverné le comté de Blois jusqu'en 1498, monta sur le trône sous le nom de Louis XII.

Ce fut peut-être en mémoire de son avénement à la couronne, dans sa ville natale, que, par lettres-patentes du mois de novembre 1498, il accorda aux habitants de Blois l'exemption des tailles, aides, subsides, solde de francs archers, huitième du vin qu'ils vendaient de leur crû, etc., etc., priviléges confirmés par tous les rois ses successeurs.

En 1522, se passa à Blois un fait important dans ses annales. Par lettres patentes du 26 février, François Ier y envoya deux commissaires, pris dans le parlement de Paris, pour assembler les trois états du bailliage et leur donner à discuter la rédaction des coutumes locales qui avait été faite par une commission préparatoire, composée de quatre notables blésois. Denis du Pont, célèbre jurisconsulte de la ville, et l'un des quatre notables, en avait été le principal rédacteur. La convocation des gens des trois-états n'était pas une vaine formalité ; car les commissaires royaux avaient mission d'employer, comme moyens coërcitifs, savoir : à l'égard des gens d'église, la prise et saisie de leur temporel ; pour les laïcs, la prise et saisie de leurs biens, meubles et immeubles.

Le 15 avril 1523, l'assemblée était donc, comme on doit croire, en nombre recommandable dans le réfectoire des Jacobins de Blois, lieu ordinaire des grandes réunions administratives et communales : tous les noms des comparants sont inscrits au procès-verbal dressé par Jean Papin, greffier du bailliage, et l'un des aïeux du grand Papin. Denis du Pont y figure en qualité de *conseil* de la ville. Parmi les bons *manants et habitants* se trouvèrent neuf avocats et onze procureurs, ce qui témoigne plus sans doute de l'obscurité de la législation que du nombre et de l'importance des affaires qui devaient se traiter à Blois, au commencement du XVIe siècle.

Un article fut débattu avec une grande vivacité, c'était l'article 109 qui consacrait l'usage de payer au seigneur, à chaque mutation des biens tenus à cens, 12 pour 100 de leur valeur. Du Pont s'opposa de toutes ses forces à l'adoption de cet article et fit appel, au nom de la ville de Blois, au parlement. Le procès dura 12 ans. Du Pont en soutint seul le fardeau et fut vainqueur.

Charles-Quint passa par Blois, en 1539, lorsqu'il traversa la France.

Sous François II, la ville de Blois avait été choisie, par La Renaudie, pour le lieu où devait éclater la conspiration qui valut à Amboise une triste célébrité. Au mois de février 1560, La Renaudie avait soumis au prince de Condé qui était à Blois, avec le roi, le plan de la conjuration dont le prince, dit Castelnau, *trouva la conclusion bonne.* Le 15 mars, les conjurés devaient se réunir dans la ville et aux environs ; mais l'avocat Avenelles, à qui La Renaudie avait cru pouvoir confier les projets des conjurés, en fit avertir les Guise. Par leurs ordres, la cour se transporte à Amboise, le rendez-vous des protestants est manqué et des mesures sont prises pour les faire tomber dans leurs propres filets. La conjuration avorta et les Guise furent sauvés.

Au commencement du règne de Charles IX, le parti protestant avait fait de grands progrès à Blois et se crut assez fort pour y tenter un coup de main en faveur de la réforme. A l'exemple de leurs co-religionnaires de plusieurs autres villes de France, les protestants blésois s'emparèrent de vive force d'une église catholique pour y exercer publiquement leur culte: c'était celle de Saint-Solenne, la plus voisine du lieu habituel de leurs réunions, dont le nom de la rue du *Prêche* a conservé le souvenir. A la nouvelle des désordres qui avaient été la suite de cette entreprise, et pour venir au secours du bailli et des échevins de la ville, qui se trouvaient dans l'impuissance de les réprimer, la reine-mère envoya M. de Chemault, l'un des grands-officiers de la maison du jeune roi. En pacificateur habile, M. de Chemault parvint à faire restituer l'église au culte catholique sans coup férir, en flattant les protestants de l'espoir prochain d'une réconciliation qui devait être le résultat des conférences ouvertes à Poissy.

Le *Colloque de Poissy* ne tint pas les promesses de M. de Chemault. Bientôt le massacre de Vassi devint le signal de la première guerre civile. La cour, qui était à Blois, va à Fontainebleau, et, de là à Paris; les villes de la Loire ouvrent leurs portes aux armées du prince de Condé; le parti protestant devient tout puissant à Blois. Mais ce triomphe, de courte durée, fut cruellement expié par les scènes d'horreur qui suivirent la prise de la ville par des bandes indisciplinées détachées de l'armée du *triumvirat*. La place étant mal fortifiée et sans espérance de recevoir des secours, tous ceux qui étaient en état de porter les armes l'abandonnèrent le 4 juillet, passèrent le pont et se dirigèrent, par la Sologne, vers Orléans, alors la principale place forte des protestants et le foyer des opérations du prince de Condé. Les catholiques entrèrent aussitôt dans la ville, et quoiqu'elle eût été prise sans combat et sans siége, elle fut abandonnée à toute la fureur des soldats. On pilla les maisons, on tua et l'on noya tous les protestants; les femmes mêmes ne furent pas épargnées.

En 1564, M. de Chemault reparaissait à Blois pour réprimer de nouveaux troubles. C'étaient les protestants qui se plaignaient cette fois des *excès* des catholiques ; mais les moyens de persuasion ne pouvaient plus réussir comme en 1561, et ce fut à grand renfort d'*argoulets* que M. de Chemault accomplit sa mission.

En 1567, les troubles toujours croissants nécessitèrent des mesures extraordinaires de police et l'organisation d'une *milice citoyenne,* comme on dit aujourd'hui. Les officiers étaient élus dans une assemblée générale semblable à celle qui nommait les échevins et autres officiers municipaux. Les sous-officiers étaient au choix du capitaine.

Les efforts de la milice bourgeoise et de la garnison soldée ne purent empêcher, en 1568, le 12 février, la ville de Blois d'ouvrir, par capitulation, ses portes à une troupe de protestants gascons et provençaux, commandée par le capitaine Bouchard, dont le manque de parole donna lieu dans le Blésois au proverbe : *la foi de Bouchard.* En effet, malgré la promesse jurée d'épargner la ville et les habitants, sa compagnie mit tout à feu et à sang, pilla les maisons, ruina les églises et renversa les monuments qu'elles renfermaient. Il y eut des scènes de violence, de meurtre et de pillage, dont le récit, fait par les contemporains, remplit d'horreur. Les religieux du couvent des Cordeliers furent massacrés, coupés par morceaux et jetés dans un puits que l'on voit encore dans une maison de la rue des Rouillis, n° 25, bâtie sur l'emplacement de l'ancien couvent. Une inscription commémorative de cet événement, et qui était autrefois dans le cloître, est conservée au musée du château.

Depuis cette époque, Blois n'offre aucun souvenir intéressant avant la convocation des États-Généraux de 1576. (Voir plus loin la notice sur le château de Blois).

Les lettres du roi, pour la réunion des trois ordres de notre bailliage, furent publiées dans la ville de Blois *à son de trompe et à cri public.* Les notables étaient invités à se trouver à l'Hôtel-de-Ville le 28 août ; mais ils montrèrent une très grande tiédeur dans l'exercice de leurs droits électoraux ; l'assemblée ne se trouva pas en nombre suffisant pour délibérer. Il fallut la remettre au lendemain, et grâce à une menace de dix livres d'amende, tout se passa dans les formes. On nomma douze commissaires chargés de recueillir les *doléances* des habitants, et on fixa le délai de quinze jours, pendant lequel chacun pouvait remettre ses observations écrites à l'un des commissaires, s'il n'aimait mieux les glisser dans un coffre placé à la maison de ville, *au couvercle duquel il y auroit fente à passer seulement le papier*, et dont les échevins auraient la clé.

Le 1er octobre, les trois ordres se réunirent dans la grande salle du Palais-de-Justice, sous la présidence du lieutenant-général, Simon Riollé. On fit l'appel de tous ceux qui avaient le droit de se trouver à l'assemblée ; le greffier lut les lettres du roi, puis le lieutenant-général exposa le motif de la réunion, en exhortant les trois ordres à faire leurs choix respectifs, *toutes affections particulières postposées*. On se sépara ensuite. La noblesse, par un privilége spécial, demeura dans la salle du palais ; le clergé se rendit au chapitre de Saint-Sauveur, et le tiers-état à l'Hôtel-de-Ville.

Sauf un chanoine de Saint-André, de Châteaudun, et un de la Ferté-Avrain, le clergé du chef-lieu était seul représenté ; il comptait sept électeurs sur neuf. Le doyen de l'église du château, François Desmolins, fut élu.

Trente-six gentilshommes composaient l'ordre de la noblesse. Le sieur d'Illiers, candidat catholique, réunit 28 voix ; le sieur d'Oucques, candidat protestant, en eut 5 ; il y eut trois voix de perdues.

Sur 46 électeurs du tiers-état, Blois en comptait 29, parmi lesquels trois gentilshommes (la noblesse de la ville votait, comme dans les élections municipales, avec le tiers-état) ; chacun d'eux avait individuellement droit de suffrage, tandis que plusieurs mandataires, envoyés par d'autres villes du bailliage, n'avaient ensemble qu'une voix. Les envoyés des villes, à l'assemblée qui devait nommer les députés aux États, étaient élus par des colléges de notables, d'où les journaliers, laboureurs, ouvriers, gens de métier et petits marchands étaient exclus, comme *personnes viles*. Ce n'était pas tout-à-fait, comme on voit, le *suffrage universel*, ainsi que quelques écrivains ont cru le reconnaître. Simon Riollé obtint l'unanimité des suffrages ; l'avocat de la ville, Vincent Guignard, fut nommé pour le suppléer, en cas d'absence. Tous les votes eurent lieu à haute voix, selon l'usage. En votant, chaque député forain remit le cahier des doléances de sa localité.

Après l'élection, les commissaires conférèrent ces écrits avec ceux renfermés dans le coffre, et réduisirent le tout en un seul cahier, qui fut approuvé dans une autre assemblée, et remis à Simon Riollé.

Ces cahiers sont fort remarquables. On y demande, entre autres choses, l'érection d'un évêché à Blois, l'inamovibilité des juges, la suppression des procureurs, pour arriver à la diminution des procès, *pour ce qu'ils sont la source et nourriture d'yceulx*, l'uniformité des poids et mesures, etc. On serait surpris du degré avancé auquel était parvenue l'éducation politique des Blésois, si on ne se rappelait la place importante occupée depuis près d'un siècle par la ville de Blois dans le gouvernement de la France.

Pendant trois années consécutives, la ville de Blois fut désolée par une de ces épidémies si communes alors et connues sous le nom générique de *peste*. On obligeait les personnes atteintes de la contagion et celles qui avaient eu communication avec des pestiférés à porter à la main une baguette blanche quand elles allaient dans les rues. Le passage sur le pont de Blois leur était interdit et on avait organisé un service par eau pour transporter les malades pauvres du faubourg de Vienne à la maladrerie du *Sanitas*, située dans le faubourg Saint-Jean. Les échevins et le corps des barbiers-chirurgiens montrèrent un dévouement admirable dans les circonstances difficiles où se trouvait la ville de Blois.

Les États de 1588, convoqués à Blois, donnèrent encore une nouvelle importance à notre ville ; mais presque tous les événements qui s'y rapportent appartiennent à l'histoire du château.

Les députés du Blésois étaient tous des hommes dévoués au gouvernement du roi. Le clergé était représenté par le doyen de Saint-Sauveur, Mᵉ Perdoux, et Jean Bourguignon, chanoine de Saint-Solenne. D'Illiers, seigneur de Chantemesle, et Simon Riollé y reparaissen pour la noblesse et le tiers-état; Jean Courtin, seigneur de Nanteuil, suppléant de Simon Riollé, fut le secrétaire du Tiers.

Le bailliage de Blois n'envoya point de députés aux États de la ligue, convoqués en décembre 1592 par le duc de Mayenne. Pendant que la réunion s'ouvrait bruyamment à Paris, la ville de Blois recevait dans ses murs le souverain légitime.

Jusqu'à la majorité de Louis XIII, l'histoire est muette sur le Blésois. Le 25 août 1614 le bailliage de Blois envoya 115 votes à l'assemblée générale des trois ordres, réunie pour l'élection aux États de Paris. Les formalités furent les mêmes qu'en 1576. Le nombre des paroisses qui envoyèrent des députés à la réunion du Tiers fut un peu plus considérable qu'aux autres élections; mais sur les 115 voix le chef-lieu seul en possédait 94. Quand les délégués forains votèrent, ils se plaignirent du privilége exorbitant du vote individuel dont jouissaient tous les notables Blésois, et demandèrent que ces 94 voix fussent réduites à une seule; mais leur réclamation, on le comprend, ne fut pas accueillie.

Les procurations données par plusieurs assemblées d'habitants désignaient le candidat pour lequel devaient voter les mandataires. Sur les 115 votants, le lieutenant-général, Guillaume Ribier, candidat proposé, réunit 111 suffrages, et on lui adjoignit, sur sa demande, Courtin, procureur du roi, déjà élu suppléant en 1588. Le clergé avait nommé pour son député l'évêque de Chartres, Philippe Hurault, fils cadet du chancelier Hurault de Cheverny. Le député de la noblesse était François de Racine, seigneur de Villegomblain, grand bailli de Blois.

La peste qui avait déjà visité le Blésois plusieurs fois, dès les premières années du XVIIe siècle, était reparue en 1637 et continua de sévir pendant tous les étés jusqu'en 1640. Les personnes qui n'étaient pas assez riches pour se faire soigner chez elles étaient transportées dans des loges construites près du *Sanitas*, ou dans d'autres lieux, aux environs de la ville, où elles étaient nourries et soignées aux dépens de l'Hôtel-Dieu et de la commune. Les maisons qu'elles habitaient étaient fermées et marquées d'une croix blanche; huit jours après qu'elles avaient été quittées, on les lavait et on les nettoyait, et les gens employés à ces différents services étaient tenus de marcher une baguette blanche à la main. On n'enterrait plus dans les cimetières qui étaient alors, comme on sait, placés à côté des églises. On faisait sortir de la ville tous les animaux domestiques. Il était défendu aux fripiers de vendre et d'acheter ; les *assemblées* et foires étaient interdites, les colléges fermés, etc.

Le 16 août 1644, on se disposait à recevoir Henriette-Marie de France, reine d'Angleterre, qui venait de débarquer à Brest et devait traverser Blois en se rendant à Paris. La milice urbaine préparait ses armes, on tendait de tapisseries toutes les rues par lesquelles la reine devait passer. « Les portes seront ornées, disait la dé-
» libération municipale, de porticques, escussons et aul-
» tres décorations, et sera encore faict une chaire et un
» daix de velours, estoffé de passement et franges d'or
» et d'argent, ledit daix porté par les eschevins, et la
» chaire par les officiers bastonniers ; et sera faict à la
» dicte dame royne présent de fruits cruds et confitures,
» des plus beaux qui se pourront rencontrer. »

Les troubles de la minorité de Louis XIV donnèrent lieu à deux convocations d'Etats demeurées sans résultat, en 1649 et 1651. Toutefois, les élections se firent dans plusieurs bailliages, et notamment dans celui de Blois, qui envoya un très petit nombre de mandataires aux assemblées électorales.

En 1663, La Fontaine visita la ville de Blois et trouva que la façon de vivre y était fort polie ; « soit que le séjour
» de Monsieur (Gaston d'Orléans), eût amené cette poli-
» tesse, soit que le climat et la beauté du pays y contri-
» buent, ou le nombre des jolies femmes. » La Fontaine dit de la ville, que difficilement on pourrait trouver un aspect plus riant, et il trouve les côteaux de la Loire *les plus agréablement vestus qui soient au monde.*

Madame de Sévigné s'arrêtant à Blois, le 9 mai 1680, vantait le chant des rossignols que l'on entendait autour de l'hôtel de la Galère. Elle y séjourna encore au mois de septembre 1684, en revenant des Rochers.

Cependant les conditions d'ordre et de tranquillité où le règne de Louis XIV, alors dans tout son éclat, avait placé la France, portaient partout leurs fruits. Dans les provinces centrales, les murailles des villes tendaient à s'abaisser, les fossés à se remplir. Nos délibérations communales contiennent fréquemment, dans le milieu du XVII° siècle, des permissions d'abattre des chemins de ronde sur les remparts, d'ouvrir des portes et des fenêtres dans les murs de ville, pour donner de l'air et de la vue, de cultiver des jardins et de bâtir des maisons dans les tranchées.

L'industrie prenait chez nous un développement considérable, particulièrement dans la fabrication des objets de luxe, qu'avaient aussi favorisé les séjours fréquents de la cour à Blois. A cette époque, où les corporations des arts et métiers habitaient chacune un quartier particulier, l'îlot de maisons, abattu depuis pour former la place Louis XII, et les rues Saint-Lubin et des Orfévres, étaient occupées presque entièrement par des horlogers, des orfèvres et des émailleurs.

L'horlogerie de Blois était célèbre depuis le commencement du XVI° siècle. Ecoutons le P. Marteau, en son Paradis délicieux de la Touraine, faire la description de l'horloge de la Cathédrale de Tours, ouvrage d'un artiste blésois.

« .... On y voit un horloge prodigieux, duquel la
» structure ravit l'œil..... Il marque les jours de la
» sepmaine en petites figures humaines, et puis le
» cours de la lune et des mois, avec un très ample ca-
» lendrier. Et faut remarquer qu'avant qu'il frappe
» l'heure, il fait résonner le chant d'un hymne sur
» plusieurs clochettes accordantes..... Pendant lequel
» chant on voyt marcher par ordre, autour d'iceluy
» horloge, une procession d'ecclesiastiques suivis du
» peuple, qui en sortent par une petite porte, laquelle
» s'ouvre à ressort, et rentrent par une autre, qui se
» ferme après eux quand ils ont fait tous leurs tours. »

En 1685, l'impolitique révocation de l'édit de Nantes détruisit la plupart des établissements industriels de la ville de Blois, et diminua de beaucoup sa population, qui pouvait être, alors, d'environ 18,000 âmes. En effet, le commerce et l'industrie se trouvaient presque exclusivement entre les mains des protestants, et la bourgeoisie, composée, en général, de personnes enrichies par les affaires commerciales, comptait aussi un grand nombre de religionnaires. Quant à la noblesse et au peuple, ils étaient restés, à Blois, fidèles à la foi de leurs pères.

Dans le but de détruire les débris de l'hérésie, qui avaient survécu chez nous à la révocation de l'édit de Nantes, Blois fut érigé en évêché l'année 1697. Malgré la vive opposition de l'évêque de Chartres, auquel on prenait tout le territoire du nouveau diocèse ; malgré les plaintes amères et les actives démarches des monastères et chapitres du Bléscis, aux dépens desquels le revenu temporel était formé, M. de Berthier devint notre premier prélat.

Tous les efforts de son administration tendirent à justifier les motifs de l'érection de l'évêché. Un assez grand nombre de protestants, pour échapper à l'exil et conserver leur fortune à leurs enfants, avaient abjuré, mais ils n'en continuaient pas moins de suivre en secret les pratiques de la religion réformée. La surveillance dont ils devinrent l'objet, de la part de l'évêque, déterminèrent de nouveaux exils ou de nouvelles conversions. Celles-ci étaient-elles plus sincères? il était permis d'en douter. Aussi, pour en assurer l'effet, au moins dans l'avenir, on fonda, dans la rue du Puits-du-Quartier, le couvent des Nouvelles-Catholiques, où l'on faisait élever les enfants des réformés nouvellement convertis et ceux qui n'avaient pu suivre leurs parents dans l'exil. Cet établissement fut ensuite placé près des Cordeliers.

Le 10 décembre de l'année 1700, le duc d'Anjou passait par Blois, accompagné de ses deux frères, les ducs de Bourgogne et de Berry, pour aller prendre possession du trône d'Espagne, sous le nom de Philippe V. Les princes descendirent à la Galère, où ils reçurent les hommages de toute la population blésoise, qui saluait avec enthousiasme, de ses acclamations, le triomphe éclatant de la politique de Louis XIV.

Après avoir assisté à une fête dont les registres municipaux parlent avec beaucoup de prolixité, les princes partirent le lendemain pour aller coucher à Amboise.

Outre la harangue officielle du maire de la ville, le jeune roi eut à entendre celles des Bénédictins et des Cordeliers. « On dit qu'Orléans estoit magnifique en » présents, mais que les harangues n'en valoient rien, » et de Blois, que les présens estoient succints, mais » que les harangues en estoient bonnes. » Le journal des Bénédictins de Saint-Laumer, auquel nous empruntons ce jugement, ajoute que le discours du Père prieur, orateur du couvent, valut mieux que celui de l'orateur des Cordeliers. Nous n'avons malheureusement plus le journal des Cordeliers de Blois, qui trouverait peut-être que les Cordeliers avaient mieux parlé que les Bénédictins.

Le 22 février 1722, *Messieurs de la ville* renouvelaient les cérémonies de la réception du roi d'Espagne, à l'occasion du passage de l'infante, que la politique du duc d'Orléans destinait au jeune roi Louis XV, tandis que l'héritier du trône d'Espagne devait épouser l'une des filles du régent ; c'était le double gage de sa réconciliation avec la cour de Madrid.

Ce passage fut l'occasion d'une espèce d'émeute populaire. Les habitants du faubourg de Vienne voulurent enlever le drapeau aux couleurs de France et d'Espagne qui flottait au bout du pont, du côté de la ville, pour l'arborer triomphalement du côté du faubourg. Dans la lutte opiniâtre qui s'établit entre les habitants des deux rives, le drapeau fut lacéré, et était hors de service quand l'infante vint à passer. Triste présage du sort que la Providence réservait à l'union projetée !

Trois ans après, la jeune infante revoyait la ville de Blois, sans pompe, en reprenant sa route pour l'Espagne. Le duc d'Orléans était mort, la politique changée ; le roi, devenu majeur, allait épouser la fille d'un roi détrôné et proscrit.

Pendant l'hiver de 1716, un amas de glaces considérable emporta le pont de Blois. En 1724 il était remplacé par celui que nous voyons aujourd'hui.

La reconstruction du pont fut bientôt suivie de la destruction des murailles que baignait la Loire sur la rive droite. Les deux bras du fleuve ayant été réunis en un seul, on construisit des quais pour maintenir les eaux dont la rapidité, accrue par le rétrécissement de son lit, emporta deux îlots plantés d'arbres, placés en aval du vieux pont. Deux nouvelles rues furent percées aux deux bouts du pont neuf, et les anciens murs de ville, enterrés à moitié par les quais, firent place peu à peu à des maisons, sinon élégantes, car le goût et l'art s'en allaient, au moins propres, gaies et commodes.

Pendant la tourmente révolutionnaire, la douceur naturelle aux mœurs des Blésois en évita chez eux les horreurs. Blois eut son *Temple de la Raison*, son *Repaire des suspects*; elle reconnut, à la majorité des suffrages, l'*Être-Suprême*; mais si elle participa aux folies de l'époque, elle eut le bonheur de rester pure de ses cruautés.

Si, chez nous, les personnes furent sauves, les monuments furent détruits, soit par une complète démolition, comme les églises Saint-Sauveur, Saint-Nicolas, Saint-Martin, Saint-Honoré et Bourg-Moyen, soit par une mutilation barbare, comme le château et l'église des Jésuites. Tous les couvents furent dévastés et convertis en établissements publics ou en magasins. St-Honoré renfermait la belle chapelle sépulcrale de la grande famille des Robertet; on admirait aux Cordeliers la magnifique tombe du garde-des-sceaux Morvillier, par Germain Pilon; Saint-Sauveur, l'église du château, est à jamais regrettable! Ce vieux monument du XIe siècle avait vu bénir l'étendard de Jeanne-d'Arc, avait été témoin des funérailles de Charles d'Orléans, d'Anne de Bretagne, de Catherine de Médicis, des cérémonies religieuses des États de Blois, etc.; sous le double rapport de l'histoire et de l'art c'était un des édifices les plus importants du pays.

Au 18 brumaire, aucune ville n'était mieux disposée à revenir aux idées monarchiques et religieuses, dont le rétablissement était l'œuvre réservée par la Providence à Napoléon.

Lorsque sous cette main puissante, l'ordre politique se fut raffermi, M. Corbigny, nommé préfet de Blois, contribua beaucoup, par une administration forte, mais sage et éclairée, à relever de leurs ruines les monuments, comme le pouvoir. De 1805 à 1812, année de sa mort, il reconstitua, de la manière la plus digne d'éloges, toutes les autorités locales; il fit réparer le pont de Blois, dont une arche avait été détruite par les ordres de Guimberteau, dans la crainte illusoire de l'approche des armées vendéennes; il appropria les divers édifices religieux à des prisons, à des hôpitaux, un cimetière, des abattoirs, des boucheries, une poissonnerie; il ouvrit ou répara différentes avenues de la ville, et fit un grand nombre de plantations à Blois et aux environs.

Le 22 mai 1808, les souverains découronnés de l'Espagne, se rendant à Compiègne, passaient à Blois, où 108 ans auparavant, passait aussi leur aïeul, pour prendre possession de ce trône où la politique de la France de Louis XIV le plaçait, et d'où la politique de la France de Napoléon chassait aujourd'hui ses descendants.

Les princes malheureux reçurent des Blésois des témoignages non équivoques de sympathie pour leur infortune. Le roi s'étant mis à la fenêtre de l'appartement qu'il occupait à la Boule-d'Or, des cris de Vive le roi se firent entendre; le prince riposta avec esprit : Criez plutôt Vive la paix !

Napoléon et l'Impératrice Joséphine traversèrent Blois, en revenant aussi d'Espagne, le 13 août de la même année ; ils arrivèrent à 7 heures du soir et descendirent à la préfecture, d'où ils repartirent à dix heures. Les rues de la ville par lesquelles les souverains devaient passer furent sablées, d'après la tradition municipale; mais les tapisseries, passées de mode, furent remplacées par des garnitures de ramée. Napoléon était soucieux, et justement préoccupé des événements qui se préparaient; il dut cependant dérider son front, en entendant, de la bouche du préfet, un mot d'ingénieuse flatterie, qui eût beaucoup de succès. On sait que l'empereur adressait parfois des questions bizarres à ses fonctionnaires, pour s'amuser de leur embarras. « Combien d'oiseaux de pas-
» sage, dans votre département, demanda-t-il à M. Cor-
» bigny? — Un seul, Sire, un aigle. »

Les désastres de 1814 vont rendre à la ville de Blois, pour un moment, l'importance que lui ont attirée, dans toutes les invasions du sol français, sa position centrale et le rempart de la Loire.

Le 29 mars, malgré les ordres de son frère, qui lui a

confié sa capitale, Joseph Napoléon abandonne les Tuileries, emmenant avec lui l'impératrice Marie-Louise, le roi de Rome, les grands dignitaires, les ministres, même celui de la guerre, et se dirige en toute hâte vers Blois, pour y organiser une régence.

Le 2 avril, la cour impériale arrivait dans notre ville, déjà témoin de tant d'illustres disgrâces, y donner le spectacle d'une infortune plus grande encore. Cette cour, qui naguère occupait des trônes sur tous les points de l'Europe, siégeait dans l'hôtel de la préfecture d'un des plus faibles départements de la France, et la petite ville de Blois devenait la dernière capitale de l'empire de Napoléon.

Le dimanche, 3 avril, après la messe qui fut dite au palais, il y eut un conseil des ministres et une réception des autorités, sans discours de la part de celles-ci. L'impératrice, accompagnée du roi de Rome, adressa la parole à chacune d'elles ; sa tristesse était grande ; l'assemblée, sous l'impression d'émotions diverses et profondes, n'était pas moins affectée.

La cour recevait des bulletins, mais n'en donnait pas communication au dehors ; le dernier annonçait la capitulation de Paris. On était, à Blois, dans une ignorance complète de ce qui se passait à l'armée et à Paris, d'où il n'arrivait plus ni lettres, ni journaux, ni voyageurs.

Le lundi 4, pour toutes nouvelles de la capitale, on vit passer un roulier, dont le passeport, signé Sacken, fut une révélation assez éloquente des faits accomplis.

Le mardi, 5, Joseph et Jérôme se décidèrent à organiser le gouvernement à Blois. Ils établirent d'abord les bureaux de la guerre, chargés de travailler jour et nuit au recrutement de l'armée. Quant au roi Louis, il ne prenait aucune part à ce qui se faisait dans le conseil de sa belle-sœur.

Le 6, on fit l'inspection des abords de Blois, on évacua les voitures inutiles, notamment celle du sacre qui fut envoyée à Chambord. L'École polytechnique, celles de Saint-Cyr, de Charenton et les pages arrivèrent ce jour-là. Les écoles furent casernées au collège. Les prisonniers et les blessés, qui encombraient le château et les hôpitaux avaient été évacués la veille. Les maisons de la ville restèrent occupées en commun, par les habitants et par les nombreux chefs de l'administration et de l'armée ; il fut question de former deux camps aux environs de Blois; le pont était miné et devait sauter pour protéger la retraite.

Le jeudi-saint, 7 avril, on afficha, dès le matin, une proclamation signée de Marie-Louise, où elle déclarait que c'était de Blois et des ministres de l'empereur qu'émancraient les seuls ordres qui devaient être reconnus par le peuple Français, et où elle remettait les droits et la personne de son fils sous leur sauve-garde. La pièce fut envoyée dans tous les départements avec lesquels on pouvait avoir des rapports.

Les princes délibéraient cependant de se retirer, tantôt à Tours, tantôt à Rennes, et tantôt dans le Berry ; mais il paraît que l'impératrice goûtait peu ces projets. Enfin, le vendredi-saint, 8 avril, ils prirent un parti décisif. Entre 8 et 9 heures du matin, ils se rendirent à la préfecture avec deux voitures ; ils dirent à l'Impératrice qu'ils allaient partir et qu'ils venaient lui proposer de les suivre, afin de mettre sa personne en sûreté. Marie-Louise répondit qu'elle ne craignait rien pour sa personne et qu'elle était décidée à attendre les événements. Les deux beaux-frères insistèrent alors; l'impératrice demande si c'est par ordre de son mari : les deux princes répondent qu'il n'y a pas d'ordres, mais qu'il y a nécessité de se retirer au-delà de la Loire, et que deux voitures sont à la porte, l'une pour elle, l'autre pour son fils. Marie Louise répond par des larmes ; les deux princes prennent leur belle-sœur, chacun par un bras, et veulent user de violence : Marie-Louise pousse des cris qui font arriver plusieurs officiers de sa maison ; le préfet, M. Christiani, piémontais au service de la France, M. d'Haussonville, chambellan, et M. de Bausset, préfet du palais, étaient aussi parmi eux. Les deux rois, déconcertés par la présence de tant de témoins, et intimidés par l'appui qu'ils prêtèrent à l'impératrice, se retirèrent.

Cependant, vers deux heures, on apprend que le comte Schouvalow, est descendu à l'hôtel de la Galère, et qu'il vient chercher l'impératrice Quoiqu'il arrivât seul, sans l'appui d'aucune force armée, dès ce moment la régence fut dissoute. Tout ce qui tenait à la cour et à l'administration, les ministres à la tête, se précipita à la mairie pour demander des passeports que, pour plus de sûreté, on faisait viser au comte Schouvalow ; le nombre s'en éleva à quatre cents.

De ce jour, la ville posséda des journaux, et malgré la joie que causait la délivrance des inquiétudes de toute sorte qui pesaient sur la timide population blésoise, elle conserva une attitude calme et réservée ; les lois de l'hospitalité furent exercées dans leur entier, et tous ces personnages, dépouillés de leurs dignités, furent traités avec les mêmes égards que lorsqu'ils en étaient revêtus.

Le samedi 9, l'impératrice, dont le comte Schouvalow avait pris les ordres la veille, partit de Blois et prit la route d'Orléans, avec le roi de Rome, une partie de la cour et l'escorte qui les accompagnait à leur arrivée.

Le 26 mai, le duc d'Angoulême traversait la ville pour aller à Paris rejoindre la famille royale.

Pendant l'hiver de 1815, le maréchal Ney vint passer en revue la garde impériale, en garnison à Blois, où elle attendait, avec une ferme confiance, le retour de l'île d'Elbe.

Après la seconde chute de Napoléon, le faubourg de Vienne vit s'exécuter, avec une résignation sublime et digne des grandes choses que l'Empire avait accomplies, le licenciement de l'armée de la Loire. La ville était occupée par les troupes prussiennes, et les Blésois ne virent pas sans effroi un régiment de cosaques, campé à leurs portes.

A cette époque, M. Bacot fut nommé préfet de Loir-et-Cher; M. de Préville était maire de la ville. Nous signalerons la remarquable énergie que l'administration déploya, tant que dura l'invasion. Gardé à vue par les Prussiens, M. Bacot sut leur résister avec une fermeté rare, et réussit plus d'une fois à réduire leurs exigences.

En 1820, la naissance du duc de Bordeaux fut célébrée dans notre ville et dans plusieurs châteaux du voisinage, par de grandes fêtes, et, vers le même temps,

Blois s'inscrivait pour 6,000 fr. dans la souscription ouverte pour offrir au jeune prince le domaine de Chambord.

Jusqu'en 1827, peu de faits dignes d'être notés se passèrent à Blois. Mentionnons cependant, en 1823, un très court passage de Mme la duchesse d'Angoulême ; et, en 1824, la plantation d'une croix, opérée à la suite d'une pieuse quarantaine, ouverte par de jeunes prédicateurs de la maison professe de Lyon, et dont le chef est aujourd'hui archevêque de Bordeaux.

En 1827, les électeurs de Blois et du département participent, par la nomination de M. Pelet, de la Lozère, leur ancien préfet, destitué en 1823, au mouvement électoral qui devait déplacer la majorité parlementaire et renverser le ministère Villèle.

En 1828, Mme la duchesse de Berry, qui se rendait dans l'Ouest, s'arrêta quelque temps à Blois, avant de visiter Chambord, et assista, dans la soirée du 17 juin, à un bal brillant donné par la ville.

Dans la même année, en décembre, un banquet, présidé par le maire de Blois, est offert, après la session, aux députés nouvellement élus.

En 1830, la duchesse de Berry passa par Blois avec son père, le roi de Naples, et sa sœur, Marie-Christine, reine des Espagnes. Peu de jours après, un bal réunit, en l'honneur de la prise d'Alger, par l'armée française, l'élite de la population blésoise. Ce fut pendant cette fête que reçut la nouvelle des fameuses ordonnances, M. le comte de Lezay-Marnésia, préfet du département, qui eut le bon esprit de ne rien dire et de laisser danser.

Nous voici parvenus au 30 juillet 1830. Durant quelques jours d'incertitude, notre ville, comme beaucoup d'autres, se trouve en proie à de graves inquiétudes ; l'apparition d'une voiture publique aux couleurs tricolores met fin à cet état d'anxiété. Le préfet, qui ne recevait plus d'ordres, veut se retirer, mais une députation de notables, dans laquelle sont représentées les diverses opinions, le décide à rester au pouvoir, malgré la difficulté des circonstances.

L'ordre et la tranquillité ne reçurent à Blois aucune atteinte.

Alors, la garde nationale s'était spontanément réorganisée ; mais la constante mansuétude du caractère Blésois rend le service de cette institution singulièrement facile, et sans quelques troubles survenus en 1831, relativement à la croix de mission et à la procession de la Fête-Dieu, faits isolés et de peu de durée, sa mission se fût bornée à des revues et à des élections, qui n'apportent de troubles que dans les vanités.

En 1832, le choléra vint affliger la ville.

Sur un arrêt de renvoi, le jury de Loir-et-Cher est appelé à se prononcer sur le sort des personnes compromises dans les troubles de l'Ouest. Ce procès fameux occupe deux sessions, remplit plus d'un mois de ses débats, et finit par des condamnations plus ou moins sévères, de détention et de réclusion, le jury ayant écarté tous les chefs d'accusation susceptibles d'entraîner la peine de mort. Le célèbre M. Berryer est acquitté.

Vers la fin de l'année 1833, fut fondée, par plusieurs hommes instruits de la ville de Blois, une société savante qui prit le nom de Société des Sciences et des Lettres de Blois. Cette compagnie a publié quatre volumes de Mémoires, presque tous relatifs à l'Histoire du Blésois.

Au mois de septembre 1836, s'ouvre à Blois la IVe session du Congrès scientifique de France, fondé par M. de Caumont. Cette réunion laisse dans le pays d'agréables impressions, et dans le monde savant quelques travaux utiles.

En 1839, Blois voit une cérémonie d'un autre genre attirer dans ses murs les délégués des Sociétés savantes des villes voisines. Le clergé, en présence des autorités locales et d'une foule immense, bénit un bateau à vapeur de la compagnie des Inexplosibles, et lui donne le nom du célèbre *Papin*, originaire de notre ville, et l'un des plus grands génies des temps modernes.

Dans la même année, le duc et la duchesse d'Orléans viennent visiter Blois ; le prince passe en revue les gardes nationales et les troupes de la garnison.

Ces temps de prospérité sereine nous conduisent à février 1848. Alors de stériles agitations, de tumultueux débats viennent occuper un instant la scène blésoise, mais nulles violences; dernier résultat que peuvent revendiquer ensemble l'énergie de quelques personnes, rentrées dans la vie privée, et le calme bon sens de la population. Enfin, après avoir nommé les représentants à l'Assemblée nationale, fourni son contingent à cette masse d'hommes intrépides qui volèrent de tous les points de la France au secours de la capitale, la ville de Blois procéda avec empressement aux divers scrutins qui portèrent au suprême pouvoir l'héritier de Napoléon, venant, après 33 ans d'exil, sauver, à l'exemple de son oncle, la France et l'Europe. En recevant dans ses murs, en 1851, l'élu du 10 décembre, elle put entendre les acclamations de la plus grande multitude de peuple qui ait jamais paru dans son enceinte.

Depuis cette époque, jusqu'à celle où nous écrivons, aucun événement important n'est venu troubler la tranquillité de la ville de Blois, qui n'a plus de pages intéressantes à fournir à l'histoire de la France. Consolons-nous de la stérilité présente de nos annales, en répétant le mot de Montesquieu : *Heureux le peuple dont l'histoire est ennuyeuse !*

Notre ville, sous l'administration intelligente de M. Eugène Riffault, maire de Blois, entre aujourd'hui résolument dans l'ère des améliorations matérielles. Les rues s'élargissent et se garnissent de trottoirs; des voies nouvelles s'ouvrent de tous côtés; des maisons particulières, des édifices publics s'élèvent; des places s'ouvrent et s'embellissent; l'une d'elles attend la statue de notre illustre compatriote, Denis Papin, créateur d'une de ces forces nouvelles qui changent la face du monde.

ÉDIFICES RELIGIEUX

La Cathédrale. — L'origine de cette église remonte à une haute antiquité. Ce n'était d'abord qu'une chapelle dédiée à saint Pierre. Grégoire de Tours raconte qu'après avoir découvert, en 589, le tombeau de saint Solenne, décédé à Mailli (aujourd'hui Luynes), il ordonna de transporter ses ossements à Chartres, dont il avait été évêque. Arrivé à Blois, ceux qui les portaient s'y arrêtèrent pour passer la nuit, et les déposèrent dans la chapelle Saint-Pierre. Le lendemain, il fut impossible d'enlever le coffre qui les contenait, ce qui parut être une manifestation de la volonté du saint, dont les reliques demeurèrent désormais dans la chapelle qui fut reconstruite, en 650, et mise sous le vocable de saint Solenne. Mais ce nouveau temple, devenu insuffisant à mesure que la ville prenait de l'accroissement, fut reconstruit de nouveau en 1016 sur de plus larges proportions. Cette dernière église n'eut pas une bien longue existence, puisque quatre-vingt-dix années après, en 1106, elle était rebâtie, plus magnifique encore, par les soins généreux de Thibault-le-Grand, comte de Blois. En 1390, nouvelles vicissitudes : il fallut démolir l'œuvre de 1106, qui penchait vers sa ruine. Alors, dit l'historien Bernier, on jeta les fondements de deux tours; mais une seule fut élevée; son dôme à jour, planant sur la cathédrale et les toits étagés de la ville, attache encore de loin les regards du voyageur. Les constructions, toutefois, paraissent avoir marché lentement, car, en 1544, elles ne s'élevaient guère au-dessus du soubassement du vieux clocher du XIVe siècle; ce que prouve l'inscription suivante gravée sur la corniche qui les sépare :

LE 7 DE MAY FUT COMĒCÉ

A REDIFIER CESTE PN̄TE

1544.

L'état de troubles apporté par les guerres de religion retarda longtemps ces constructions. On voit encore aujourd'hui, dans le flanc septentrional de la tour, des traces de boulets envoyés par le capitaine Bouchard pendant le siége de 1568. Enfin, en 1609, la tour, définitivement achevée, s'élança majestueusement dans la perspective.

Une dernière calamité attendait encore notre église, déjà si éprouvée. Victime de l'ouragan terrible qui, en 1678, ravagea la ville et les environs, elle fut renversée de fond en comble, à l'exception de la tour et du porche. Mais, sur les instances de la femme du grand Colbert, qui était une Blésoise, elle fut promptement reconstruite, et, en grande partie, par les bienfaits de Louis XIV.

Ce monument, assis sur tant de ruines, quitta le 9 juillet 1730 le nom de Saint-Solenne pour prendre celui de Saint-Louis, en mémoire de la générosité du grand roi. Depuis l'érection de l'évêché de Blois, en 1697, il était devenu église épiscopale, malgré sa dimension quelque peu modeste; mais le roi n'avait pas voulu abandonner l'église du château, Saint-Sauveur, et les moines de Saint-Laumer celle de leur abbaye.

La cathédrale appartient presque en entier à ce style bâtard, ou faux gothique, plus laid peut-être que celui qui fut emprunté, si maladroitement, pour les églises, aux traditions grecques ou romaines.

On ne voit pas sans intérêt, dans une des chapelles, deux bas-reliefs de marbre blanc représentant, l'un la

Mémoire, l'autre, la *Méditation*, sculptures remarquables qui faisaient partie du tombeau de la mère de Stanislas, brisé pendant la révolution dans l'église des Jésuites.

Le tableau représentant saint Louis rendant la justice sous le chêne de Vincennes, est de la main de Robin, peintre blésois assez estimé.

Des caveaux fort étroits, placés sous le chœur, contiennent les tombeaux retirés des églises démolies pendant la révolution. On y remarque le cercueil de plomb du garde-des-sceaux Morvillier, provenant du caveau des Cordeliers, et celui de M. de Thermont, troisième évêque de Blois ; les tombes de Mgrs de Sauzin et des Essarts, nos deux derniers évêques, sont venus rejoindre celle de leur prédécesseur.

On a commencé de restaurer, avec habileté, le clocher et le porche de l'église, sous la direction de M. de la Morandière, architecte diocésain.

Saint-Laumer, maintenant **Saint-Nicolas**. — Vers la fin du VI° siècle, dans les âges de la ferveur merveilleuse et de la charité puissante, mourait chez l'évêque de Chartres, un anachorète de grand renom, Launomare ou Laumer. Son corps, inhumé d'abord à Saint-Martin-de-Chartres, fut transféré quelque temps après dans le monastère de Corbion, qu'il avait fondé dans les solitudes du Perche. Mais craignant pour ces précieuses reliques la fureur des hordes scandinaves, les religieux de Corbion, en 874, leur cherchèrent d'abord un asile dans l'Avranchin, ensuite dans la citadelle du Mans, et enfin ils ne les crurent en sûreté que dans celle de Blois, où elles furent reçues par des moines de Saint-Benoît, qui s'y trouvaient déjà établis et y desservaient la chapelle de Saint-Calais. Les reliques y restèrent sans accident, jusque vers l'an 930, que les vénérables gardiens les transférèrent dans l'église de Saint-Lubin, située au-dessous des murs du château. Cette église leur avait été donnée, en 924, par le roi

Raoul, à la sollicitation du comte Thibault-le-Tricheur, avec le bourg du Foix, alors de son domaine, et toutes les autres propriétés qu'il possédait dans le Blésois, à titre héréditaire.

Richement établis, grâce à la munificence du souverain, les religieux de Saint-Laumer ne songèrent plus qu'à bâtir l'église de leur monastère; ils la commencèrent le 25 du mois de mai 1138, pour ne la terminer qu'en 1210. Soixante-douze années de travaux s'étaient écoulées, non sans quelques interruptions. Les revenus de la dotation du roi Raoul, les dons qu'y joignit Thibault-le-Bon, lors de la translation des reliques, l'abandon que fit le comte Louis de ses droits féodaux pendant trois jours de l'année : *la vigile, le jour* et *le lendemain* de la Saint-Nicolas, et enfin, en 1205, la vente de leur liberté aux habitants du Foix, *serfs de condition*, moyennant 2,000 livres, somme équivalant à environ 38,000 fr. de notre monnaie, fournirent de quoi contribuer aux dépenses de cette belle construction. Le 25 mai 1185, le chœur, le transsept et les premières arcades de la nef étant terminés, on avait pu y célébrer la cérémonie de la dédicace.

Comme beaucoup d'autres édifices religieux, Saint-Laumer eut à traverser des périodes désastreuses : il fut pillé durant les guerres de religion et fermé pendant la terreur. Rendu au culte, lorsque la main puissante du nouveau Charlemagne vint sauver, au début du siècle, la France de l'anarchie, il prit le vocable de Saint-Nicolas, du nom de l'une des paroisses qui avaient été annexées en 1302 à son monastère.

En 1409, Isabelle de France, première femme du duc Charles d'Orléans, morte au château de Blois, fut enterrée au milieu de la chapelle de la Vierge, nouvel édifice qui avait remplacé la chapelle centrale primitive de l'abside. A cette époque, Saint-Laumer était parvenu à son apogée et n'avait plus qu'à décroître.

La forme de l'église Saint-Nicolas est une croix latine,

et sa direction va de l'Est à l'Ouest, suivant l'usage. Les proportions ont dû atteindre 250 pieds, pour la longueur, et 200 pieds pour la hauteur, sous le dôme de la coupole ; cette coupole est une rareté de ce côté de la Loire. L'architecture, pour l'abside et le chœur, appartient au style ogival de transition ; la nef et la façade sont du XIIIe siècle ; le grand portail central présente, sur chacun de ses trois rangs d'archivoltes, une suite d'anges, de rois et de prophètes. Au-dessus, règne une rampe couverte, composée d'arcades en ogive, très élancées, et de frêles et jolies colonnettes ; un rang de fenêtres alongées, au nombre de quatre ; puis une large rosace, œuvre moderne, qui remplaça celle qu'avaient détruite les protestants, surmontent cette rampe. Des deux côtés de la façade monte une tour carrée, percée d'une petite porte en ogive, ornée de plusieurs rangs de nervures, d'étoiles et de feuillages. On ne saurait trop louer le rond-point de l'église et les colonnes isolées qui le décorent.

L'exécution d'un plan de restauration est commencé, depuis plusieurs années, par les soins de la municipalité de Blois et avec les secours du gouvernement. Sauf le bonnet de coton dont on a coiffé l'une des tours, ce que l'on a fait pour l'assainissement de l'église et la restitution de tous les ornements que le temps et la main des hommes ont détruits ne mérite que des éloges.

Jusque-là, la munificence municipale ne s'était manifestée envers l'église que par l'octroi d'une somme de 2,000 fr. donnée en 1831, pour être employée en badigeon ; la couleur nankin ayant paru la plus agréable, l'intérieur de l'église en reçut un vêtement complet qu'elle conserve encore.

En 1852, M. le curé de Saint-Nicolas, aidé de la souscription de quelques fidèles, a restauré complètement la chapelle consacrée au premier patron de l'église.

On a placé le long du fût d'un pilastre de la nef et sur une des murailles, les épitaphes de quelques personnages qui ont tenu une place honorable dans l'histoire de Blois ; leurs tombes, appartenant à différentes églises, ont été détruites; ce sont: Pierre de Morvillier, aïeul du garde-des-sceaux, Michel Bégon, père du célèbre Bégon, fondateur de la ville de Rochefort, pour Louis XIV, aïeul de Marie de Charron, épouse de Colbert, et Jean Daguier, président au présidial de Blois.

Un monument ancien, mais affreusement mutilé lors du pillage par les huguenots, en 1568, est le rétable de pierre de l'ancien autel de Sainte-Marie-l'Égyptienne. Il représente la légende de cette pieuse solitaire et fut donné à l'église par Jean de Prunelé, abbé de Saint-Laumer, de 1447 à 1467; les armoiries, portées par des anges, figurent aux quatre coins du bas-relief.

Dès l'époque romaine, il y eut peut-être, à la place où s'élève Saint-Laumer, un temple payen. On a trouvé, en fouillant dans le parvis, un tombeau gallo-romain, accompagné de statuettes en terre cuite, décrites dans Montfaucon, au t. V, pl. II, p. 190, de ses *Monuments de la Monarchie française.*

Saint-Vincent-de-Paul, primitivement **les Jésuites.** — Bâti à une époque voisine de la nôtre, cet édifice n'a pas à raconter une bien longue histoire. Les Jésuites en jetèrent les fondements, au lieu dit anciennement *la Bretonnerie*, en 1626, trois ans après leur installation à Blois. Ses commencements, comme tous les débuts de ce monde, furent entourés de quelques difficultés. Le seul terrain, voisin de leur maison, qui fût propre à l'érection d'une chapelle, était un jardin possédé par un certain gentilhomme protestant. Ce propriétaire refusait obstinément de vendre à la société. Heureusement pour elle, Henri Hurault, comte de Cheverny, fils du chancelier, fit l'acquisition de l'emplacement désiré et l'abandonna généreusement aux Jésuites. Ils se mirent aussitôt à l'œuvre, et bientôt le manque de fonds vint arrêter les constructions; mais les libéralités de Gaston, comte de

Blois, leur permirent de les reprendre et de les mener à leur perfection ; ce qui s'effectua en l'année 1671.

L'église de Saint-Vincent-de-Paul porte le cachet de l'architecture particulière adoptée par la société de Jésus, et, comme la plupart des églises de cet ordre fameux, elle a son orientation du Midi au Nord. Elle fut bâtie sur les dessins de François Mansard, architecte de la partie du château, appelée de Gaston. Sa façade, composée de trois ordres : ionique, dorique et corinthien, est digne de la réputation de son architecte ; les lignes en sont pures, correctes et produisent le meilleur effet, vues des hauteurs de la place. Sa nef est d'ordre dorique, assez spacieuse, et surmontée d'un dôme en forme de lanterne. Sa voûte de bois vient de recevoir de l'architecte diocésain une ornementation intelligente.

Avant que d'être dévastée, en 1793, l'église des Jésuites, montrait le tombeau de la mère de Stanislas, roi de Pologne, un carrelage de marbre en mosaïque et une belle grille de chœur. Le monument élevé par Mlle de Montpensier, à la mémoire du bienfaiteur de Blois, de Gaston, existe encore en partie ; le cœur du prince, contenu dans une urne, fut jeté au vent par les révolutionnaires de 93. Des inscriptions rappellent encore le nom du royal fondateur, et la piété filiale de la Grande Mademoiselle, sa romanesque héritière.

Club d'abord, écurie ensuite, magasin de fourrages plus tard, l'église de Gaston fut enfin rendue au culte en 1828 : elle quitta alors son nom de Saint-Louis, qu'elle portait depuis sa fondation, pour prendre celui de Saint-Vincent-de Paul, le miséricordieux patron de toutes les infortunes.

Saint-Saturnin. — Saint-Saturnin est l'église paroissiale du faubourg de Vienne. Ce n'était d'abord qu'une modeste chapelle, dédiée à Saint-Antoine-des-Bois, et dont l'origine est peut être fort ancienne. Devenue paroisse, elle a été restaurée par Anne de Bretagne, qui fit élever le portail et commencer la tour des cloches. Catherine de Médicis augmenta les constructions de la reine Anne, et leur adjoignit une chapelle sous le nom de *Notre-Dame-des-Aydes*, célèbre autrefois comme lieu de dévotion et de pélerinage. C'est à cette chapelle que se rendit, après la messe du Saint-Esprit, la procession générale qui précéda les Etats de 1573 et 1588.

Au-dessus de l'autel de la chapelle de Notre-Dame-des-Aides, existe un tableau commémoratif de la mémorable épidémie de 1651. Les habitants de Blois firent vœu à la Vierge, pour obtenir, par son intercession, la cessation du fléau, de faire célébrer à la chapelle de Notre-Dames-des-Aides, tous les ans, pendant trente ans, une messe solennelle, à laquelle se rendraient processionnellement tout le clergé et les habitants de la ville. Les échevins devaient y assister portant un cierge de cire blanche du poids d'une livre. En 1633, en commémoration du vœu, la ville fit faire le tableau de l'autel par Jean Mosnier, peintre blésois, très en réputation alors. Sur cette toile historique, dont le fond représente la ville de Blois, on voit agenouillés les quatre échevins, alors en charge, MM. Butel, Thierry, Huart et Garnier, dont les descendants existent encore dans la ligne maternelle. Une figure de capucin, comprise dans le tableau, rappelle le dévouement que montrèrent, pour les pestiférés, les Pères Capucins de Blois.

Le corps de ville renouvela le vœu tous les trente ans, et la procession eut lieu jusqu'en 1792; elle se confondait alors avec celle du vœu Louis XIII.

Une autre chapelle et la tourelle qui la joint sont deux jolis édifices du XVIe siècle.

ÉDIFICES MILITAIRES.

Le Château. — L'importance du château de Blois, sous le rapport de l'art, égale l'intérêt que lui ont légués les événements de l'histoire. L'architecture du XIIIe siècle y est encore représentée par la colonnade de la salle des États; le XIVe a vu s'élever la galerie des ducs d'Orléans, aïeux de Louis XII, et le bon roi a fait construire la façade orientale, où l'heureux mélange de la brique et de la pierre, l'originalité de l'ensemble, la délicatesse et la naïveté des détails laissent l'œil et le goût indécis entre cette construction et celle qui l'avoisine, due au roi François Ier. Celle-ci, riche de tout ce que l'art avait emprunté à la Renaissance italienne, sans répudier pour cela l'ancien style français, mérite cependant plus d'intérêt. La façade du Nord offre une belle ordonnance de galeries superposées, accompagnées de pilastres brodés d'arabesques, et enrichies de balcons circulaires, à pendentifs de la plus riche ornementation. La façade du côté de la cour a peut-être un peu de lourdeur, mais elle se distingue par son magnifique escalier extérieur, à jour, qui est certainement une des pièces capitales de l'architecture de la Renaissance. Gaston d'Orléans, exilé à Blois, fit construire le quatrième corps de logis, sur les dessins de François Mansard; le célèbre architecte lui a donné toute la grandeur et la majesté des édifices de l'époque. Le duc d'Orléans avait l'intention de reconstruire en entier le château dans le même style; mais la mort, l'arrêtant dans ses projets, a conservé à la France cet assemblage pittoresque d'édifices de quatre grandes époques de l'art qui forme le château de Blois. Abandonné, mutilé, déshonoré par les malheurs des temps et l'incurie des administrations, nous devons espérer de le voir reparaître un jour, revêtu de tous ses ornements, grâce au goût qui s'est réveillé si vivement de nos jours, pour tous les monuments de l'art et de l'histoire. Le nom du savant artiste auquel est due la restauration de la Sainte-Chapelle, promet au château de Blois la restitution la plus satisfaisante de toutes ses splendeurs architecturales.

On trouvera dans l'*Histoire du Château de Blois*, par M. de la Saussaye, la description architecturale la plus complète de ce noble édifice, ainsi qu'une étude approfondie de toutes les questions qui s'y rattachent. Nous emprunterons à son livre, en l'abrégeant, la relation des principaux événements qui ont fait l'illustration historique du monument.

Le château fut construit, selon toute apparence, sur l'emplacement d'un ancien camp à demeure que les Romains établissaient ordinairement au confluent de deux rivières qui le défendaient de deux côtés, tandis qu'un fossé d'enceinte fermait le troisième. Placé ainsi au confluent de la Loire et de l'Arou, ruisseau que les déboisements et le détournement des eaux des fontaines de la ville ont entièrement tari, il devint plus tard le lieu de défense d'un de ces hauts barons qui se partagèrent la France féodale. Thibault-le-Tricheur, comte de Champagne, le type le plus complet de ces puissants barons, en bâtit le donjon avec l'argent que, tuteur infidèle, il avait détourné de l'administration des biens de son pupille, fils d'Alain-Barbe-Torte, duc de Bretagne, dont les fiançailles avec la sœur du comte de Blois avaient eu lieu au château, en 943.

On ne trouve aucun événement important à signaler pendant toute la durée de la première dynastie des comtes de Blois. Comme tous les seigneurs de l'époque, leur vie se passait en guerres continuelles, en expéditions aventureuses, qui les tenaient presque toujours éloignés du chef-lieu de leurs domaines.

Il faut arriver aux dernières années du gouvernement

des Châtillon, qui succédèrent à la maison de Champagne, pour trouver un fait de quelque intérêt. Ce fut dans le château de Blois, possédé alors par Gui II, qu'eut lieu une entrevue entre les ducs de Bourgogne et de Berry et le duc de Bretagne, dont le résultat termina les anciennes querelles entre la France et la Bretagne, qui étaient sur le point de recommencer après la traîtreuse arrestation du connétable Olivier de Clisson. Le château, dit Froissart, qui s'y trouvait alors en sa qualité de chapelain du comte de Blois, était « bel, grand, fort et plantureux, et » un des beaux du royaume de France. Là, continue le » naïf chroniqueur, furent les seigneurs en parlement en- » semble, et firent les deux ducs au duc de Bretaigne » bonne chère, et induisirent grand amour. » On passa cinq à six jours en festins et réjouissances, et pendant ce temps les ducs de Berri et de Bourgogne conduisirent si bien leur négociation, que Jean de Montfort se décida à les suivre à Paris, à rendre hommage au roi, pour le duché de Bretagne, et à soumettre sa cause au Parlement.

Sous les ducs d'Orléans, le château tient une place plus considérable dans les lettres, les arts et l'histoire. Le duc Louis, qui était un prince lettré comme son père, le roi Charles V, y fonda une bibliothèque, destinée à devenir célèbre, avec cinq volumes donnés par le roi: deux bibles, un missel, un livre intitulé le *Gouvernement des Rois* et les Voyages du Vénitien Marco Polo. Il augmenta beaucoup dans la suite cette petite collection.

Après l'assassinat, exécuté en 1407 par les ordres de Jean de Bourgogne, Valentine de Milan, dont la tendresse conjugale est demeurée célèbre, ayant en vain sollicité la punition du meurtrier, vint avec ses enfants se retirer au château de Blois. Ce fut alors qu'elle prit pour emblème une *chantepleure* [un arrosoir], entre deux S, initiales de *Soupir* et *Soucy*, et la mélancolique devise :

> Rien ne m'est plus,
> Plus ne m'est rien.

que l'on voyait répétée sur les murs tendus de noir de tous ses appartements.

Sa douleur et le triomphe du coupable la réduisirent à un si profond désespoir, qu'elle n'y pût survivre. Une année après la mort du duc d'Orléans, l'infortunée princesse succombait à l'âge de 33 ans.

« Le quatriesme jour de décembre, dit Jouvenel des Ursins,

» mourut de courroux et de deuil la duchesse d'Or-
» léans. C'estoit grande pitié d'oüyr, avant sa mort,
» ses regrets et complaintes, et piteusement regrettoit
» ses enfants et un bastard nommé Jehan, lequel elle
» voyoit volontiers, en disant : qu'il lui avoit esté emblé
» [volé], et que il n'y avoit aucun de ses enfants qui fust
» si bien taillé pour venger la mort de son père. »

En 1431, pendant la captivité de Charles d'Orléans, le célèbre bâtard commandait le château de Blois et recevait, pour cette charge, 200 livres de gages (un peu plus de 1,100 fr. de notre monnaie). En 1439, sous ses auspices, le duc de Bourbon et le duc d'Alençon y organisaient la *Praguerie;* le bâtard de Bourbon et le sire de Chabannes, deux des plus célèbres chefs d'*écorcheurs*, vinrent, suivis de leurs compagnies, y rejoindre les conjurés; le dauphin, qui devait être Louis XI, consentit à être le chef des mécontents. On sait que la Praguerie, organisée uniquement dans l'intérêt des grands, ne trouva aucun appui dans le peuple, et le roi parvint bientôt à se rendre maître de la révolte.

L'année 1440, Charles d'Orléans fut enfin délivré de sa longue captivité. Son retour fut un véritable triomphe jusqu'à Blois, où il fixa son séjour ; il y vivait entouré d'une cour brillante et polie, occupé de l'administration de ses vastes domaines, de l'embellissement de son château, et surtout de la culture des lettres qui avait apporté de si douces consolations aux ennuis de sa captivité.

Ce dut être au château de Blois que Charles d'Orléans, l'un des premiers jours du premier printemps qu'il revoyait en France, arrêtant ses yeux sur le magnifique paysage qu'il découvrait du haut de sa royale demeure, et savourant les beautés de la nature avec la sensibilité du captif dont la prison vient de s'ouvrir, composa ce délicieux *rondel :*

> Le temps a laissié son manteau
> De vent, de froidure et de pluye,

> Et s'est vestu de bourderie,
> De souleil luysant cler et beau.
> Il n'y a beste, ne oyseau
> Qu'en son jargon ne chante ou crie :
> Le temps a laissié son manteau
> De vent, de froidure et de pluye.
>
> Rivière, fontaine ou ruisseau
> Portent, en livrée jolie,
> Gouttes d'argent d'orfaverie,
> Chascun s'habille de nouveau ;
> Le temps a laissié son manteau
> De vent, de froidure et de pluye.

Sous un prince éclairé, ami des arts, le château de Blois prit une forme nouvelle. Jusqu'alors, ce n'avait été qu'une forteresse, couronnée de créneaux et de machicoulis, percée d'étroites ouvertures, flanquée de nombreuses tours, au milieu desquelles s'élevait triomphalement le donjon féodal, surmonté de ses guérites de pierre. Le château, en un mot, était une formidable place forte, munie de tous les moyens de défense qu'exigeait l'état de guerre continuel où se trouvait le pays. Au milieu du XV° siècle, les affaires de la France avaient complètement changé de face. Dans l'état de prospérité et de sécurité dont on jouissait alors, les forteresses semblaient désormais inutiles au centre du royaume ; les barons qui les possédaient ne songèrent plus qu'à les remplacer par des demeures élégantes, où ils employèrent tout le luxe apporté par la civilisation méridionale, qui venait enfin de se faire jour dans un pays resté en arrière d'un siècle, en raison de ses guerres avec l'étranger et de ses dissensions intestines.

Il ne reste aujourd'hui des travaux alors exécutés par Charles d'Orléans, qu'une galerie à arcades qui réunissait les deux ailes de l'orient et de l'occident ; les dessins de Du Cerceau donnent une idée très avantageuse de l'aile occidentale. (V. la pl. de la Perche aux Bretons).

En 1462, se passa au château de Blois un événement

qui combla de bonheur la famille d'Orléans, et dont la France eut aussi un jour à se réjouir. Le 27 juin, Marie de Clèves accoucha d'un fils, à qui le hasard devait donner le titre de roi de France, et l'amour de ses sujets celui de père du peuple. Le nouveau-né fut tenu sur les fonts de baptême par Louis XI, qui lui imposa son nom de Louis. Il se fit ensuite, à l'occasion de ces heureuses couches *de grandes chères à merveilles, qui seroient*, dit Saint-Gelais, *bien longues à mettre par escrit*.

Ce chroniqueur nous a laissé le plus naïf et le plus gracieux tableau de l'éducation que reçut Louis d'Orléans au château de Blois ; nous ne pouvons résister à en mettre la plus grande partie sous les yeux de nos lecteurs.

« La bonne madame d'Orléans nourrit le jeune duc son
» fils si doulcement que il n'eust esté possible de mieulx.
» Et quand il eust l'aage de six à sept ans, elle le feit ap-
» prendre les lettres, où tellement il profita qu'il y ap-
» pert, car je croy qu'il en est peu ou nuls de son estat,
» ny de beaucoup moindre, qui soient si grands histo-
» riens qu'il est..... Quand il fut plus avant en son
» aage, elle le feit instruire et endoctriner par saiges et
» vertueux gentilshommes, le plus dont elle pouvait finer,
» lesquels lui monstroient toutes choses vertueuses et
» honnestes. Il alloit aux champs et à la chasse, pour
» s'accoustumer a chevaucher, et sceut tant de tous ces
» deduicts qu'en peu de temps il en eust tenu l'escholle
» à tous autres. Et quand il vint en l'aage de seize à dix-
» sept ans, c'estoit le meilleur saulteur, lucteur et joueur
» de paulme que on sceut trouver ; ... Et est à noter
» qu'en tous ses jeux et esbatements il estoit plus doulx,
» gracieux et benin que le plus petit de la compaignée.
» Et n'y en avoit nul qui tant craignist de faire quelque
» chose qui despleust ou ennuyast à quelque pauvre gen-
» tilhomme que ce fust..... »

En 1483, il commença de figurer dans les affaires du royaume et se trouva dès-lors le chef du parti qui disputait à Anne de Beaujeu le gouvernement du jeune roi Charles VIII, et finit par être anéanti à la bataille de Saint-

Aubin, où le duc d'Orléans fut pris. Le prince fut ensuite traîné de prison en prison, pendant trois années.

Peu après son retour de captivité, le 7 avril 1498, il apprenait la mort du roi Charles VIII à Amboise. Bientôt, il reçut les députations du parlement de Paris, les envoyés des villes de France, le duc de Bourbon et les autres grands seigneurs du royaume. C'est au château de Blois que fut proféré le mot célèbre : *Ce n'est pas au roi de France à venger les injures du duc d'Orléans.*

Presque tous les grands actes politiques de Louis XII se passèrent au château de Blois, qu'il habitait presque constamment, quand il n'était pas à son armée d'Italie.

Au commencement de l'année 1499, il y convoqua une assemblée de notables pour travailler avec lui à réformer la justice et l'administration générale du royaume. Le résultat de cette réunion fut la fameuse ordonnance, en 162 articles, connue sous le nom d'*Ordonnance de Blois.* Tous les rouages du gouvernement y sont passés en revue et un grand nombre d'abus réformés.

Le 7 décembre de l'année 1501, il recevait à Blois l'archiduc Philippe d'Autriche et son épouse Jeanne de Castille, dont le fils Charles, qui fut depuis Charles-Quint, devait épouser la princesse Claude, fille de Louis XII. Le roi faisait alors construire son château *tout de neuf*, dit Jean d'Auton, *et tant somptueux que bien sembloit œuvre de roy.* La façade orientale, qui subsiste encore, venait d'être terminée. Ses délicieuses dentelures de pierre se détachaient, d'une éblouissante blancheur, sur un fond brillant de briques vermeilles; les figurines apparaissaient dans toute la délicatesse de leur ciselure, dans toute la naïveté de leurs poses; une pluie de fleurs-de-lis et d'hermines, sculptées ou peintes, inondait l'édifice; l'or, la pourpre et l'azur rayonnaient sur les vitraux et jusque sur les plombs des combles; au-dessus de toutes les portes, le porc-épic, emblème royal, dressait ses longues épines; au-dessus du porche, sous le dais de pierre aux mille festons, s'élevait la statue équestre du bon roi, représenté jeune et beau, noble et gracieux, comme il était alors.

L'intérieur de l'édifice n'était pas moins magnifiquement décoré: de riches tapisseries à fleurs, à emblêmes, ou à personnages, garnissaient les murailles; d'épais tapis doublaient les planchers; les manteaux de cheminée étaient couverts d'écussons, de tableaux et de sentences; les solives brillaient d'élégantes peintures; des meubles sculptés avec la plus grande délicatesse, des lits couverts d'étoffes tissées d'or et de soie ornaient les appartements. Et, comme pour rappeler la salutaire pensée de la mort, au milieu de tout ce qui pouvait rendre la vie désirable, on voyait peinte, sur la muraille du portique, la grande page philosophique, si à la mode alors, la célèbre danse Macabre. Là se trouvaient représentées des personnes de tout âge, de tout sexe et de toute condition, que la mort touchait, les unes après les autres, de sa faulx, et forçait de la suivre à une ronde immense, où tous les rangs étaient confondus, et où il n'y avait de pouvoir supérieur que le sien.

L'archiduc et l'archiduchesse d'Autriche arrivèrent à Blois, accompagnés des plus hauts personnages de la cour de France que le roi avait envoyés au-devant d'eux. L'archiduchesse était sur une haquenée harnachée de velours cramoisi; la duchesse de Vendôme, qui était allée, de la part du roi, recevoir Jeanne de Castille à la frontière, la suivait avec toutes ses femmes, sur des haquenées harnachées en velours noir. Les chevaux des chariots, des litières et des personnes de la suite étaient au nombre de plus de six cents. On avait éclairé la ville par des torches, parce qu'il commençait à faire nuit, et les archers et les Suisses de la garde du roi, rangés en haie depuis l'entrée de la basse-cour du château jusqu'à la chambre du roi, tenaient tous à la main des torches allumées.

La salle où se tenait Louis XII était richement tendue : devant la cheminée, sur un *grand tapis velu*, était posée la *chaire* où le roi était assis ; auprès de lui se tenaient le comte d'Angoulême, qui fut François Ier, le cardinal-légat et M. de Brienne. Le récit de l'entrevue des deux princes nous a été laissé par un écrivain qui en fut témoin, probablement un des hérauts d'armes de France dont l'une des fonctions consistait, comme on sait, à tenir registre des cérémonies de la cour.

« A l'entrée d'icelle salle, dit notre chroniqueur, » l'archiduc osta son bonnet, et dit M. de Brienne au

» roy : *Sire, voilà monsieur l'archiduc.* Et le roy en sou-
» riant respondit : *Voilà un beau prince.* L'archiduc fit
» jusques à trois honneurs [revérences] avant qu'arriver
» au roy. Au commencement que l'archiduc entra dans
» la salle, le roy se leva et commença à marcher vers
» ledit archiduc à petits pas; au second honneur que
» fit ce prince, le roy s'avança et osta son bonnet, et
» au troisième honneur le roy l'embrassa, puis parlèrent
» quelques mots assez bas; ensuite le roy remit son
» bonnet, ledit archiduc resta tousjours la teste nuë, sur
» quoi le roy le pressa beaucoup de se couvrir; mais il
» respondit qu'il estoit en son devoir, ils se remirent là-
» dessus encore à parler ensemble. »

Nous renvoyons au livre de M. de la Saussaye, pour la suite du récit de cette entrevue, qui contient des détails très curieux sur l'étiquette de l'époque et sur la distribution intérieure et l'ameublement du château.

Le chroniqueur anonyme qui lui a servi de guide, véritable Dangeau de l'époque, occupé seulement du cérémonial de la cour, déclare que pendant les cinq jours que passèrent à Blois l'archiduc et l'archiduchesse d'Autriche, *il ne se fit chose de mémoire*. Les offices de Saint-Sauveur, dit-il, prirent la plus grande partie du lendemain de l'arrivée, jour de la Bonne-Dame de décembre; les jours suivants le temps était si mauvais qu'il n'y eut pas moyen de donner de fête au dehors. Le roi et l'archiduc essayèrent, par deux fois, de la chasse à l'oiseau; mais la pluie les empêcha d'y prendre plaisir. On passait le temps à se visiter, on donnait de *grands et magniques festins* au château; le soir, après souper, on dansait pendant trois heures; après quoi chacun prenait congé, *avec de forts grands adieux et révérences, et cinq journées se passèrent en tels compliments*.

« Sa Majesté prenait grand plaisir à voir l'archi-
» duc et à l'entretenir de discours beaux et grands. La
» reyne et l'archiduchesse s'entrevirent souvent, ainsi
» que leurs dames et damoiselles, tant le long du jour

» que aux soirs, ès danses ordinaires qui se faisoient ;
» puis estant retirées estoient servies de confitures très
» excellentes et magnifiques. »

Quoi qu'en dise notre auteur, il se fit *chose digne de mémoire* pendant le séjour de l'archiduc. Un traité signé à Blois, le 13 décembre 1501, par les deux princes, nous apprend que toutes les questions relatives à la politique avec l'Autriche avaient été discutées entre eux, et que ce fut là, sans doute, le sujet des discours *beaux et grands* de Louis XII.

Peu après le départ de l'archiduc, arriva au château un envoyé de Ladislas, roi de Hongrie, avec mission de voir mesdames Germaine et Anne de Foix, l'une nièce du roi, l'autre cousine de la reine, et d'en rapporter les portraits. Des négociations pour le mariage de l'une d'elles avaient été entamées l'année précédente par des ambassadeurs que Louis XII avait chargés de conclure un traité d'alliance avec ce monarque. Le roi procura à l'envoyé, dit Jean d'Auton, *la vue desdites damoiselles et les pourtraictures d'icelles prises sur le vif.* Mais le roi de Hongrie se trouva fort embarrassé, en présence de *beautés tant singulières*, quand les portraits lui furent remis ; *à la fois l'une lui duisoit et puis s'arrestoit à l'autre.* A la fin, pourtant, il se décida pour Anne de Foix, et l'envoya épouser à Blois par procuration.

Pendant le mois d'avril 1502, Louis XII eut au château de Blois une entrevue avec le roi de Navarre, dans laquelle les deux souverains resserrèrent leurs liens politiques. Il conduisit ensuite la reine à Lyon et passa en Italie.

Il était de retour à Blois, au mois de mars 1503, lorsque l'archiduc traversa de nouveau la France en revenant des états de son père.

Le 22 septembre 1504, fut signé au château de Blois le célèbre traité entre Louis XII et les ambassadeurs d'Autriche, où était stipulé de nouveau le mariage du prince Charles, fils de l'archiduc d'Autriche, avec la princesse Claude de France. Si les clauses de ce traité eussent été exécutées, rien n'eût été plus funeste à la France dont il préparait le futur démembrement.

En 1505, le roi tombé malade à Paris et revenu à Blois, les médecins ayant conseillé le changement d'air, fit une rechute si grave que ses jours furent en danger. Il reçut les sacrements de l'église et fit son testament. Le pape ordonna des processions générales. Le cardinal d'Amboise fit un pèlerinage à Notre-Dame-de-Cléri, le sire de la Trémoille voua son maître à Notre-Dame de Liesse et promit d'y aller à pied. Le roi se voua lui-même à la Sainte-Hostie de Dijon ; il lui envoya sa couronne et il *faisoit tout son possible*, dit Saint-Gelais, *pour mettre Dieu de son côté*. La reine ne quittait pas la chambre de Louis XII, lui prodiguant les soins les plus empressés et donnant les témoignages de la plus vive douleur.

Le roi, rétabli enfin, contre toute espérance, parut vouloir rompre les engagements du traité de Blois qui avaient causé en France une douleur universelle. Il avait compris la faute qu'il avait commise et son testament en offre la meilleure preuve. Dans cet acte, il revient à la véritable politique qu'il convenait de suivre, dans l'intérêt du royaume, en recommandant le mariage de sa fille unique avec l'héritier présomptif de la couronne, François de Valois, comte d'Angoulême.

L'Angleterre, apprenant ce changement dans la politique de la cour de France, envoya le duc de Sommerset à Blois, en ambassade extraordinaire, pour proposer le mariage de Henri VII avec Marguerite d'Angoulême. Louis XII, en ayant référé à son conseil, il fut décidé d'un commun accord que cette alliance devait être refusée, comme offrant les mêmes dangers pour la France que celle avec la maison d'Autriche, si le roi mourait sans enfants mâles, et si le duc de Valois ne donnait pas non plus d'héritiers à la couronne.

On saisit avec empressement, pour se brouiller avec

l'Autriche, le prétexte d'une insulte faite en Flandre par les officiers de justice de Philippe à un sergent royal; le roi envoya le comte de Nevers en demander réparation. Philippe, de son côté, députa cinq de ses conseillers à Blois, en les chargeant de conserver à tout prix les bonnes relations qu'il avait avec la cour de France. Mais les négociations furent bientôt rompues, et le roi signa au château, le 12 octobre, une alliance secrète avec Ferdinand-le-Catholique, devenu veuf, et qui voulait dépouiller de ses états son gendre Philippe.

Le roi resta pendant l'hiver de 1507 à Blois; là, dit Jean d'Auton, « passa tout doulcement la saison du ca-
» resme, et puis très dévotement célébra la joyeuse
» feste de Pasques, la reyne avec luy et madame
» Claude, leur fille, laquelle estoit en l'age de sept à
» huict ans, très belle et moult bien enseignée. Et se
» passa le temps en joye et plaisir, car le roy estoit
» très sain et en bon poinct, et tous ses pays heureux
» en paix et plantureux en biens. »

Durant l'hiver de l'année 1509, se célébrèrent au château de Blois les noces de Guillaume Paléologue, marquis de Montferrat, avec Anne d'Alençon, à l'occasion desquelles il y eut des fêtes magnifiques. Fleuranges nous rapporte qu'en « un tournois qui feust faict en la grande
» cour du chasteau de Blois, devant le donjon du dict
» chasteau, feust jousté les premiers jours au grand ap-
» pareil, et les autres jours hors lice, à l'espée et à la
» barrière, qui feust chose fort belle à veoir..... »

Au repas de noces, Louis XII, si l'on en croit Seyssel, insulta publiquement l'ambassadeur et la république de Venise à laquelle il allait déclarer la guerre, aux termes des conventions de la *Ligue de Cambrai*. Lorsque l'ambassadeur s'approcha de la table royale, où étaient déjà assis les autres ambassadeurs d'Écosse et d'Aragon, il lui fut dit qu'il n'y avait point de place pour lui. La république de Venise, insultée dans la personne de son ambassadeur, fut peu de temps après battue, au combat d'Agnadel, par le roi lui-même.

Au retour de la campagne contre les Vénitiens, Louis XII maria, le 2 décembre de l'année 1509, Charles, duc d'Alençon, dernier rejeton de cette branche royale, avec Marguerite d'Angoulême. La cérémonie eut lieu à Saint-Sauveur ; le roi conduisit et ramena la mariée. Le dîner eut lieu ensuite dans la grande salle du château. Le roi mangea seul, dans ses appartements, selon l'étiquette en usage ; la table royale était présidée par la reine. Il n'y avait de couverts que d'un seul côté. La reine, la mariée et la douairière de Bourbon étaient servies en vaisselle d'or, ainsi que les ambassadeurs ; les autres convives avaient de la vaisselle d'argent. Pendant le repas, la reine remit aux hérauts et trompettes un grand vase d'argent doré, rempli de monnaie, pour être jetée au peuple, en criant : *Largesse!*

On dansa après le dîner, et on alla voir ensuite les joûtes. Le comte d'Angoulême, qui n'avait encore que seize ans, était le *tenant*. Les joûtes durèrent trois jours ; les prix furent donnés par les dames.

Une des ordonnances les plus importantes du règne de Louis XII, et celle qui fit faire, sans contredit, le plus de progrès à la législation du royaume fut rendue au château de Blois, le 24 janvier 1510. Le roi voulut que toutes les Coutumes du royaume fussent discutées en assemblée des Trois-États de chaque bailliage, ou sénéchaussée, rédigées et mises par écrit, pour lui être ensuite remises.

Le célèbre Machiavel passa une partie de l'année 1510 à Blois et prit part aux conférences diplomatiques qui eurent lieu au château, comme ambassadeur de la république florentine, alliée de Louis XII.

Une seconde fille naquit à Louis XII, au château de Blois, le 25 octobre 1510. La jeune princesse reçut le nom de Renée, qu'elle devait illustrer un jour par son savoir et par la protection qu'elle accorda aux lettres.

Le 7 novembre 1510, fut signé au château de Blois, entre Maximilien, représenté par l'évêque de Gurck, son secrétaire intime, et Louis XII, un traité destiné à resserrer l'alliance des deux monarques.

Vers le mois d'avril 1511, le roi partit pour Lyon, afin de diriger plus facilement les affaires d'Italie, qui avaient pris une tournure très défavorable depuis que le pape s'était mis à la tête de la ligue italienne et lançait ses excommunications contre Louis XII et ceux qui servaient sa cause.

Pendant les séjours qu'Anne de Bretagne faisait seule au château de Blois, elle avait auprès d'elle plusieurs beaux esprits qui s'occupaient, pour la distraire, à composer de petits poëmes sur la guerre d'Italie, les conquêtes du roi, la douleur de la reine pendant son absence. Ces poëmes étaient en forme d'épîtres, et plusieurs d'entre elles sont adressées par Anne de Bretagne au roi, son époux. Louis XII avait aussi avec lui des poëtes, chargés de chanter ses triomphes, qui rédigeaient également des lettres en vers, en réponse à celles de la reine.

Si ces différentes poésies, dont le poëte à la mode, Fausto Andrelini, de Forli; le Blésois, Macé de Villebresme, et Jean d'Auton, historiographe du roi, étaient les principaux auteurs, ne sont pas remarquables sous le rapport de l'invention et du style, elles devaient apporter néanmoins beaucoup de charme à la vie de château que menait la reine Anne à Blois, et nous donnent une idée avantageuse des goûts littéraires de cette princesse. (V. l'Hist. du château de Blois, p. 157 et suiv.)

L'année 1512 vit la ligue formée par le pape, fortifiée de l'accession de Henri VIII, qui espérait profiter des conjonctures fâcheuses où se trouvait la France pour reconquérir la Guienne. Le 22 avril, le roi d'armes d'Angleterre vint à Blois porter à Louis XII la déclaration de guerre de son souverain. Le roi chercha vainement à conjurer l'orage.

Le 17 juillet, Louis XII signa au château de Blois un traité d'alliance entre la France et le roi de Navarre ; ce qui n'empêcha pas celui-ci d'être dépouillé entièrement de ses États avant la fin de l'année, par Ferdinand-le-Catholique.

Au commencement de l'année 1513, l'Europe presque entière était liguée contre Louis XII. La situation critique dans laquelle il se trouvait l'engagea à faire des tentatives de réconciliation auprès de Ferdinand et de Maximilien. Des négociations furent entamées au château de Blois, mais étant demeurées sans succès, Louis XII chercha à se rapprocher de son ancienne alliée, la république de Venise, qu'il avait pourtant si maltraitée, mais qui avait encore plus à se plaindre de ses nouveaux protecteurs. Une réconciliation entre le roi et les Vénitiens eut lieu à Blois, par les soins du sénateur André Gritti, fait prisonnier à Brescia, l'année précédente.

La première de nos lois relatives à la librairie fut rendue à Blois le 9 avril 1513. Louis XII donna cette loi à la demande de l'Université de Paris, « en considé- » ration, dit-il, du grand bien qui est advenu en notre » royaume, au moyen de l'art et science d'impression, » l'invention de laquelle semble estre plus divine qu'hu- » maine. » Les libraires, relieurs, enlumineurs et écrivains jurés de l'Université, alors au nombre de trente, se trouvaient dispensés par cette loi de l'impôt de guerre qui venait d'être mis sur Paris, ainsi que de toutes tailles, aides, gabelles, etc. Les livres étaient exempts de tous péages, traverses, entrées et issues de ville, etc. Les souverains se sont montrés depuis moins bienveillants envers la presse ; mais celle-ci le leur a bien rendu.

La preuve la plus éloquente de l'amour de Louis XII pour les livres, est la riche collection bibliographique qu'il forma au château de Blois, et qui compose encore aujourd'hui la partie la plus précieuse des manuscrits de la Bibliothèque Impériale. La bibliothèque de Blois devint, au dire des savants, l'admiration de toute l'Europe.

Le roi, à l'exemple de son père, Charles d'Orléans, n'avait pas moins de goût pour les arts que pour les lettres; la magnifique galerie qu'il fit faire au château de Blois en est le plus brillant témoignage.

Au mois de juin suivant, la bataille de Novare ruinait encore une fois les affaires de Louis XII en Italie ; on sait les autres désastres qui suivirent la campagne du Milanais. Le roi, à son retour de Picardie, théâtre de ses dernières défaites, trouva à Blois un nouveau sujet d'affliction : Anne de Bretagne, depuis longtemps atteinte d'une maladie qu'elle avait regardée comme une punition de la guerre contre le chef de l'Église, était dans un état de souffrance si grand que sa mort était regardée comme prochaine.

Malgré sa situation désespérée, Anne poursuivait toujours ses projets d'alliance avec l'Autriche. Fleuranges rapporte que, dans les derniers jours de sa vie, elle le fit appeler près d'elle « pour quelque menée qu'elle » voulait faire avec le roi de Castille et toute la maison » d'Autriche, car elle avoit le cœur merveilleusement » affectionné à faire plaisir à ceste maison de Bour- » gogne. »

Le 2 janvier 1514, la reine eut une attaque très violente de la maladie à laquelle elle succomba peu de jours après.

Anne de Bretagne, par son mérite et par sa beauté, avait su fixer l'inconstance première de Louis XII dans ses affections. *Il l'avoit si tant aimée*, dit Seyssel, *qu'il avoit déposé en elle tous ses plaisirs et toutes ses délices.* Aussi lui donna-t-il à sa mort les témoignages d'une affliction profonde. Il voulut porter le deuil en noir, contre l'usage, et il resta trois jours enfermé dans son cabinet, sans voir personne; il chassa de la cour tous les *violons, comédiens et bateleurs*, et défendit que nul *ne parlast à luy s'il n'estait vestu de drap noir.*

Des funérailles d'une grande magnificence furent ordonnées par Louis XII. Le roi d'armes, Bretagne, en a laissé une relation fort circonstanciée, dont plusieurs copies, ornées de très belles miniatures, furent offertes par lui aux principaux personnages de la cour.

Le corps de la reine resta pendant huit jours déposé sur un lit de parade et revêtu de ses ornements royaux. Le lundi soir, 16 janvier, lorsqu'il fut enlevé pour être mis dans le cercueil, on remarqua avec étonnement que les traits du visage n'avaient éprouvé aucune altération, et chacun disait: « Que pour avoir tant aimé et servi » Dieu pendant sa vie, Dieu lui préservoit sa beauté » des outrages de la mort. »

Le vendredi, 3 février, il fut transporté en grande pompe à Saint-Sauveur, vers deux heures du soir. Arrivé dans l'église, on le mit sous une chapelle ardente, autour de laquelle brûlaient deux mille cierges. Le cardinal de Bayeux célébra le service, et le lendemain, samedi, on chanta trois grandes messes; la première fut dite par l'évêque de Paris, la seconde par celui de Limoges, la troisième par le cardinal de Bayeux, assisté de quatre prélats portant la crosse et la mitre. Les messes achevées, maître Parvy, confesseur du roi, prononça l'oraison funèbre d'Anne de Bretagne. Il commença son discours par la généalogie de la reine, qu'il fit descendre de Brutus, petit-fils d'Ascagne et de Lavinie et fondateur du royaume de Bretagne. Malheureusement le temps lui manqua pour traiter ce point aussi longuement qu'il le désirait; *mais bien y revint*, dit Bretagne, *à Paris et à Saint-Denys*. Il continua ensuite sur ce texte, que la reine ayant vécu trente-sept ans, il lui appartenait trente-sept éloges de trente-sept vertus différentes, et il termina en dressant un chariot d'honneur, environné de ces trente-sept vertus pour la porter en paradis.

Au moment du départ du cortége pour Saint-Denis, on entendait des cris et des gémissements de tous cô-

tés; on plaignait vivement cette bonne reine, enlevée si jeune au monde, et l'on accusait les médecins de sa mort, « et estoit de chascun l'oppinion que chassez de-
» voient estre. »

La mort d'Anne de Bretagne est le dernier événement historique arrivé à Blois, sous le règne de Louis XII. Des motifs politiques déterminèrent le roi à contracter un nouveau mariage qui devait le conduire promptement au tombeau. Le bon prince avait changé toutes ses habitudes pour plaire à sa jeune épouse; il ne revint plus à Blois, et mourut le 1er janvier 1515, loin de son château qu'il aimait tant, loin du pays qui l'avait vu naître, et aux mœurs franches, douces et généreuses duquel il dut peut-être les belles qualités qui lui méritèrent le surnom de *Père du Peuple*.

François Ier n'avait nullement hérité des goûts sédentaires et royalement bourgeois de son prédécesseur, et l'inconstance de son caractère le portait sans cesse à des changements de résidence, comme à des changements d'amour. Les séjours qu'il fit à Blois eurent lieu à de longs intervalles et furent seulement de quelques semaines, soit en se rendant à ses armées d'Italie, soit au retour de ses campagnes.

Cependant l'affection et l'intérêt que Blois avait inspirés à Louis XII revivaient tout entiers dans le cœur de Claude de France. Née dans le Blésois, Claude n'avait jamais voulu quitter les lieux où elle avait reçu le jour; une touchante conformité de caractère, doux et paisible, l'attachait aux habitants; car simple et bonne comme son père, elle aimait le pays aux mêmes titres que son père l'avait aimé. Le 25 juillet 1524, elle y mourut à l'âge de 25 ans, et son corps fut porté à Saint-Denis.

François Ier était alors sur le point d'entrer en Italie, quand il apprit la mort de la reine. Il revint au château de Blois, et pendant le séjour qu'il y fit, il s'occupa de réprimer le désordre qui régnait dans l'administration des finances, par une ordonnance datée du 28 décembre 1524.

Ce fut dans le château de Blois que l'on réunit les sommes stipulées pour la rançon du roi par le traité de Madrid.

Depuis la construction de Chambord, les faits relatifs au séjour de François Ier dans notre château deviennent de plus en plus rares. Nous savons qu'il y vint en 1534, par une ordonnance dont la cause mérite d'être signalée. Quelques religionnaires ayant fait imprimer plusieurs articles injurieux contre la messe, ces articles furent placardés dans tous les carrefours de Paris, et on poussa même l'audace jusqu'à en afficher un à la porte de la chambre à coucher du roi. L'ordonnance porte la date de l'année 1534.

En 1536, le roi signa au château le contrat de mariage de Magdeleine de France, avec Jacques V, roi d'Écosse.

Malgré les intervalles considérables que mettait François Ier dans ses différentes apparitions à Blois, le château lui doit pourtant cette belle partie connue sous le nom d'*aile de François Ier*. La date précise de cette construction n'est pas connue, mais on peut croire, d'après une pièce relative au paiement de l'intendant des travaux, que le roi commença d'y faire travailler dès les premiers temps de son règne. Le côté qui regarde l'église des Jésuites fut bâti plus tard, comme on le voit aux raccords des deux constructions, et au style de la seconde, qui est bien plus italien que celui de l'autre.

En 1554, la belle bibliothèque de Louis XII fut transférée du château de Blois à celui de Fontainebleau.

L'ordonnance de Henri II, qui créa les dix-sept grandes divisions du royaume en *généralités*, fut donnée au château de Blois dans l'année 1552.

En 1556, Henri jura à Blois, entre les mains du comte de Lallain, envoyé de Charles-Quint, la trêve de cinq ans, dite *Paix de Vaucelles*, entre lui, l'empereur et Philippe II, son fils.

L'an 1559, Catherine de Médicis fit représenter au château de Blois la *Pophonisbe* du Trissin, traduite en prose, avec des chœurs, par Mellin de Saint-Gelais. La reine avait fait de grandes dépenses pour la mise en scène ; mais la pièce eut peu de succès. C'était au surplus la première tragédie régulière en prose qui paraissait sur le théâtre.

Après la mort de Henri II, en 1550, la cour se rendit à Blois. Le château fut témoin d'un des premier succès des Guise dans leurs tentatives pour s'emparer de l'autorité royale. Le vieux connétable de Montmorency, qu'Henri appelait son *ami* et son *compère*, fut disgracié. Il était grand maître de la maison du roi, et le duc de Guise désirait vivement cette charge, qui le rapprochait de la personne d'un prince enfant et maladif. Catherine n'avait jamais pardonné au connétable sa remarque indiscrète, que de tous les enfants de Henri II, un seul ressemblait à son père, Diane, sa fille naturelle ; elle n'avait pas osé l'attaquer ouvertement du vivant de son époux, et sa haine secondait les Guise. Le connétable, forcé d'abandonner sa charge, envoya à Blois sa démission par son fils, auquel Henri II avait assuré la survivance; mais le duc de Guise en fut immédiatement revêtu et le duc de Montmorency reçut le titre de maréchal de France honoraire.

Dans l'année 1559, plusieurs déclarations de François II, datées de Blois, portent commission d'informer contre ceux qui favorisaient les *sacramentaires et autres entachés d'hérésie*.

Au mois de décembre 1562 eut lieu la célèbre bataille de Dreux et la défaite des protestants. Le prince de Condé, leur chef, fut pris et conduit au château de Blois, d'où on l'envoya plus tard à celui d'Onzain qui lui fut assigné pour prison.

Sur ces entrefaites, la cour qui était de nouveau re-

venue à Blois, reçut la nouvelle de l'assassinat du duc de Guise, par Poltrot. La reine-mère écrivit aussitôt au cardinal de Lorraine, pour lui apprendre *le malheureux inconvénient advenu à son frère*. Cette lettre, publiée dans les mémoires de Condé, avec l'orthographe italienne de la reine, se terminait ainsi : « Encore que l'on m'ayé
» asseuré que le coup de votre frère n'est mortel, si
» esse [est-ce] que je souis si troublée que je ne sé
» que je souis. Mé je vous asseure bien que je meteré
» tout set que j'é au monde et de crédist et de puisance
» pour m'an vanger, et souis seure que Dieu me le
» pardonnera.
» Vostre bonne cousine, CATHERINE. »

Elle écrivait en même temps au connétable de Montmorency pour lui faire part de l'intention du roi, de donner la charge de grand-maître au fils du duc de Guise, si celui-ci venait à mourir de sa blessure. C'est en effet au château Blois de que fut signée la nomination d'Henri de Guise à la survivance de la charge de son père.

On négociait cependant pour la cessation des hostilités, et la reine chercha à se rapprocher du prince de Condé. Celui-ci, après avoir vainement *pratiqué* de se sauver de sa prison, avait été remis en liberté sur parole, et de Blois, il faisait de fréquents voyages auprès de Coligny, pour le déterminer à prendre part aux conférences. L'amiral, après s'y être refusé, y consentit enfin. C'était au mois de mars 1563.

L'accueil le plus brillant l'attendait. Catherine, qui connaissait tout le prix et toute l'influence d'une flatterie habile, voulut célébrer comme une fête l'arrivée de l'amiral. *A chaque entrevue c'estoient fêtes, chières et contentemens;* enfin la paix fut signée.

Parmi les édits donnés à Blois par Charles IX, pendant ses différents séjours au château, nous remarquerons ceux du mois d'octobre 1571, qui déclaraient insaisissables les bestiaux et outils servant au labourage, et accordaient trois années de *surséance* aux laboureurs pour payer leurs dettes. Ces édits tendaient, comme on le voit, à réparer les désastres causés à l'agriculture par les guerres civiles.

Nous arrivons à cette époque odieuse du règne de Charles IX que signala le massacre de la Saint-Barthélemy. La plupart des faits politiques qui le précédèrent, ou même le préparèrent, si l'on pouvait croire à la préméditation de cet horrible forfait, se passèrent au château de Blois.

Pour communiquer en particulier avec les réformés, le roi s'y rendit sur la fin de l'été 1571. La reine, sa mère, l'avait suivi avec les ducs d'Anjou et d'Alençon, et la princesse Marguerite de Valois.

La cour se livra d'abord à toutes sortes de plaisirs et de fêtes, destinés, disent les historiens protestants, à cacher les épouvantables projets qui se tramaient au sein du conseil royal. Marguerite de Valois, que ses amours avec le duc de Guise et sa grande beauté rendaient déjà célèbre, était la reine de ces fêtes brillantes. Ce fut alors qu'elle inspira à Brantôme cette admiration que l'expansif écrivain fait connaître d'une si délicieuse façon dans le portrait qu'il nous a laissé de cette belle et galante princessse. Nous regrettons de ne pouvoir reproduire en entier les pages qu'il lui a consacrées, dans toute leur originale prolixité.

« Les empereurs romains de jadis, dit-il, pour plaire
» au peuple et luy donner plaisir, luy exhiboient des
» jeux et des combats parmi leurs théâtres ; mais pour
» donner plaisir au peuple de France, et gaigner son
» amitié, il ne faudroit que luy représenter et faire
» voir souvent ceste reyne Marguerite pour se plaire
» et s'esjouir en la contemplation d'un si divin visage,
» qu'elle ne cachoit guières d'un masque comme toutes
» les autres dames de nostre court, car la pluspart du
» temps, elle alloit le visage descouvert. Et un jour de
» Pasques-Fleuries, à Blois, estant encore Madame et
» sœur du roy, je la vis paroistre à la procession, si belle

» que rien au monde de plus beau n'eust sceu se faire
» voir, car oultre la beauté de son visage et de sa belle
» grandeur de corps, elle estoit très superbement pa-
» rée et vestue. Son beau visage blanc, qui ressembloit
» au ciel, en sa plus grande et blanche sérénété, estoit
» orné par la teste de si grande quantité de grosses per-
» les et riches pierreries, et surtout de diamans bril-
» lans, mis en forme d'estoilles, qu'on eust dit que le na-
» turel du visage et l'artifice des estoilles et pierreries
» contendoient avec le ciel quand il est bien estoillé
» pour en tirer la forme. Son beau corps, avec sa riche
» et haute taille, estoit vestu d'une robbe de drap d'or
» frisé, le plus beau et plus riche qui se fust jamais vu en
» France... Ce n'est pas tout, car estant en la procession,
» marchant à son grand rang, le visage tout descouvert
» pour ne priver le monde, en une si bonne feste, de sa
» belle lumière, parust plus belle encore, en tenant et
» portant en la main sa palme (comme font nos reynes de
» de tout temps), d'une royalle majesté, d'une grâce
» moitié altière et moitié douce..... Et vous jure qu'à
» ceste procession, tous nos autres courtisans, y perdis-
» mes nos dévotions, car nous y vaquasmes pour con-
» templer ceste divine princesse et nous y ravir plus
» qu'au service divin, et si ne pensions pourtant faire
» faulte ny pesché, car qui contemple et admire une di-
» vinité en terre, celle du ciel ne s'en tient offensée,
» puis qu'elle la faicte telle. »

Cependant on n'avait pu réussir à dissiper, parmi les protestants, les défiances que leur inspiraient encore les démarches de la cour. Ils avaient cru devoir y répondre en députant vers le roi Téligny, Briquemault, Beauvais et quelques autres personnages marquants de leur parti, pour protester, au nom de tous ceux de la religion, *de leurs loyautés et servitudes*.

Des séductions de tout genre furent mises en œuvre auprès des envoyés. Leur séjour à Blois ne fut qu'une série de fêtes; on s'emparait des plus âgés en flattant leur ambition ; on séduisait les plus jeunes par l'attrait des plaisirs, et on endormait les uns et les autres par de perfides caresses. Enivrés de l'accueil qu'ils avaient reçu, ils durent être, auprès de la cour protestante de La Rochelle, les partisans les plus ardents du rapprochement désiré par les catholiques.

Afin de profiter, dans l'intérêt de ses projets, du retour de Téligny à La Rochelle, la reine-mère faisait solliciter le comte Louis de Nassau de se rendre secrètement à Blois, pour s'entendre avec Charles IX, sur les projets de guerre avec l'Espagne. Le comte de Nassau quitta donc La Rochelle, accompagné de Lanoue et de Francourt, chancelier de la reine de Navarre. Ils arrivèrent la nuit, en *habits déguisés*.

Charles IX mit en œuvre dans les conférences secrètes qu'il eut avec lui, et dont l'écho devait se faire entendre à La Rochelle, toutes les leçons de dissimulation qu'il avait reçues de Catherine. Il maudit hautement l'influence que sa mère exerçait sur les affaires publiques, et feignit des intentions bien arrêtées de gouverner désormais son royaume par lui-même et sur un plan tout différent de celui qui avait été suivi jusqu'alors. Il développa ensuite ses projets de guerre contre le roi d'Espagne, et voulait même que le comte de Nassau partît de suite pour en faire les préparatifs. Quant aux plans de la campagne, il fallait la présence de l'amiral pour les arrêter, car c'était à lui que le commandement de l'armée devait être remis. On régla aussi les conditions du mariage de Marguerite de Valois avec le roi de Navarre.

Flatté dans ses désirs de voir un terme mis enfin à la guerre civile, et dans son ambition de commander une armée contre des ennemis qui ne devaient plus être des Français ; déterminé aussi par l'espoir de profiter de la faveur du roi, dans l'intérêt de son parti, l'amiral se décide à quitter La Rochelle. Poussé, peut-être, suivant la belle expression du grave Pasquier, *par ce mer-*

veilleux et espouvantable jugement de Dieu qui court contre nous, il arrive à Blois.

Charles IX reçut Coligny avec les plus vives démonstrations de bienveillance et d'amitié; il protesta qu'il regardait comme le jour le plus beau de sa vie celui où l'arrivée de l'amiral assurait la paix et la tranquillité du royaume.

Peu de temps après son arrivée, Coligny reçut du trésor cent mille livres en dédommagement des pertes qu'il avait faites dans les dernières guerres. Téligny, son gendre, partageait avec lui les faveurs du roi; tout ce qu'il y avait de grâces à la cour était pour les gentilshommes de la suite de l'amiral. Charles IX répétait souvent qu'il *l'estimoit un des grands hommes de guerre de son temps, et qu'il avoit regret de ne l'avoir bien connu.*

Et tandis qu'on endormait ainsi dans une trompeuse et cruelle sécurité, celui qu'en arrière on appelait le *vieux renard de La Rochelle*, le roi, la reine-mère, le duc d'Anjou, le garde-des-sceaux Birague, et plusieurs autres, si l'on en croit l'historien de Thou, se réunissaient en conseil et discutaient les moyens d'exécuter le complot contre les protestants. Le duc de Guise faisait partie des conjurés et discutait ces questions, dans les appartements mêmes où seize ans plus tard, il devait tomber aussi victime d'un autre complot royal. Tous les moyens présentés reposaient sur les jeux et les fêtes auxquels devaient donner lieu les noces du roi de Navarre avec la sœur du roi.

Les négociations pour le mariage s'étaient poursuivies, depuis l'arrivée d'une partie des seigneurs protestants, avec tout le succès désiré par Charles IX. Mais rien ne pouvait se terminer sans la présence de la reine de Navarre. Jeanne d'Albret quitta aussi La Rochelle pour se rendre à Blois.

Cependant ces projets d'union d'un prince hérétique avec la sœur du roi de France avaient ému la cour de

Rome. Le pape députa vers Charles IX le cardinal Alexandrin, son neveu, chargé de lui demander d'entrer dans la ligue sacrée contre *le Turc*, et de rompre les projets de mariage de sa sœur avec le roi de Navarre pour la donner au roi de Portugal. Charles IX repoussa les projets d'alliance contre les Turcs, en exposant la division qui désolait son royaume et la détresse de ses finances. Il répondit, en outre, qu'il ne pouvait rien changer dans ses projets à l'égard de sa sœur, et que de son mariage avec le chef des protestants dépendait la paix publique et la tranquillité du royaume.

Jeanne d'Albret aurait voulut présider seule au règlement du contrat de son fils; mais elle rencontrait chaque jour, malgré les démonstrations de respect et d'affection dont elle était l'objet, quelques difficultés suscitées par la reine Catherine. Celle-ci exigeait, par exemple, que les noces eussent lieu à Paris, tandis que Jeanne d'Albret, redoutant avec raison la haine que les habitants de la capitale portaient aux protestants, voulait qu'elles fussent faites à Blois.

C'est sous l'influence de ces contrariétés qu'elle écrivit au jeune roi de Navarre une lettre devenue célèbre, où, après avoir parlé des ennuis qu'elle éprouve, elle juge d'une manière si sévère et si vraie la cour de France sous Charles IX :

« ....Madame [Marguerite de Valois] est belle et
» bien avisée et de bonne grâce, mais nourrie en la
» plus maudite et corrompuë compagnie qui fust ja-
» mais; car je n'en voy point qui ne s'en sente. Vos-
» tre cousine la marquise [l'épouse du jeune prince de
» Condé] est tellement changée qu'il n'y a apparence
» de religion en elle; sinon d'autant qu'elle ne va
» point à la messe; car au reste de la façon de vivre,
» horsmis l'idolastrie, elle fait comme les papistes, et
» ma sœur la princesse [de Condé] encore pis.....

» Le porteur vous dira, mon fils, comme le Roy s'é-
» mancipe. C'est pitié. Je ne voudrois pour chose du

ÉDIFICES MILITAIRES. — LE CHATEAU.

» monde que vous fussiez ici pour y demeurer. Voilà
» pourquoy je désire vous marier, et que vous et vos-
» tre femme vous vous retiriez de cette corruption ; car
» encore que je la croyois bien grande, je la trouve en-
» core davantage. Ce ne sont pas les hommes icy qui
» prient les femmes, ce sont les femmes qui prient les
» hommes. Si vous y estiez, vous n'en échapperiez ja-
» mais sans une grande grâce de Dieu.....

» Je vous envoye un bouquet pour mettre sur l'o-
» reille, puisque vous êtes à vendre, et des boutons
» pour un bonnet. Les hommes portent à cette heure
» force pierreries......

» Mon fils, vous avez bien jugé par mes premiers
» discours que l'on ne tasche qu'à vous séparer de
» Dieu et de moy. Vous en jugerez autant par ces der-
» niers, et de la peine en quoy je suis pour vous. Je
» vous prie prier bien Dieu, car vous avez bien besoin
» en tout temps, et mesme en celui-cy, qu'il vous as-
» siste ; et je l'en prie, et qu'il vous donne, mon fils,
» ce que vous désirez.—De Bloys, ce 8 de mars [1572];
» de par vostre bonne mère et meilleure amie,

» JEANNE. »

Enfin les pourparlers et les négociations durent se terminer au gré de Catherine de Médicis ; Jeanne d'Albret autorisa son fils à venir la rejoindre. Le jeune roi de Navarre fit son entrée à Blois, accompagné du prince de Condé, son cousin-germain, du comte de La Rochefoucault et de plus de cinq cents gentilshommes protestants. Ce fut une occasion nouvelle de fêtes et de jeux au milieu desquels Charles IX faisait, disent de Thou et Davila, *comme son fauconnier, et surveilloit ses oiseaux.*

Le 11 avril, les articles du contrat de mariage furent arrêtés et signés, et les fiançailles célébrées à la chapelle de Saint-Calais.

Les projets à l'égard des protestants ne faisaient point perdre de vue à Catherine de Médicis ses idées d'ambition et ses espérances de donner un trône à chacun de ses fils. Ce fut pendant son séjour à Blois qu'elle dirigea ses premières démarches pour appeler le duc d'Anjou à la succession du vieux Sigismond-Auguste, roi de Pologne. On sait le succès dont fut couronnée la diplomatie de l'évêque de Valence, Monluc.

Dès l'année 1571, il avait été question du mariage du même duc d'Anjou avec Élisabeth d'Angleterre. Mais les négociations avaient tellement traîné en longueur que, de la part de la reine d'Angleterre, du moins, il est permis de supposer qu'il n'y eut jamais une intention arrêtée de les mener à fin. Néanmoins les négociations aboutirent à un traité de paix et d'alliance qui fut signé au château de Blois le 29 avril 1572.

Quelque temps après la signature du traité, Charles IX en jura l'observation en présence du comte de Lincoln, qui arriva à Blois, comme ambassadeur extraordinaire, avec une suite magnifique.

Les négociations de mariage furent reprises plus tard, mais sans résultat. Du haut de la vieille tour du Foix, près de ce petit édifice bâti par Catherine, et sur la porte duquel se lit encore : VRANIÆ SACRVM (consacré à Uranie), les astrologues avaient promis un trône à chacun des fils de Catherine de Médicis; la Providence en avait autrement disposé.

Nous arrivons à l'époque la plus mémorable de l'histoire du château de Blois: celle où se tinrent les États de 1576 et 1588.

Quelques jours avant l'ouverture des premiers, Henri III se rendit au château avec sa mère et le duc d'Anjou, son frère. Aucun député n'était encore arrivé, et on s'occupa, en les attendant, aux conseils privés qui se tinrent dans le cabinet du roi, des moyens à prendre pour diriger les délibérations et les votes des États.

Le 30 novembre, il y eut une procession solennelle où le roi assista avec toute sa cour. Pendant la messe qui fut dite ensuite à Saint-Sauveur, Guillaume Ruzé, évêque d'Angers, fit un sermon politique dans lequel il jeta d'abord l'anathème sur la religion nouvelle et lui attribua tous les maux de la France. Il attaqua ensuite vivement tous les corps de l'État, reprochant au roi de donner des bénéfices à des gens incapables ; aux prélats de négliger leur troupeau ; à la noblesse de voler les dîmes des curés, et taxa le tiers-état d'usure en le comparant au ver qui gâte le bois.

Le dimanche, 2 décembre, le roi et toute sa cour, réunis à Saint-Sauveur, et les députés des trois ordres à Saint-Nicolas communièrent avec une grande solennité. Le jeudi, 6, eut lieu la séance d'ouverture. Entre dix et onze heures, après avoir entendu à Saint-Sauveur la messe du Saint-Esprit, tous les députés se rendirent dans la grande salle du château. Il y en eut cent quatre du clergé, soixante et douze de la noblesse et cent cinquante du tiers-état.

Vis-à-vis de la grande porte de la salle du château qui a conservé le nom de *Salle des États*, il y avait un échafaud au milieu duquel était un grand marche-pied. Au milieu de ce marche-pied, et sous un dais à dossier, s'élevait la *chaire* du roi, avec deux coussins pour les pieds, le tout couvert d'un grand drap de velours violet semé de fleurs-de-lis d'or. A gauche, étaient placés les princes et princesses de la famille royale et les grands dignitaires de l'État.

Toute la salle était tendue d'une riche tapisserie à personnages, rehaussée de fil d'or ; les colonnes étaient couvertes de velours violet, semé de fleurs-de-lis d'or ; le haut de la salle était *enfoncé* de tapisseries, et l'échafaud couvert de tapis de pied.

Lorsque chaque député eut pris place, MM. de Chavigny et de Lansac, capitaines des Deux-Cents Gentilshommes, et Larchant, capitaine des Gardes, allèrent chercher le roi ; celui-ci arriva par un petit escalier de bois qu'on avait fait construire le long du mur qui touchait à ses appartements. Le roi avait au col le grand-cordon de l'ordre de Saint-Michel et deux huissiers de la chambre portaient leurs masses devant lui. Il était suivi de la reine sa mère et de la reine sa femme, de son frère le duc d'Anjou, de la reine de Navarre, du cardinal de Bourbon, des ducs de Nevers et d'Uzès, de trois pairs d'Église, du chancelier Birague, et de Biron, grand-maître de l'artillerie.

A l'arrivée du roi, toute l'assemblée se leva, en se découvrant. Ceux du tiers-état restèrent un genou en terre jusqu'à ce que le roi et les deux reines se fussent assis. Le roi commanda alors au chancelier de faire asseoir toute l'assemblée. Parmi les personnes de la cour on remarquait surtout Marguerite de Valois. Brantôme nous a encore laissé un souvenir précieux de l'effet que produisit la beauté de cette princesse sur toute l'assemblée.

« Je vis ceste belle grande Reyne, dit-il, aux pre-
» miers Estats à Bloys, le jour que le roy fit son ha-
» rangue, vestuë d'une robe orange et noir, mais le
» champ estoit noir, avec force clinquant, et son grand
» voile de majesté, qu'estant assise en son rang, elle
» se monstra si belle et si admirable que j'ouïs dire à
» plus de trois cens personnes de l'assemblée qu'ils
» s'estoient plus advisés à la contemplation d'une si di-
» vine beauté, qu'à l'ouïe des graves et beaux propos
» du Roy son frère, encore qu'il eût dict et harangué
» des mieulx. »

Le roi prononça, en effet, un discours empreint d'une éloquence douce et persuasive, qui fit une vive impression sur l'assemblée. On était profondément ému, et des larmes, qu'on ne cherchait point à cacher, témoignaient de l'attendrissement général. Les catholiques exaltés oublièrent un moment leurs préventions haineuses; les *politiques* et les protestants se disaient avec reconnaissance, que pas un mot ne les avait offensés ni blessés dans leurs opinions ou dans leur culte. Henri III avait mis une grâce et une dignité admirables à prononcer sa harangue; sa voix était claire, et, malgré l'étendue de la salle, sa parole nette et précise s'était fait entendre à tous les assistants.

Quand il se fut assis, le chancelier de Birague prit la parole pour faire connaître plus amplement la volonté du roi. Il entreprit une longue dissertation sur l'origine de la convocation des États-Généraux, depuis Charles-Martel, Pépin et Charlemagne, jusqu'à Charles IX. Ensuite il adressa à chacun des trois ordres d'assez vives remontrances sur leurs devoirs, sur leurs torts, fit un pompeux éloge du gouvernement et de la régence de la reine-mère, parla de l'*estat piteux et misérable du mesnage du roy*.

Le discours du chancelier fut trouvé long, lourd et ennuyeux. Mais le tort le plus grand de sa harangue était de venir après celle du roi. Henri III avait exprimé des sentiments d'amour et de dévouement pour ses sujets: son chancelier, plus positif, avait parlé finances et deniers. On fit aussitôt courir dans la salle le quatrain suivant:

> Tels sont les faicts des hommes que les dicts;
> Le Roy dit bien, d'autant qu'il sçait bien faire;
> Son chancelier est bien tout au contraire,
> Car il dit mal et faict encore pis.

Son discours fini, Birague alla prendre les ordres de Henri III; puis, s'étant assis, il fit savoir aux députés, restés debout et la tête découverte, qu'ils pouvaient se faire entendre.

Alors, d'Espinac, archevêque de Lyon, se leva et alla demander aux archevêques et évêques leur avis sur la réponse à faire au roi. Il fut chargé de remercier Sa Majesté; ce qu'il fit en quelques mots. Ensuite le sieur de Rochefort, député pour la noblesse du Berry après avoir, avec tous ceux de la noblesse, fait une profonde révérence, rendit grâces pour les bonnes intentions que le jeune monarque venait de témoigner dans sa belle et *excellente* harangue, et protesta devant Dieu que toute la noblesse était prête, en signe de dévouement et d'obéissance, à exposer sa vie et ses biens pour le service de son souverain. Après le sieur de Rochefort, Luillier, prévôt des marchands de la ville de Paris et président du tiers, se plaça devant le roi, et demeurant, ainsi que tous les députés de cet ordre, un genou en terre, commença par vanter outre mesure l'éloquence du monarque, qu'il plaça au-dessus de Démosthènes et de Cicéron. Il le remercia ensuite de sa grande affection et charité paternelle pour ses enfants, entre lesquels ses très humbles sujets du pauvre et désolé tiers-état offraient tout ce qui leur restait de sang, de vie et de biens pour être employé à son service.

Après ce discours, la cour quitta la salle, et l'assemblée se retira, en protestant hautement des sentiments de bonheur et d'admiration qu'avait universellement produits le *beau dire* du roi.

Toutes ces assurances de dévouement durent faire espérer à Henri III qu'il pourrait facilement diriger les travaux et les résolutions des États ; mais ces protestations, nées de l'enthousiasme d'un moment, n'eurent pas d'effet plus durable que l'éloquence et la pompe royale qui les avaient provoquées. Les préventions contre la personne et l'autorité du roi se réveillèrent au sein des réunions particulières, où dominait l'influence de la Ligue.

En convoquant les États-Généraux, Henri III avait eu principalement pour but de faire annuler l'édit de pacification arraché par les circonstances difficiles où il se trouvait. Mais, prévoyant que cette annulation équivaudrait à une déclaration de guerre, il devait chercher à obtenir des États les moyens d'organiser contre les protestants des forces capables de les soumettre. Par une contradiction qui dénote l'incapacité d'une assemblée aveuglée par ses préoccupations religieuses, les résolutions des trois ordres s'accordèrent pour recommander aux orateurs chargés de porter la parole à la seconde séance solennelle, fixée au 17 janvier, de ne s'engager à aucune promesse de fonds ou de secours, tout en insistant sur la suppression du culte réformé.

Cette séance royale eut lieu dans la même salle et avec toutes les cérémonies observées à la séance d'ouverture.

Les orateurs des trois ordres furent unanimes dans leur demande au roi, de ne permettre que la seule religion catholique, apostolique et romaine.

L'archevêque de Lyon emporta *l'honneur de bien dire*. L'avocat Versoris (Letourneur) trompa l'espoir général; son discours long et fatigant, *sentoit* disait-on, *son plaidoyer du palais* plutôt que la harangue d'un orateur. Aussi fit-on promptement circuler ce *pasquil* :

> On dit que Versoris
> Plaide bien à Paris ;
> Mais quand il parle en court,
> Il demeure tout court.

Dans une brève réponse, le roi remercia les trois ordres de leur unanimité sur la question religieuse, leur promit de faire droit à leurs remontrances, et ordonna aux députés de ne pas se séparer qu'il n'eût lui-même répondu aux cahiers et dissous les États.

Henri III espérait profiter du temps que mettraient les députés à terminer ces cahiers pour obtenir leur concours au rétablissement de l'ordre dans les finances, et leur participation aux dépenses d'une guerre imminente; mais les démarches faites en son nom, auprès des différents ordres, par ses ministres, n'aboutirent qu'à soulever des discussions qui révélaient une profonde défiance des intentions du roi. Dans toutes ces questions Henri III retrouvait la Ligue, avec son esprit d'opposition systématique, qui entravait tous les projets, paralysait toute l'action de son autorité royale.

La Ligue, trop forte pour qu'il pût songer à la détruire, lui trop faible pour pouvoir la diriger, il préféra paraître lui donner sa sanction royale. Il se fit donc déclarer chef et protecteur de la Sainte-Ligue, en signa l'acte d'association et le fit signer à tous les princes et seigneurs qui n'y étaient pas encore engagés. Outre l'espoir de dissiper, par cette manœuvre, les méfiances dont il était l'objet et d'empêcher la nomination d'un autre chef, Henri III pensait obtenir un changement dans la disposition des États sur la question des finances : cet espoir fut trompé. Tout ce que Henri III put obtenir du clergé, fut l'offre de solder 4,000 hommes de pied et 1,000 chevaux, et seulement pendant la durée de la guerre.

Les doléances formulées au nom de chaque bailliage furent confusément portées dans le cahier général de chaque ordre, et le 9 février ces cahiers furent présentés au roi, qui promit d'y donner telle réponse qu'il *s'assurait que tout le royaume en recevrait contentement.*

Le 20 février, les trois ordres furent convoqués dans la galerie du château attenant au cabinet du roi.

Henri III annonça d'abord son intention de prendre connaissance des cahiers, et recommanda aux députés de nommer, conformément à la requête faite à l'ouverture des États, douze ou au moins six d'entre eux, pour assister à l'examen de ces cahiers, et dans le cas où il s'y refuseraient, de ne pas se séparer avant d'avoir résolu les difficultés que l'examen de certaines questions devait infailliblement soulever. Il demanda ensuite que les trois États avisassent à voter des secours pour supporter les frais de la guerre.

Des discussions fort orageuses s'élevèrent alors dans les trois chambres; on refusa à la fois l'aliénation du domaine et la nomination des trente-six commissaires pour l'examen des cahiers. Ce double refus fit perdre à Henri III tout espoir de parer aux embarras de ses affaires, et on peut croire qu'il se proposa, dès-lors, d'arriver à une nouvelle pacification.

Dans ces circonstances, le roi tint un conseil nombreux. Il fut enjoint à chaque membre de ce conseil d'émettre et de motiver son avis sur le fait de la religion. Le duc et le cardinal de Guise, les ducs de Nevers, de Mayenne et tous les exaltés ligueurs insistèrent sur l'unité du culte catholique et l'extermination des huguenots ; mais la reine-mère, les deux ministres blésois, Morvillier et Cheverny, Bellièvre et Villequier opinèrent pour la paix. On résolut d'envoyer le duc de Montpensier vers le roi de Navarre, pour connaître les dernières dispositions de ce prince, relativement aux bases d'une paix nouvelle.

La dissolution des États eut lieu le 1er mars. Les députés se séparèrent sans avoir pu ni voulu prendre aucune détermination fixe sur les grandes questions d'où dépendaient l'ordre et la prospérité dans le royaume. Par l'inconséquence de leur conduite, Henri III fut placé dans l'alternative d'une guerre que le désordre de ses finances l'empêchait de soutenir, et celle d'une paix qui le rendait odieux et suspect à la majorité de son peuple, représenté par cette ligue dont il s'était fait chef et protecteur.

Il nous reste à rappeler quelques événements qui se passèrent à Blois pendant la tenue des États de 1576.

Le 20 décembre, le fils aîné du sieur de Saint-Sulpice se prend de dispute au jeu de palle-maille avec le vicomte de Tours, et l'outrage grièvement. Le soir ils vont au bal du château ; à onze heures ils en sortent sans témoins ni seconds, suivis d'un seul laquais portant une torche. Arrivé dans la basse-cour, et au moment d'en venir aux mains, Saint-Sulpice renvoie le laquais qui lui appartenait, ne voulant pas donner à penser qu'il en eût tiré assistance contre son adversaire. Le combat s'engage dans l'obscurité, et Saint-Sulpice tombe en criant : Je suis mort. Son laquais accourt, prend l'épée de son maître, poursuit le vicomte de Tours qui s'enfuyait, et le blesse d'un coup à la tête.

De Tours néanmoins gagne une maison, d'où il parvient plus tard à quitter la ville, pour éviter les effets de la colère du roi.

Le 29 janvier 1577, après un combat à la barrière, fait à *beaux flambeaux*, dans la salle des États, par le roi et les princes, un capitaine des archers de la garde, nommé Briague, fut tué par un soldat de sa compagnie, qui voulait se venger de quelques voies de fait. Ce soldat s'était caché au pied même des degrés d'où l'on descendait de la chambre du roi. Au moment où Briague passait avec d'autres officiers, il le frappe entre les deux épaules, laisse son épée dans le corps de sa victime, et parvient à s'échapper en criant qu'on vient de tuer son maître, et qu'il court chercher un chirurgien.

Les premiers comiques italiens qui parurent en France, les *Gelosi*, arrivèrent à Blois au mois de février suivant. Henri III les avait fait venir de Venise. La troupe entière tomba au pouvoir des protestants, et le roi fut obligé de payer sa rançon. Il lui assigna, pour donner ses représentations, la salle des États, en l'autorisant à prendre un *demi-teston* par personne. Nous lisons dans les Mémoires de l'Estoile, que le roi se trouvait ordinairement aux représentations des *Gelosi* « ha-
» billé en femme, ouvrant son pourpoinct, descouvrant
» sa gorge, y portant un collier de perles et trois col-
» lets de toille, deux à fraizes et un renversé, ainsi que
» le portoient les dames de la cour. »

> Si qu'au premier abord chacun estoit en peine,
> S'il voyoit un roy-femme, ou bien un homme-reyne,

a dit d'Aubigné dans son langage énergique.

Plusieurs ordonnances furent signées au château de Blois pendant la durée des premiers États. Nous en rappellerons seulement une, très remarquable eu égard aux considérations politiques qui l'inspirèrent. Elle accordait aux princes du sang la préséance sur les autres princes et sur les pairs de France. Henri III se préoccupant déjà des prétentions ambitieuses du duc de Guise, voulut, en réformant l'ancien usage, l'empêcher de marcher de pair avec les membres de la famille royale. Après avoir enregistré cette ordonnance, Christophe de Thou, premier président au parlement, s'écria que depuis l'avènement de Philippe de Valois à la couronne, il ne s'était rien fait de si utile pour la conservation de la loi d'hérédité.

Bien qu'elle n'eût rien voulu préjuger des affaires politiques d'un intérêt plus général, l'assemblée nationale de 1576 mérite une belle place dans notre histoire sociale; c'est sur les plaintes et les doléances contenues dans ses cahiers que fut rendue, en 1579, la fameuse ordonnance en 363 articles, connue sous le nom d'*Édit de Blois*.

Un seul fait signale la présence de la cour à Blois pendant l'intervalle de temps écoulé entre les États de 1576 et ceux de 1588, et ce fait est un crime. Triste effet de la fatalité qui préside ordinairement aux événements dont le château est le théâtre : les séjours royaux dans ses murs, depuis Charles IX, ne lui fournissent que des souvenirs de deuils particuliers ou de malheurs publics !

Le lundi 4 mai 1581, Jean de Livarot et le marquis de Maignelais, après une querelle survenue au milieu d'un bal donné par le roi, conviennent de se battre le lendemain, sur les bords de la Loire. Ils s'y rendent, avec deux laquais sans armes. Livarot est tué ; mais aussitôt, Maignelais, frappé par derrière, tombe aussi, et meurt sur le corps de sa victime. Livarot, dans l'éventualité d'une défaite, avait ménagé sa vengeance aux dépens de son honneur, et pour ravir à son adversaire la gloire d'un triomphe, il avait donné ordre à son laquais de cacher une épée dans le sable, et d'en tuer Maignelais, si Maignelais était vainqueur. Le laquais fut pendu ; mais *on s'estonna beaucoup* de cette déloyauté de Livarot, qui, pour avoir déjà *bravement* tué le jeune

Shomberg, dans le fameux combat des Mignons, s'était acquis par toute la cour si bonne réputation de brave et loyal chevalier.

La ville de Blois fut de nouveau choisie pour l'assemblée des États-Généraux de 1588. Le 11 septembre, le roi arriva au château, escorté d'une nombreuse suite de gentilshommes, et s'occupa aussitôt du nouveau plan de conduite qu'il voulait suivre.

Les députés cependant n'arrivaient qu'avec lenteur, et le roi, malgré son impatience, se vit forcé de remettre au 15 octobre la séance d'ouverture qui avait été fixée un mois plus tôt.

Henri III se faisait amener dans son cabinet tous les députés, les uns après les autres, à mesure qu'ils arrivaient, afin de les *voir, ouïr et recongnoistre*. Alors sans doute, bien des séductions furent mises en œuvre; mais le malheureux monarque, sans argent et sans crédit, voyait avec désespoir la popularité du duc de Guise contreminer ses projets et tous les serviteurs ardents de la Ligue se porter *en flotte* aux appartements de son rival, écoutant ses ordres et prêts à seconder ses projets.

La nomination des bureaux éclaira Henri III sur l'esprit dont les chambres étaient animées. Cette nomination se fit le 3 octobre. Le cardinal de Guise fut porté à la présidence du clergé, le comte de Brissac à celle de la noblesse, et la Chapelle-Marteau à celle du tiers. C'étaient, dit Pasquier, les *plus authorisez de la Ligue*.

La séance d'ouverture fut précédée de toutes les solennités religieuses, si belles et si splendides à une époque où *l'honneur de Dieu* était le sentiment qui dominait tous les partis et sur lequel reposaient toutes les opinions politiques. Henri III avait fait publier des jeûnes et abstinences, pendant trois jours entiers, pour *se préparer et disposer à recevoir le corpus Domini*. La cour communia, en grande pompe, dans l'église Saint-Sauveur, et les princes et seigneurs dans les diverses églises, tandis que les députés, réunis tous aux Jacobins, reçurent la communion des mains du cardinal de Bourbon.

Enfin, le 16 octobre, tous les députés, réunis dans la cour du château, furent appelés dans la salle des États. Quatre cent onze se placèrent successivement, selon le rang de leurs provinces. Le clergé comptait cent trente-quatre membres, parmi lesquels quatre archevêques, vingt-un évêques et deux chefs d'ordre, tous vêtus de leurs rochets, surplis et camails; la noblesse, qui devait plus tard compter cent quatre-vingts représentants, n'en avait alors que quatre-vingt-seize. Le tiers n'avait que dix de ses membres en retard, et comptait cent quatre-vingt-un députés présents. La robe longue, le petit bonnet carré de ces derniers, et sur leur manteau, la double croix blanche de la ligue, contrastaient avec la cape de velours, le chapeau à plumes et le riche et brillant attirail de ceux de la noblesse et de la cour.

Le duc de Guise fixait tous les regards. Il était assis devant l'estrade royale et sous le même dais qui la surmontait, le dos tourné au roi et la face vers le peuple. « Il » estoit habillé d'un habit de satin blanc, la cappe retrous- » sée à la bijarre, perçant des yeux, dit Pierre Mathieu, » toute l'espesseur de l'assemblée, pour recongnoistre et » distinguer ses serviteurs, et d'un seul eslancement de » sa veuë, les fortifier en l'espérance de l'advancement » de ses desseins, de sa fortune et de sa grandeur, et » leur dire sans parler : je vous voy. » Lorsque toute l'assemblée fut réunie, il se leva et, suivi des Deux-Cents gentilshommes et des capitaines des gardes, il alla chercher le roi.

Henri III descendit par le petit escalier qui aboutissait à l'estrade du trône. *Il entra plein de majesté, portant son grand ordre au col, et commença sa harangue, suivant le compte-rendu de la cérémonie, par un grave choix de beaux mots.*

On avait attribué à Morvillier la harangue du roi aux États de 1576, l'abbé, depuis cardinal du Perron, passa pour être l'auteur de celle de 1588. Cependant, en comparant la faiblesse des autres orateurs, même les plus en réputation, de l'époque, l'enflure et le ridicule de leurs discours, avec l'éloquence, l'adresse et le bon goût des harangues royales, on est tenté de laisser tout l'honneur de celles-ci à Henri III.

Si la noblesse et la dignité du roi séduisirent toute l'assemblée, la vigueur de ses paroles et les allusions, qu'il n'avait pas cherché à ménager, causèrent au duc de Guise et aux représentants des Seize une agitation qui fut mal contenue.

Après le roi, le nouveau garde-des-sceaux, Montholon, prit la parole et commença un interminable discours, par une lourde amplification sur l'origine et les avantages des assemblées générales, depuis Salomon et les druides, jusqu'à Louis XII; il développa longuement les projets du roi d'extirper les vices et les abus du royaume, et finit en exhortant les États à rester unis et à ne point *défaillir* à Dieu, au roi et au pays.

L'archevêque de Bourges répondit au nom du clergé. Il remercia le roi d'avoir fait entendre sa *douce et agréable voix et parole, ornée de la féconde éloquence d'Ulysse et des graves sentences de Nestor*. Le savant prélat trouva moyen de parler aussi d'Hercule, de Thésée, de Moïse et du grand capitaine Josué, de Daniel, de Nabuchodonosor, de Cyrus et d'Artaxerce, de Démétrius, etc. Il montra les sujets du roi qui, après avoir levé les mains en haut, attendant la miséricorde de Dieu, ouvraient aujourd'hui les bras pour embrasser les jambes de Sa Majesté, et se livra sans mesure à un vain étalage d'érudition indigeste qui était, du reste, si fort à la mode alors, que de Thou lui-même parle avec une sorte de complaisance de l'*excellent* discours de l'archevêque.

M. de Beaufremont-Senecey adressa ensuite au roi

son *remerciement* au nom de toute la noblesse, et, après lui, la Chapelle-Marteau au nom du tiers. Les discours de ces deux derniers contrastent par leur brièveté et leur clarté, avec les éternelles divagations de MM. de Bourges et de Montholon.

Cette séance, où l'*honneur de bien dire* avait encore été pour Henri III, laissa dans l'esprit du duc de Guise et de ses partisans des préoccupations d'autant plus vives que dans la harangue du roi toutes leurs manœuvres avaient été dévoilées avec franchise, et vigoureusement condamnées.

Le 18 octobre, Henri III s'acquitta, quoique à regret, de la promesse qu'il avait faite de renouveler le serment de l'édit d'union en séance générale. Il le fit précéder d'une déclaration dans laquelle il faisait certaines réserves dans l'intérêt de sa prérogative royale, chaque jour menacée par cette ligue dont il jurait le maintien et assurait la puissance.

Après la déclaration du roi, lecture fut faite de l'édit d'union du 21 juillet 1588. Après quoi l'archevêque de Bourges prononça une harangue sur la gravité et la conséquence du serment qu'on allait faire, et s'y perdit, selon sa savante habitude, dans une foule de citations qu'on trouva d'une *élégance fort excellente*.

Henri III prit ensuite la parole et prêta le serment. Il fut répété avec acclamation par toute l'assemblée, les ecclésiastiques, en mettant les mains à la poitrine, et tous les autres en levant les mains au ciel.

Comme aux États de 1576, les premières opérations des trois chambres ne furent inspirées que par un sentiment de malveillance pour le monarque.

Henri III vit avec douleur les États répondre à la demande de deux millions, pour armer contre les hérétiques, par un tollé général contre les *gens de finances*, *partisans, courtiers d'office et autres de même qualité*, en leur attribuant tout le désordre du trésor. Le duc de Guise trouva même, dans cette circonstance, une occasion d'augmenter sa popularité, en faisant décider par les États qu'ils procéderaient avant tout à la recherche des moyens de soulager la misère du peuple.

Dans ses séances particulières, le tiers-état résolut de provoquer les mesures les plus efficaces dans l'intérêt de la diminution de l'impôt. Henri III essaya alors de se créer, dans cette chambre, des partisans. Il faisait venir au château les membres les plus influents, causait familièrement avec eux sur la marche des affaires et sur ses projets de réforme, et, mêlant à ses demandes d'adroites promesses, il ne négligeait aucune de ces prévenances toutes puissantes de monarque à bourgeois.

« Le 27 novembre, dit Bernard, le roi eut envie de
» voir M. Coussin et moi. Le sieur de Marle, vint nous
» prendre et entrâmes dans la chambre du roi, lequel
» nous trouvâmes seulement accompagné de M. de
» Lyon et du président de Neuilly. Il nous commença à
» dire la volonté qu'il avoit de nous soulager; qu'il
» vouloit régler sa maison et la réduire au petit pied ;
» que s'il avoit trop de deux chapons, qu'il n'en auroit
» qu'un, et qu'avant de partir il nous promettoit très
» grand contentement. Mais que de le contraindre à
» réduire les tailles au pied de 1576, il estoit impossi-
» ble que ce ne fût à la ruine de sa maison et de son
» estat ; qu'il considéroit la guerre contre les héréti-
» ques, où il vouloit hazarder sa personne ; qu'il es-
» toit nécessaire d'avoir fonds pour ce regard, et que ce
» n'estoit pas lui donner courage de le faire que de lui
» retrancher ses moyens.... Son propos fini, le roi
» voulut que je parlasse, ce que je fis longuement, avec
» toute franchise et respect..... Il me fit l'honneur de
» m'entendre patiemment et m'interrogea de quelques
» sujets faciles à résoudre.... Sur la fin de mon dis-
» cours, il nous dit : Je vois bien que nous tendons
» tous au même but ; mais nous y venons par divers
» chemins. »

Après avoir ainsi cherché à se rendre favorables les

députés du tiers, Henri III leur fit demander, en son nom, par l'archevêque de Lyon, le partisan le plus dévoué de la ligue, de surseoir à la suppression des tailles jusqu'à ce qu'on eût trouvé un expédient pour les remplacer. Mais la communication de l'archevêque fut mal accueillie, le tiers persista dans sa décision ; le clergé et la noblesse se réunirent à lui.

Le roi se résolut à une dernière tentative auprès de Bernard et de quelques autres. Le mercredi, 30, il les fit venir dans son cabinet et leur dit qu'il voulait se plaindre à eux, comme à de loyaux sujets, de ce que ses bonnes volontés étaient méconnues : il parla encore du danger de la réduction des tailles, en disant que c'était vouloir perdre le roi et le royaume. Pendant cet entretien, Henri III achevait de s'habiller ; il fit remarquer aux députés qu'il n'était pas *dépensier en habits, et qu'il en portoit un toujours trois mois.*

La justice de ces plaintes et de ces demandes du monarque ne fit aucune impression sur les États. Ils déclarèrent de nouveau leur résolution de suspendre leurs travaux, jusqu'à ce que l'on eût fait droit à leur requête. Henri III craignit que le départ des députés ne lui suscitât des embarras encore plus grands ; il céda.

Le 3 décembre, les trois ordres se réunirent dans sa chambre. L'archevêque de Bourges, orateur habituel de l'assemblée, porta encore la parole. Son discours est remarquable de modération et de convenance. Le digne prélat supplia le roi d'autoriser l'établissement d'une chambre de justice pour informer contre les malversations des mauvais ministres et des gens de finances.

Henri III, avec cette noblesse de parole et cette bienveillance de langage qui lui étaient habituelles, répondit en protestant de son amour pour ses sujets. Puis il dit aux députés : *Je vous accorde vos requestes.* Alors chacun se prit à crier : Vive le roi ! sans lui donner le temps de continuer. Le bruit cessé, il ajouta qu'il autorisait la diminution d'impôts demandée, à la charge par les États de pourvoir à l'entretien de sa maison, aux gages de ses officiers et aux exigences de la guerre. Cette promesse fut faite par acclamation, et les députés se retirèrent, en *grande joie et allégresse*. Cette remise des tailles déchargeait le peuple, tout d'un coup, de deux millions six cent soixante mille écus. Lorsque cette nouvelle se répandit, toutes les cloches de la ville furent mises en branle et des feux de joie partout allumés; c'était une ivresse générale. Mais la popularité du roi ne s'en accrut pas. Les États, loin de se croire obligés à la reconnaissance, célébrèrent comme une victoire remportée sur un tyran ce bienfait dû à la débonnaireté du monarque. Enhardis par ce succès, non-seulement ils ne cherchèrent pas à remplir les promesses d'argent, faites au roi, mais ils demandèrent la suppression de tous les trésoriers généraux.

Cependant, quelque réforme que voulussent les députés, Henri III ne se lassait pas de demander de l'argent; les huguenots prenaient des villes et ravageaient le pays, tandis que les armées catholiques étaient sans solde et sans moyens de guerre. Les États furent sommés de pourvoir à leurs besoins; mais ils ne répondirent que par des refus ou des mesures insignifiantes.

A ces embarras politiques suscités au roi avec la brutalité de formes des grandes majorités et toute l'inconséquence systématique de l'esprit de parti, se joignaient des déboires plus cruels encore. Si la puissance du monarque était chaque jour méconnue, chaque jour aussi la dignité de l'homme était froissée. Tout ce que la haine peut amasser de calomnie, la passion d'injures, la critique de ridicules, était déversé sur Henri de Valois; son nom donnait lieu à d'ignobles anagrammes; ses goûts, ses habitudes, ses affections provoquaient les plus outrageantes satires. Les écrivains, dans leurs pamphlets, le poursuivaient lui et les siens d'invectives sanglantes; dans leurs sermons, les prédicateurs excitaient le peuple à la sédition, et lui représentaient le roi comme un tyran et un suppôt du diable.

Cependant, à côté de cette autorité royale si abaissée, à côté de ce nom livré au mépris, s'élevait une autre autorité, se popularisait un autre nom. Henri de Guise grandissait de tout l'avilissement où était tombé Henri de Valois. Logé au château, avec une foule de serviteurs et d'amis, qui criaient haut leur titre de *guisards*, il paraissait plus roi que le roi de France. Si Henri III s'abaissait à d'humiliantes démarches auprès des États de son royaume, s'il avait recours, vis-à-vis des bourgeois du tiers, à des prières et à des flatteries, il voyait dans son propre palais, le nom de Guise craint et vénéré, les ordres de Guise partout obéis, les appartements de Guise toujours remplis des principaux membres des États, hautains et insolents en présence du roi de France, courtisans dévoués auprès du *roi de Paris*.

Dans ces mêmes États, rien ne se résolvait sans l'adhésion du duc de Guise; il imprimait une direction à tous les votes. Si la débonnaireté du monarque se témoignait par quelques concessions, la reconnaissance publique était pour Guise; mais aussi, tout puissant pour arracher quelque sacrifice au roi en faveur du peuple, Guise se disait sans autorité quand le roi le priait d'intervenir dans ses luttes perpétuelles avec les États.

Pour arriver à cette puissance, les Lorrains ne cherchaient pas des voies d'adresse et de dissimulation. Leur rivalité se manifestait au grand jour, en présence du monarque, comme en présence du peuple. Leur conduite privée témoignait l'absence de tout respect, comme leurs actes publics révélaient leurs vues ambitieuses. Ils ne désignaient le roi que par d'injurieuses dénominations, et la duchesse de Montpensier, au milieu des propos les plus violents, montrait à toute la cour ses petits ciseaux d'or, destinés à faire la tonsure de moine à *frère Henri de Valois*. S'il s'adressait au monarque, le duc de Guise parlait en maître qui veut être obéi, et de toutes les causes qui déterminèrent sa perte, ce ton de violence, ces airs de hauteur, en blessant l'orgueilleux et irritable Valois, ne furent pas les moins influentes.

Personne n'ignorait le but vers lequel s'avançait le duc de Guise. On parlait publiquement du projet qu'il formait de conduire Henri III à Paris, et de se faire le Charles Martel d'un nouveau Chilpéric. Il ne s'agissait donc plus pour Henri III d'une lutte politique avec son adversaire. La question pour le roi était d'être ou de ne pas être. Il n'avait plus qu'à prévenir les coups qu'on allait lui porter : la mort du duc de Guise fut résolue.

Mais le monarque avait la conscience de sa faiblesse et de son isolement. Il sentait la nécessité de trouver des confidents et de préparer silencieusement sa vengeance, sans détruire la sécurité naturelle de son ennemi. Depuis longtemps, la superstitieuse dévotion de Henri III, son humeur chaque jour plus sombre, son goût pour la solitude et pour les pratiques religieuses les plus exagérées, et souvent les plus extravagantes, affectaient douloureusement les fidèles serviteurs de la monarchie qui croyaient à la sincérité du prince. Les Guise et les ligueurs, de leur côté, en profitaient pour s'immiscer plus avant dans l'administration des affaires. Les habitudes toutes monacales du roi, en provoquant leurs continuelles moqueries, leur paraissaient un acheminement naturel à leur projet de donner le *froc à frère Henri de Valois*. Mais Henri III persistait dans son apparente inertie, afin de faire servir à ses desseins secrets cette vie de retraite et de pratiques pieuses qui semblait uniquement consacrée à faire taire les reproches de sa conscience. Il s'entoura de religieux de tous les ordres et fit même distribuer, dans les combles du château de Blois, de petites cellules pour des frères capucins. Indifférent aux affaires publiques, il semblait vouloir en abandonner le soin à son cousin de Guise, avec lequel il avait juré, le 4 décembre, *sincère réconciliation et oubliance de toutes querelles et simultés passées*, dans une pieuse cérémonie où le monarque et le sujet avaient reçu la communion sainte des mains du légat du pape.

On était arrivé au 18 décembre : la reine-mère célébrait le mariage de Christine, fille du duc de Lorraine et sœur de la reine régnante avec Ferdinand de Médicis, grand-duc de Toscane. Charles, duc d'Angoulême, avait épousé la princesse, au nom du grand-duc, et la cérémonie s'était faite dans la chapelle du château, avec cette pompe et ce luxe pour lesquels Henri III ne se refusait jamais à satisfaire sa passion, quelles que fussent les préoccupations de son esprit ou l'état de ses affaires.

Le soir, la cour était réunie dans les appartements de la reine-mère. Henri III profita de ce moment, où toutes les pensées étaient tournées vers le plaisir, pour s'ouvrir à quelques amis sur les projets qu'il avait conçus. Il appelle dans son cabinet le maréchal d'Aumont, Nicolas et Louis d'Angennes, Beauvais Nangis et le colonel corse Alphonse d'Ornano. « Il y a long-temps, leur
» dit-il, que je suis sous la tutelle de messieurs de Guise.
» Je suis résolu d'en tirer raison, mais non par la voie
» ordinaire de justice, car M. de Guise a tant de pou-
» voir dans ce lieu que si je lui faisois faire son procès,
» lui-même le feroit à ses juges. Je suis résolu de le
» faire tuer présentement dans ma chambre; il est
» temps que je sois seul roi ; qui a compagnon a
» maître. »

Le maréchal d'Aumont opina pour qu'on le fît arrêter, juger et punir selon les lois comme criminel de lèse-majesté; mais Nicolas d'Angennes et les autres seigneurs combattirent ce projet qui n'offrait aucune garantie, ni dans son exécution ni dans ses résultats. Quels seraient, en effet, les juges, les geôliers et le bourreau d'un homme si haut placé que la puissance du souverain fléchissait devant la sienne? L'opinion du roi prévalut ; on convint aussi de s'emparer du cardinal de Guise, du prince de Joinville, des ducs de Nemours et d'Elbœuf, et même du vieux cardinal de Bourbon.

L'exécution se présentait toutefois entourée de mille difficultés. Le duc de Guise était, il est vrai, sans défiance, mais non sans précautions ; il ne sortait jamais qu'entouré d'un grand nombre de partisans et de gentilshommes, et c'était, en effet, le nombre et le dévouement des siens qui faisait sa confiance.

Henri III ne devait donc avoir d'autre but que celui d'isoler un instant le duc, de manière à le frapper loin de tout secours. Lorsque le duc de Guise se rendait chez le roi, sa suite envahissait la salle du conseil. Cette salle était contiguë à la chambre de Henri III ; mais les jours de conseil, la porte en était fermée et gardée par des huissiers. Les pages et gentilshommes, formant la suite des seigneurs, se tenaient dans le grand escalier du château et sur une petite terrasse appelée la *Perche aux Bretons* qui communiquait avec l'escalier par une galerie extérieure. Cette circonstance fut le pivot sur lequel l'entreprise devait rouler.

Il s'agissait, avant tout, de trouver un brave serviteur, dont le cœur fût résolu, le bras fort, et le zèle aveugle. Henri III jeta les yeux sur Crillon, colonel de son régiment des gardes. Crillon haïssait le duc de Guise de tout l'attachement qu'il portait au roi ; toutefois, en apprenant à quelle épreuve Henri voulait mettre son dévouement : « Sire, dit-il, je suis bon serviteur de Votre » Majesté ; qu'elle m'ordonne de me couper la gorge » avec le duc de Guise, je suis prêt à obéir ; mais que » je serve de bourreau et d'assassin, c'est ce qui ne » convient ni à un soldat, ni à un gentilhomme. » Cette franchise ne déplut pas au roi, mais le refus l'embarrassa, sans lui laisser toutefois d'inquiétudes ; Crillon promit le secret. Henri s'adresse alors à Loignac, premier

ÉDIFICES MILITAIRES. — LE CHATEAU. 83

gentilhomme de la chambre. Loignac accepte, et répond des moyens d'exécution. C'était le 21 décembre. Henri fixa au vendredi, 23, le jour de sa vengeance.

Nous empruntons textuellement au livre de M. de la Saussaye le récit de la catastrophe à laquelle l'histoire du château de Blois doit son principal intérêt.

« Tout ce qu'il y avait à la cour et aux États d'hommes éclairés, d'esprits froids, à qui les passions du moment n'inspiraient pas d'aveugles préventions, avaient déjà prononcé l'arrêt de Guise. *Quelques âmes brusques disoient hautement qu'il méritoit un coup de balle.* Aux yeux d'un grand nombre, tant d'entreprises ambitieuses voulaient une issue fatale, tant d'offenses publiques une vengeance exemplaire. On opposait involontairement à cette audace toujours croissante du Lorrain la patience extraordinaire de l'irritable Valois; et pour tous ceux qui, à cette époque d'intrigues, faisaient de la dissimulation une étude et une science, ce grand calme présageait un grand éclat.

» Et puis comme à l'approche des grandes catastrophes, de vagues pressentiments venaient agiter les esprits; les plus graves n'y pouvaient échapper. « L'al-
» manach de Billy, écrivait sérieusement Pasquier, ne
» prognostiquoit rien de bon pour toute l'année 1588,
» et moins encore au mois de décembre. » Toutes les prédictions en effet étaient menaçantes. Le peuple s'attendait à voir se réaliser cette prophétie de Nostradamus :

Paris conjure un grand meurdre commettre,
Bloys luy fera sortir son plein effect.

» Les amis de Guise commentaient, comme l'annonce fatale de quelque événement sinistre, qui devait frapper la maison de Lorraine, ce quatrain des Centuries que la crédulité de l'époque rendait terrible :

En l'an qu'un œil en France regnera,
La cour sera en un bien fascheux trouble,
Le grand de Bloys son amy tuera ;
Le règne mis en mal et doubte double.

» Mais Guise se disait le cœur trop haut placé pour ajouter foi à ces funestes prophéties. Il en riait et disait que tous ces vers d'almanach étaient à double entente et ne lui présentaient pas moins de sujets d'espérance que de motifs de crainte.

» C'est en vain que sa famille, ses amis essaient de lui faire partager et leurs craintes raisonnées et leurs terreurs superstitieuses. Ceux-là qui lui conseillaient l'audace et la persévérance étaient les seuls écoutés. D'Espinac l'encourageait surtout dans une fatale obstination. Ce prélat avait la promesse du chapeau de cardinal, et la crainte de voir l'éloignement de son protecteur nuire à son élévation, lui inspirait ses funestes conseils. Le cœur généreux et fier du Balafré n'était que trop enclin à les suivre. Sa confiance reposait sur le double sentiment de sa puissance et de son mépris pour le caractère du roi. La veille de sa mort, en se mettant à table pour dîner, il trouva sous sa serviette un billet contenant ces mots : « Donnez-vous de garde, on est » sur le point de vous jouer un vilain tour. » Il se contenta pour réponse d'écrire au bas : *On n'oserait*, et jeta le billet sous la table.

» Cependant Henri III se faisait oublier dans sa solitude. Il semblait, au milieu du plus complet isolement, vouloir s'effacer à tous les yeux. Tout entier à ses austérités et à ses pieuses retraites, *il paroissoit à vue*, dit Miron, *presque privé de sentiment et de mouvement*. Sa dévotion avait redoublé aux approches de Noël. L'emploi de ses journées, pendant cette sainte semaine, avait été réglé d'avance. Le vendredi, 23, le roi devait aller en pélerinage à Notre-Dame-de-Cléry. La veille, au soir, il fit prier le duc et le cardinal de Guise, l'archevêque de Lyon et quelques autres seigneurs de se trouver à six heures du matin à son cabinet, parce qu'il voulait, avant son départ, tenir conseil et expédier quelques affaires pressantes, de manière à n'être plus dérangé dans ses dévotions le reste de la semaine.

» Loignac, comme nous l'avons dit, avait accepté par zèle la mission que Crillon avait refusée par honneur, et il avait fait agréer à Henri III les services de Larchant, l'un des capitaines des Gardes. Celui-ci, de concert avec le roi, se rend le soir du 22 chez le duc de Guise, à la tête de quelques soldats de sa compagnie, et le supplie de vouloir bien appuyer, dans le conseil annoncé pour le lendemain, une requête de ses gens qui réclamaient l'arriéré de leur paye. Rentré vers les neuf heures chez le roi, Larchant reçoit ses dernières instructions. A minuit, Henri III se retire dans l'appartement de la reine, après avoir donné ordre à du Halde, son premier valet de chambre, de l'éveiller à quatre heures.

» Quatre heures sonnent, du Halde heurte à la chambre de la reine. Louise de Piolans, première femme de chambre, vient au bruit, et demande qui est là : Dites au roi qu'il est quatre heures, répond du Halde. L'agitation de Henri III, pendant cette nuit d'inquiétudes, l'avait tenu éveillé. « Piolans, dit-il, mes bottines, ma » robe et mon bougeoir. » Il se lève, laissant la reine dans une grande perplexité, et va dans son cabinet neuf, où étaient déjà Bellegarde et du Halde. Loignac ne tarde pas à venir avec neuf des Quarante-Cinq ordinaires ; Henri III, pour s'assurer de ces derniers, les enferme dans les cellules qu'il avait fait construire pour les capucins. Lorsque les membres du conseil et les officiers de service furent arrivés, le roi fait descendre les Quarante-Cinq par un escalier dérobé qui conduisait des combles du château au cabinet neuf, en leur recommandant de marcher doucement pour ne point réveiller la reine-mère, logée au-dessous. Il leur apprend alors le service qu'il exige de leur dévouement, leur promet de grandes récompenses, et leur demande s'ils sont prêts à servir sa vengeance. Tous le jurent. *Cap de Diou, Sire,* dit Sariac, *iou lou bous rendis mort!* Henri les poste avec Loignac dans sa chambre à coucher. Il commande en même temps à Nambu, huissier de la chambre, de ne laisser sortir ni entrer personne, que lui-même ne l'eût ordonné.

» Rentré dans le cabinet neuf, Henri III envoie le maréchal d'Aumont au conseil, pour le faire tenir et s'assurer du cardinal de Guise et de l'archevêque de Lyon, aussitôt que le duc de Guise serait frappé. Bellegarde reçoit l'ordre, en même temps, d'amener dans l'oratoire les deux chapelains, Claude de Bullis et Etienne d'Orguyn, et de leur dire de prier Dieu, *que le roy peust venir à bout d'une expédition qu'il vouloit faire pour le repos de son royaume.* Ces dispositions faites, il fallait attendre l'arrivée des deux frères. Ce fut pour le roi un moment de cruelles incertitudes. Contre ses habitudes de nonchalance et d'apathie, il allait, il venait, et ne pouvait demeurer en place; parfois il se présentait à la porte de son cabinet, et exhortait les Ordinaires à se bien donner de garde de se laisser *endommager* par le duc de Guise : *Il est grand et puissant, j'en serois marry*, disait-il. On vint lui annoncer que le cardinal était au conseil; mais le duc n'arrivait pas.

» Guise qui logeait au château, dans le bâtiment de Louis XII, avait passé la nuit avec la belle madame de Sauves, marquise de Noirmoutier, qui, selon l'énergique expression de Le Laboureur, *allait coucher d'un parti chez l'autre*. Sous la double influence de l'amour et de l'ambition, il avait encore méprisé les avertissements qui lui furent donnés pendant cette nuit de plaisir et n'avait quitté sa maîtresse qu'à trois heures du matin. Il était près de huit heures quand ses valets de chambre le réveillèrent en lui apprenant que le roi était prêt à partir. Il se lève à la hâte et sort pour se rendre au conseil.

» Le temps était sombre et triste, une pluie froide tombait par torrents. « Le ciel, dit Pasquier, sembloit » pleurer les calamités qui alloient advenir. » Au pied du grand escalier, le duc de Guise rencontre Larchant, qui, à la tête de sa compagnie, lui présente la requête de ses gens, en suppliant le duc de leur permettre d'attendre ce qui serait décidé sur leur sort. Guise promet son appui, monte et entre dans la chambre du conseil.

» Aussitôt Larchant dispose ses gardes en double haie sur les degrés du grand escalier et, selon les instructions reçues la veille, envoie son lieutenant et un exempt des gardes, avec vingt de ses hommes, à l'escalier du vieux cabinet du roi, d'où l'on descendait à la galerie des Cerfs qui conduisait aux jardins ; douze autres gardes furent placés dans le cabinet même, afin de se jeter sur le duc quand il viendrait à hausser la portière pour y entrer. En même temps Crillon fait fermer toutes les portes du château.

» Ce fut alors un moment d'appréhension générale. Ce supplément de forces, ces précautions inusitées, cet appareil militaire qui remplissait le château, jetèrent l'effroi parmi les serviteurs de Guise. Péricard, son secrétaire, lui envoie dans un mouchoir un billet contenant ces mots : *Monseigneur, sauvez-vous, ou vous êtes mort.* Mais le page chargé de porter ce mouchoir à un huissier du conseil est repoussé par les gardes. Il n'y avait plus de salut pour le duc de Guise.

» A son entrée dans la chambre du conseil, il trouve déjà réunis, le cardinal son frère, les cardinaux de Gondy et de Vendôme, les maréchaux d'Aumont et de Retz, Rambouillet, MM. de Marillac et Petremol, maîtres des requêtes, Marcel, intendant des finances et Fontenay, trésorier de l'épargne. Peu après arrive l'archevêque de Lyon. Le duc de Guise prend place auprès du feu, en se plaignant du froid. Tout d'un coup, il devient pâle, et, soit pressentiment de la mort, soit terreur de son isolement, ou fatigue des excès de la nuit, il sentit son cœur défaillir. « Monsieur de Fontenay, dit-il au » trésorier de l'épargne, veuillez prier M. de Saint- » Prix de me monter des confitures. » Saint-Prix, premier valet de chambre du roi, apporta des prunes de

Brignoles; le duc en mangea et se trouva mieux. Ruzé de Beaulieu déposa, sur ces entrefaites, un état des différentes matières qui devaient se traiter au conseil. Petremol commençait la lecture d'un rapport sur les gabelles, lorsque Révol ouvrit la porte de la chambre du roi et dit à Guise que Sa Majesté le demandait dans son cabinet vieux. Le duc met quelques prunes dans son drageoir et jetant les autres sur la table : *Messieurs*, dit-il, *qui en veut se lève*. Puis après avoir pris son manteau avec hésitation, le mettant tantôt sur une épaule et tantôt sur l'autre, il entre dans la chambre du roi. Nambu ferme aussitôt la porte derrière lui. Guise se trouve en présence des Quarante-Cinq ; il les salue en entrant ; les gardes s'inclinent et accompagnent le duc comme par respect ; un d'eux lui marche sur le pied : était-ce le dernier avertissement d'un ami ?

» Guise traverse la chambre, et comme il s'approchait du passage qui conduisait au cabinet, inquiet de se voir suivi, il s'arrête, et prenant, par un geste d'hésitation, sa barbe avec la main droite, il se retourne à demi. En ce moment, Montséry, qui se trouvait près de la cheminée, le saisit au bras et lui porte à la gorge un coup de poignard. *Mes amis ! mes amis ! trahison !* s'écrie Guise. Aussitôt des Effrénats se jette à ses jambes et Sainte-Maline le frappe derrière la tête. Malgré ses blessures, Guise peut encore renverser un des assassins d'un coup du drageoir qu'il avait à la main, et bien qu'il eut son épée engagée dans son manteau et les jambes saisies, il ne laisse pas, tant il était fort, d'entraîner ses meurtriers d'un bout de la chambre à l'autre. *Il marchait les bras tendus, les yeux éteints, la bouche ouverte et comme déjà mort.* Poussé par Loignac, il tombe au pied du lit du roi, en criant: *Mon Dieu ! miséricorde !* Ce furent ses dernières paroles.

ÉDIFICES MILITAIRES. — LE CHATEAU.

» Lorsqu'il apprend que c'en est fait de Guise, Henri III hausse la portière de son cabinet et après s'être assuré que son ennemi est bien mort, il sort

pour contempler sa victime. Il lui donne un coup de pied au visage, comme le duc de Guise en avait donné un à l'amiral de Coligny, le jour même de la Saint-Barthélemy. *Mon Dieu qu'il est grand*, s'écria-t-il, *il paraît encore plus grand mort que vivant;* et il le poussa de nouveau du pied. Il rentre ensuite et commande à Beaulieu de le visiter. On trouva autour du bras une chaîne d'or à laquelle était attachée une petite clef, sans doute quelque gage d'amour, et dans la *pochette des chausses*, une bourse, contenant quelques pièces d'or, et un billet où étaient écrits, de la main du duc, ces mots : *Pour faire la guerre civile en France, il faut sept cent mille écus par mois.* En s'acquittant de cette triste fonction, Beaulieu croit remarquer quelque mouvement dans le corps de Guise : « Monsieur, lui dit-il, cepen-
» dant qu'il vous reste quelque peu de vie, demandez
» pardon à Dieu et au roi. » Mais, sans pouvoir parler, Guise jette un grand et profond soupir ; c'était sa dernière lutte contre la mort et le dernier effort de cet homme puissant, qui périssait plein de vie et de force.

» Le corps fut couvert d'un tapis sur lequel on mit une croix de paille, et fut traîné dans la garde-robe. Deux heures après, il était livré à Duplessis de Richelieu, prévôt de France, aïeul du cardinal, qui n'épargna pas non plus les grands, dit M. de Châteaubriand, mais qui les fit mourir par la main du bourreau.

» Au bruit qui se faisait dans la chambre du roi, tous les membres du conseil s'étaient levés. Le maréchal de Retz s'écria : *La France est perdue !* Le cardinal de Guise ne dit que ces mots : *On tue mon frère !* et dans son effroi il se précipite vers la porte du grand escalier, tandis que d'Espinac, dans un mouvement de résolution et de dévouement, se jette à la porte de la chambre du roi pour prêter secours au malheureux Guise. Au même instant, le maréchal d'Aumont, mettant l'épée à la main, leur dit : *Ne bougez, mort-Dieu ! Monsieur, le roi a affaire de vous !* Aussitôt la chambre se remplit d'archers et les prélats sont placés entre deux exempts des gardes. Quelques minutes après, la porte de la chambre s'ouvre et Loignac vient dire que le duc de Guise est mort. Nambu appelle le cardinal de Vendôme et les autres membres du conseil, et comme ils entraient chez le roi : « Messieurs, leur dit d'Espinac, » dictes au roi que nous sommes ici, et qu'il ordonne » bientost ce qu'il veut faire de nous! »

» En les voyant entrer dans sa chambre, Henri III leur dit, avec un ton d'autorité et de menace qu'on ne lui connaissait pas, qu'enfin il était roi, et qu'il entendait que tous apprissent à le respecter et à craindre désormais le châtiment qu'encourrait toute atteinte portée à son pouvoir. Après ces mots, il descendit chez la reine-mère.

, Catherine était depuis longtemps au lit, tourmentée par la goutte. Elle avait entendu tout le bruit qui s'était fait dans l'appartement du roi, mais elle en ignorait la cause. En apprenant, de la bouche même de Henri III, la mort de Guise, elle fut frappée, dit l'historien de Thou, moins de frayeur que d'indignation de n'avoir pas été prévenue de cette entreprise. Elle demanda à son fils s'il avait prévu les suites de ce coup de hardiesse, et sur la réponse du roi qu'il avait pourvu à tout : *C'est bien coupé*, ajouta-t-elle, *mais il faut à présent coudre; activité et vigueur, voilà ce qu'il vous faut;* et elle retomba affaissée par la douleur et ses vives anxiétés.

» Déjà des ordres avaient été donnés pour s'assurer des ducs de Nevers et d'Elbeuf, de la duchesse de Nemours, mère du duc de Guise, et du prince de Joinville, son fils. Le président de Neuilly, Lachapelle-Marteau, Compans et plusieurs autres députés, hostiles au roi, furent arrêtés par Richelieu dans la chambre du tiers, et enfermés le lendemain dans une chambre haute, située au-dessus du grand escalier de Louis XII.

» La suite des événements ne cessa dès-lors de faire voir que Henri III n'avait pas si bien pourvu à tout qu'il avait semblé le croire. Charles de Balzac, envoyé à Orléans pour y prendre le commandement de la citadelle, y trouva déjà renfermés Rossieux et quelques autres partisans de Guise qui avait réussi à quitter Blois. Le duc de Mayenne, prévenu par l'ambassadeur d'Espagne, sortait par une des portes de Lyon, pendant que le colonel d'Ornano, chargé de l'arrêter, entrait par une autre.

» Cependant le cardinal de Guise et l'archevêque de Lyon avaient été conduits dans la salle haute de la Tour de Moulins. Ils y restèrent jusqu'à quatre heures, gardés à vue par quelques-uns des Ordinaires. On les fit alors descendre dans une salle située au-dessous et connue aujourd'hui sous le nom de *salle des oubliettes*. Sur les six heures du soir, on leur apporta de l'office du roi des œufs, du pain et du vin : ils mangèrent fort peu, le cardinal surtout, et avec beaucoup de défiance..... Quelque temps après, ils firent demander à Larchant, qu'il leur fût permis d'avoir leurs bréviaires, leurs robes de nuit, et un lit pour se coucher. Bien que leur chambre fût pleine d'archers et de gardes, les deux prélats purent se communiquer, à voix basse, leurs émotions et échangèrent quelques paroles de consolation. Ils dirent leurs vêpres et complies, se confessèrent l'un à l'autre et, vers les onze heures, se jetèrent sur un matelas qui leur avait été apporté de chez l'archevêque.

» Le même soir, la mort du cardinal de Guise avait été résolue. Aux yeux de Henri, ce prélat avait d'abord paru inviolable, sous la sauve-garde de sa triple dignité d'archevêque de Reims, de cardinal romain et de président de l'ordre du clergé. Mais les scrupules du roi se dissipèrent devant la crainte de voir un homme aussi hardi et aussi vindicatif à la tête des affaires de la ligue.....

» Les instruments de ce nouveau meurtre furent plus difficiles à trouver. Larchant, La Bastide et quelques officiers des Quarante-Cinq se refusèrent à porter la main sur un prêtre, malgré toutes les menaces et les sollicitations du roi. Enfin le capitaine Du Guast se chargea de cette triste commission. Il détermina trois soldats de sa compagnie, Gosi, Châlons et Viollet, moyennant quatre cents écus, à tuer le cardinal.

» Le samedi 24 décembre, sur les trois heures du matin, les deux prisonniers de la Tour de Moulins se réveillèrent et dirent leurs prières et leurs heures jusqu'à primes. A huit heures, La Fontaine, un des valets de chambre du roi, entra dans leur prison, tenant un flambeau à la main, Du Guast le suivait. « Monseigneur,
» dit celui-ci, en s'adressant au cardinal de Guise, le roi
» vous demande. — Nous demande-t-il tous deux, ré-
» pond le cardinal? — Je n'ai charge d'appeler que vous
» seul, reprend Du Guast. Et comme Guise sortait :
« Monsieur, pensez en Dieu, lui dit d'Espinac. » L'archevêque entendit ensuite un bruit éloigné. C'était son malheureux compagnon, que les soldats de Du Guast frappaient dans un petit passage, près de la salle où les deux prélats avaient été renfermés.

» Les corps des deux frères furent brûlés dans la chambre des combles, située au-dessus du grand escalier de Louis XII. Henri III ne se laissa point fléchir par les supplications de la duchesse de Nemours, et lui refusa le cadavre de ses fils Il craignit que les restes des deux victimes ne fussent regardés par les ligueurs comme reliques de saints martyrs et ne devinssent un moyen puissant d'émouvoir et de soulever tout le royaume. Les cendres des Guise furent jetées dans la Loire. Ainsi finirent les deux frères Lorrains; ainsi finit le grand duc de Guise. Cet homme qui rêva le trône n'eut pas même une tombe ! »

Le coup d'Etat du 23 décembre avait renouvelé l'aspect de la cour. Henri III ne voyait autour de lui que visages tremblants ou composés. « Les courtisans qui
» furent les plus frappés du coup que le roi venait de
» porter, furent ceux, dit l'historien de Thou, qui y ap-

» plaudirent le plus lâchement. » Les plus sages et les plus dévoués au monarque prévirent toutes les difficultés qu'il lui restait encore à vaincre et ne cherchèrent pas à dissimuler leurs appréhensions.

En effet, Henri III ne fut pas longtemps à jouir des résultats qu'il se promettait d'un triomphe dont la cour avait été le témoin effrayé, ou le panégyriste servile, mais que la France entière se levait pour venger. De Paris et des provinces, les nouvelles les plus alarmantes arrivaient à Blois ; partout on annonçait des soulèvements ; c'était un déchaînement général des passions et des partis.

Dans ces effrayantes conjonctures, Henri III, au lieu d'organiser partout de vigoureuses attaques et de profiter du premier mouvement de trouble et d'hésitation pour concentrer ses forces, s'unir au roi de Navarre, son allié naturel, et marcher vers la capitale, perdit un temps précieux en rapports sans intérêt et sans but avec les États-Généraux. Et enfin, pour avoir une lutte de moins à soutenir, il fit hâter la confection des cahiers, qui furent présentés le 4 janvier par les trois chambres réunies, avec un *bref propos* de leurs présidents. Le dimanche 15 eut lieu la dernière séance générale, dans la salle des États. L'archevêque de Bourges et le comte de Brissac parlèrent chacun plus de trois heures ; leurs interminables discours empêchèrent le roi d'entendre Bernard, l'orateur du tiers.

La séance fut reprise le lundi 16, et Bernard prononça sa harangue, dans laquelle il fit un tableau fort remarquable de l'état de la France, ménageant avec adresse les conseils au roi, sans que celui-ci pût en être blessé, « car il dit hautement, ajoute Bernard, que je
» luy avois dit ses veritez sans l'offenser. » Le roi, qui assistait à cette dernière séance comme à une fête, fit lire et jurer l'édit d'union et congédia l'assemblée, en l'assurant qu'il ne changerait jamais de manière de voir en tout ce qui regardait la religion.

A tous ces malheurs vint se joindre encore la mort de Catherine de Médicis. L'état de cette princesse était devenu plus alarmant depuis la catastrophe du 23 décembre. Frappée, dit-on, des reproches du vieux cardinal de Bourbon, prisonnier, qui l'accusa de l'avoir *conduit à la boucherie*, lui et ses neveux de Guise, elle était tombée en proie à une fièvre ardente et avait succombé le samedi 5 janvier 1589, dans sa soixante et dixième année.

Henri III, dans la position extrême de ses affaires, était bientôt passé d'un excès de joie et de bonheur, causé par la mort de ses deux ennemis, à une excessive défiance. Persuadé, non sans motif, que quelques fanatiques avaient conjuré sa mort, il avait choisi, parmi les Quarante-Cinq, huit gentilshommes dont il s'était assuré le dévouement par une forte augmentation de gages, et qui, jour et nuit, veillaient sur sa personne.

Tout l'espoir qui lui restait encore reposait sur ses prisonniers. Il n'en avait gardé que huit de tous ceux arrêtés par ses ordres, le 23 décembre. C'étaient : le cardinal de Bourbon, le jeune duc de Guise, les ducs d'Elbeuf et de Nemours, l'archevêque de Lyon, le président de Neuilly, Marteau, prévôt des marchands de Paris, et un jeune abbé, nommé Cornac. Henri III espérait se servir d'eux pour arriver à une transaction avantageuse avec la ligue, en stipulant leur délivrance comme une condition d'un retour à l'ordre et à la soumission. Blois cessa bientôt de lui paraître une prison assez sûre ; il choisit le château d'Amboise, et crut se donner une double garantie de sécurité en confiant le commandement de cette place à Du Guast, le meurtrier du cardinal de Guise. La défiance du monarque l'empêcha de s'en remettre à personne du soin de conduire ses captifs ; il voulut les accompagner lui-même.

On avait préparé des bateaux sur la Loire, et tout était disposé pour le transport ; mais dans la nuit, le duc de Nemours, ayant gagné deux de ses gardes, s'é-

tait évadé du château. Henri III, furieux de cette nouvelle, se résout à arrêter la duchesse de Nemours et la fait embarquer avec les autres prisonniers. Brantôme dit qu'au moment de quitter le château de Blois, elle se tourna vers la statue du roi Louis XII, son grand-père, et la contemplant, s'écria : « Si celui qui est là
» représenté estoit en vie, il ne permettroit pas qu'on
» emmenast sa petite-fille ainsi prisonnière et qu'on la
» traittast de cette sorte ! Possible, ajoute Brantôme,
» que l'invocation de cette princesse put servir à ad-
» vancer la mort du roy qui l'avoit ainsy oultragée.
» Une dame de grand cœur qui couve une vindica-
» tion est fort à craindre. »

A peine de retour, il eut la douleur de voir que toutes les précautions, prises avec tant de soin pour la conservation de ses prisonniers, allaient devenir inutiles. Du Guast, installé dans ses nouvelles fonctions, ne tarda pas à être circonvenu par la ligue, et bientôt des offres avantageuses lui furent faites. Il se laissa séduire avec d'autant plus de facilité, qu'il apprenait l'éloignement chaque jour plus prononcé du roi pour tous ceux qui avaient pris part au meurtre du 23 décembre. En effet, les événements, depuis cette époque, avaient été si fatals à Henri III, qu'il en était arrivé à les reprocher aux exécuteurs mêmes de ses ordres. Déjà Loignac avait été disgrâcié, et c'était à Amboise, auprès de Du Guast lui-même, qu'il avait cherché un refuge contre la haine du monarque.

La défection de Du Guast paraissait tellement imminente, et Henri III fut si alarmé de perdre ses précieux otages, qu'il se crut obligé de négocier avec lui, et de lui offrir trente mille écus pour obtenir la remise immédiate du cardinal de Bourbon, du prince de Joinville et du duc d'Elbeuf. On lui laissait la faculté de traiter avec la ligue pour la rançon de l'archevêque de Lyon et des autres prisonniers. Du Guast accepta, et le cardinal de Bourbon, qui déjà s'entendait traiter de roi, fut, avec les autres princes, conduit au château de Blois, sous bonne garde.

Au milieu de ces circonstances, chaque jour plus critiques, le roi, au lieu de se résoudre à un parti décisif et de suivre un plan définitivement tracé, publiait d'inutiles manifestes contre les ducs de Mayenne et d'Aumale.

Cependant l'arrivée à Blois du comte de Soissons, qui venait de battre, dans le Maine, un parti de ligueurs, obligea le conseil royal à discuter un plan régulier d'opérations. On agita longtemps la question de savoir quelle ville Henri choisirait pour transporter la cour, le parlement et le conseil pendant toute la durée des troubles.

Le duc de Nevers conseillait de se rapprocher de Lyon et des forces que Sancy devait amener de Suisse. Le comte de Soissons soutenait que ce serait une imprudence de s'éloigner de la barrière naturelle de la Loire, et que cette retraite serait regardée comme une fuite, dans un moment où il fallait payer d'audace pour attirer à soi la noblesse. Le comte concluait en engageant Henri III à se rendre à Tours, afin de se rapprocher du roi de Navarre et de contracter avec ce prince la seule alliance capable d'amener promptement la solution de toutes les difficultés.

La répugnance du roi, pour traiter avec un chef d'hérétiques, le fit longtemps hésiter. Pendant ce temps, Tours se souleva, et Souvré, gouverneur de la province, eut grande peine à réprimer la révolte. Il déclara à Henri qu'il ne pouvait répondre de conserver la ville contre de nouvelles tentatives, si la présence du monarque ne venait encourager les gens de bien et contenir les séditieux. Cette circonstance suffit pour déterminer le roi.

Avant de partir, il publia l'édit de translation du parlement et de la chambre des comptes dans la ville de Rouen.

A dater de cette époque, les affaires de Henri III commencèrent à prendre une tournure plus favorable ; son alliance avec le roi de Navarre semblait lui ouvrir les portes de Paris ; déjà tout le littoral de la Loire avait été occupé par les troupes du Béarnais. Dans les premiers jours de mai, celui-ci adressait cette lettre à la belle Corisande d'Andouin :

« Mon ame, je vous escris de Blois, où il y a cinq
» mois que l'on me condamnoit hérétique et indigne
» de succéder à la couronne, et j'en suis, asteure, le
» principal pilier... Cependant j'en appelois devant
» Celuy qui peut tout, qui a reveu le procès, et cassé
» les arrests des hommes...... Ceulx qui se fient en
» Dieu et le servent ne sont jamais confus..... »

Henri revit le château de Blois, pour la dernière fois, dans les premiers jours de juin, en passant pour aller rejoindre le quartier-général du roi de Navarre, alors à Baugency. Au moment où l'union des deux rois pouvait faire espérer aux amis de la monarchie le rétablissement de l'ordre, le fanatisme, en éteignant la race des Valois, devait encore faire acheter à la France, par de cruelles années de guerre civile, les bienfaits du règne de Henri IV.

A l'avènement de la maison de Bourbon, l'importance historique du château de Blois commence à décroître ; la cour ne doit plus s'éloigner que rarement de la capitale ; la possession de Paris avait fait la puissance de la ligue, elle avait fait le roi de Navarre roi de France. Lorsque le royaume est pacifié et la ligue détruite, le système de la centralisation prend naissance ; le pouvoir se concentre sur un seul homme, le monarque ; le siége du pouvoir sur un seul point, la capitale ; Paris va devenir la France, et bientôt le souverain pourra dire : *L'État, c'est moi!*

La centralisation du gouvernement rencontra parmi les grands du royaume, et dans les provinces dont elle menaçait les priviléges, une longue et vive opposition.

Le mécontentement se manifestait surtout dans la Guyenne, la Provence, la Saintonge, l'Angoumois et le Poitou, où les ducs de Bouillon, de Biron et d'Epernon avaient de nombreux vassaux et beaucoup de places fortes. Blois servait comme point intermédiaire entre Paris et les provinces insoumises. Henri IV fut obligé d'y faire un long séjour au commencement de 1602, lorsqu'il se rendit en Poitou, pour étouffer les troubles et les soulèvements qui menaçaient d'éclater.

Il avait mandé au château les ducs d'Épernon et de Bouillon, sur les projets desquels les bruits les plus menaçants lui étaient parvenus. Le premier, auquel il s'ouvrit d'abord, répondit qu'il avait, en effet, connaissance des mécontentements de quelques provinces et de desseins extravagants attribués à certains seigneurs ; mais qu'il y était étranger, et qu'il ne quitterait le roi que lorsqu'il le verrait sans défiance et sans soupçons. Henri IV fut moins content du duc de Bouillon, qui exposa sans ménagements toutes les plaintes et tous les griefs du parti des réformés. Cependant il se confondit en protestations de fidélité que le roi parut recevoir avec confiance.

Il se tint aussi, à la même époque, un conseil secret, où assistaient le comte de Soissons, Rosny, Cheverny, Villeroy et de Maisse. Il y fut question de s'assurer des deux seigneurs dont nous venons de parler, et du maréchal de Biron, sur lequel planaient, depuis un an, des soupçons de complot avec l'étranger et de conjuration contre l'État. Sur l'avis de Sully, on résolut d'attendre des preuves plus évidentes, avant de ne rien entreprendre contre des hommes puissants qu'une rigueur inopportune pouvait rendre redoutables, et que la clémence pouvait ramener.

Ce fut pendant le même séjour que Henri IV data de Blois, au mois d'avril, son premier édit sur les duels : les contrevenants étaient considérés comme criminels de lèse-majesté.

Le château de Blois, désormais dépouillé des splendeurs royales, apparaît maintenant dans l'histoire comme un lieu d'exil, et il aura encore à recueillir, dans ses murs, de hautes infortunes, jusqu'à ce que, victime aussi lui-même d'une disgrâce éclatante, le séjour des rois devienne un corps-de-garde!

On sait comment le maréchal d'Ancre fut tué le 24 avril 1617, par ordre de Louis XIII et par les conseils de Luynes. Marie de Médicis, obscurément enveloppée dans les accusations où l'on cherchait une apologie pour le meurtre d'un homme dont elle avait élevé si haut la fortune, ne put dès-lors retrouver dans le cœur de son fils ni condescendance ni pitié. Après huit jours passés en vaines supplications, elle quitta le Louvre, encore teint du sang de Concini, pour aller dévorer les ennuis qui l'attendaient au château de Blois.

Armand du Plessis de Richelieu, évêque de Luçon, que l'on voyait alors préluder par l'ascendant qu'il acquérait sur la mère, à l'empire absolu que plus tard il devait exercer sur le fils, avait, sur l'ordre de Louis XIII, suivi Marie, pour remplir auprès d'elle les fonctions de chef de son conseil et d'intendant de sa maison. Mais la présence à Blois d'un homme dont l'habileté et la finesse étaient bien connues ne tarda pas à effaroucher la défiance ombrageuse du duc de Luynes. Un ordre de la cour l'éloigna de la reine-mère. L'évêque de Luçon se retira dans son diocèse, et mit à obéir un empressement et une résignation qui font soupçonner l'adroit prélat d'avoir lui-même cherché, dans cette opportune rigueur, une sauve-garde contre les périls qui s'associent d'ordinaire à la fidélité gardée envers la grandeur déchue.

Le système d'espionnage et de délation dont le favori de son fils entourait la reine-mère, la plongèrent d'abord dans un profond découragement. Marie, se réfugiant dans la solitude, refusait même de communiquer avec les amis restés fidèles à ses malheurs. Peut-être espéra-t-elle d'abord que sa résignation dissiperait, dans l'esprit de Louis XIII, toutes les craintes qu'on pouvait inspirer sur ses projets de recouvrer une autorité désormais perdue. Mais après un an de muettes douleurs, désespérant de voir sa réconciliation avec son fils et son rappel à la cour devenir le prix de sa résignation, elle consentit enfin à autoriser les démarches franches et loyales que le duc de Rohan voulait faire pour elle, et plus tard les intrigues secrètes de quelques serviteurs.

La prison, le bannissement, les supplices pour les auteurs de ces intrigues, et pour Marie une surveillance plus grande et une captivité plus étroite, tel avait été, jusqu'en 1618, le résultat des secrètes menées qui avaient eu sa délivrance pour objet.

Cependant, au milieu de toutes ces intrigues, une seule avait échappé à la vigilance de Luynes et de ses nombreux espions. Elle se tramait par un homme dévoué, ambitieux, habile, et qui comprenait que pour arriver à sauver la reine, il fallait un concours plus puissant que celui d'amis obscurs, ou de courtisans disgraciés. L'abbé Ruccellai, ancien ami de Concini, son compatriote et l'ennemi prononcé de Luynes, ne tarda pas à faire adopter à la reine un plan de délivrance dont l'exécution, longtemps différée par d'épineuses négociations, eut cependant un plein succès. Traqué de tous côtés par une foule d'émissaires chargés d'épier sa conduite, réduit, pour éviter leur vigilance, à une vie de ruses et de stratagèmes, il ne voyageait plus que la nuit, seul et travesti, et se cachant le plus souvent aux environs de Blois, d'où il entretenait des relations suivies avec la reine-mère.

On gagna à la cause de la reine l'appui des ducs de Bouillon et d'Épernon. Dubuisson, conseiller au parlement de Paris, ami de Ruccellai, La Hillière, gouverneur de Loches et créature de d'Épernon, Du Plessis, gentilhomme attaché au duc, et le plus intime de ses confidents, furent les agents subalternes de Ruccellai et des deux ducs. Ce qu'il fallut de démarches et d'intrigues pour l'exécution d'un complot qu'on avait employé près de deux années à mûrir ; les incidents divers, les trahisons qui le traversèrent, auraient à être racontés tout l'intérêt d'un roman ; mais notre sujet nous oblige de nous renfermer dans le récit des circonstances du dénouement, que nous empruntons encore à M. de la Saussaye.

« Au mois de février 1619, tout était préparé pour l'évasion. Du Plessis, retenu auprès de La Hillière, effarouché des premières ouvertures qui lui avaient été faites, fut réduit à se faire remplacer près de la reine, qu'il devait aller chercher à Blois, par un valet de chambre de confiance, nommé Cadilllac.

» Voilà donc Cadillac s'acheminant vers Blois, muni de quelques mots pour le comte de Brenne, premier écuyer de Marie de Médicis, et, ce qui était plus grave, chargé de lettres adressées à la reine par les auteurs de l'entreprise. Il arrive, pénètre jusqu'à M. de Brenne, et est introduit par lui dans le cabinet de la reine, avec laquelle il reste seul, son introducteur ne sachant rien de l'objet de sa mission. Alors, au nom de Du Plessis, il conjure Marie d'envoyer aux Montils, la poste la plus voisine de Blois, une personne sûre. Mais Marie déclare n'avoir auprès d'elle aucun homme à qui elle ose confier son secret, et prie à son tour Cadillac d'inviter Du Plessis à ne point s'arrêter aux Montils, mais à venir jusqu'au faubourg de Vienne, à l'hôtellerie du *Petit-Maure*, où il aura de ses nouvelles.

» Cadillac retourne aussitôt vers son maître qui, rassuré sur la résolution de La Hillière, s'avançait jusqu'au lieu que lui-même avait désigné à la reine pour y attendre ses ordres. Ceux qu'il recevait par Cadillac lui font poursuivre sa route et il arrive, à l'entrée de la nuit, au *Petit-Maure*, où l'on vient le chercher pour le conduire au château, à l'appartement du comte de Brenne.

» Dès qu'il fut possible à Marie d'éloigner les personnes de sa maison, elle reçut Du Plessis, qui tout d'abord insista pour que l'exécution du projet d'évasion ne souffrît pas de délai. Il fallait près de la reine-mère quelqu'un chargé de faire tous les apprêts de sa fuite. Elle persistait à dire n'avoir personne à qui confier ce soin; mais Du Plessis lui proposa M. de Brenne. Marie le trouvait bien jeune; Du Plessis se chargea de suppléer à ce qu'il lui manquait d'expérience.

» De Brenne, à qui l'on s'ouvrit alors, eut rapidement préparé tout dans la journée du lendemain. Il y eut des échelles prêtes, des voitures commandées, et Duplessis, demeurant enfermé dans le cabinet de Marie, expédia Cadillac à l'archevêque de Toulouse, qui devait attendre la reine à Loches, en le chargeant d'instruire le prélat de ce qui s'était passé. Mais le confident de Du Plessis rencontra le duc d'Épernon lui-même, qui n'avait pas voulu se laisser devancer par son fils, et Cadillac fut aussitôt renvoyé à Blois, pour annoncer que l'archevêque devait se rendre à Montrichard avec cinquante gentilshommes, et y serait bientôt suivi par son père, qui avec le gros de sa troupe viendrait au-devant de la reine.

» Parmi les personnes qui entouraient Marie de Médicis, quatre seulement étaient dans le secret de son projet d'évasion : de Brenne, la Mazure, du Lyon, exempts de ses gardes, et Catherine, femme de chambre italienne. La nuit même où les desseins de la reine étaient au moment de s'exécuter, où les échelles étaient dressées pour sa fuite, l'on insistait encore, dans ce petit conseil intime, pour la détourner d'une entreprise hasardeuse, dont les confidences de Marie n'étaient point allées, il est vrai, jusqu'à nommer les promoteurs. Néanmoins, Marie demeurait ferme dans son projet, trop près d'ailleurs de son exécution pour qu'on pût y rien changer. Sans vouloir, on ne sait pourquoi, avouer le concours du duc d'Epernon, elle s'efforçait de son côté, d'inspirer à sa petite cour une sécurité qui sans doute était loin d'elle, lorsque tout-à-coup quelqu'un heurte à la fenêtre du cabinet. C'était Cadillac.

» Parti de Loches à huit heures du soir, et arrivé au pont de Blois à minuit, Cadillac avait été arrêté par un écuyer de la reine et un valet de pied, qui chargés de conduire les voitures hors la ville, avaient ordre de ne laisser passer que le courrier attendu. Cadillac eut beau dire qu'il était ce courrier, les gens de la reine, n'ayant pas voulu le croire sur parole, l'avaient suivi jusqu'au lieu où devait s'effectuer l'évasion. L'intelligent messager de Du Plessis avait si bien reconnu toutes les rues qui conduisaient aux échelles, qu'il arriva bientôt à celle qui était posée contre la terrasse. Il passa ensuite à la seconde, dressée de la terrasse contre le cabinet par où Marie devait sortir. Parvenu à la fenêtre, il entendit le bruit de la discussion à laquelle donnaient lieu les craintes et les hésitations de la reine. Sa présence dissipait heureusement tous les doutes. En se précipitant aux pieds de Marie, il lui dit que tout allait au gré de ses désirs; que le duc d'Epernon était à Loches, monseigneur de Toulouse à Montrichard, et trois cents gentilshommes avec eux, prêts à suivre et à servir partout Sa Majesté.

» Au nom du duc d'Épernon, que les gens de la reine entendaient pour la première fois, ils se rassurèrent et n'insistèrent plus contre la résolution de leur maîtresse. La gaîté se répandit sur tous les visages; la reine en témoignait plus que tous les autres.

» Sans perdre plus de temps à parler, dit Girard,
» auteur de la vie du duc d'Epernon, elle-même
» leva sa robe, et l'ayant troussée pour sortir plus
» aisément, elle donna la main au comte de Brenne,
» qui étoit passé le premier, et descendit la se-
» conde, Le Plessis, le troisième, et ensuite les autres.

» La reine eut tant de peine à cette première descente,
» qu'elle ne put se résoudre à se servir d'échelle pour
» descendre du haut de la plate-forme dans la rue du

» faubourg. Elle aima mieux, la terre étant éboulée en
» beaucoup d'endroits, parce que la terrasse n'étoit pas
» encore revêtue, s'asseoir sur un manteau, lequel, tiré
» doucement en bas, conduisit à l'aise Sa Majesté. Les
» autres, ou par même moyen, ou par l'échelle, la sui-
» virent promptement, de sorte qu'elle fut incontinent
» prise sous le bras par le comte de Brenne et Le Ples-
» sis qui, la conduisant le long du faubourg, firent ren-
» contre de ses propres officiers. Ceux-ci, voyant une
» femme sans flambeaux, entre deux hommes, la pri-
» rent pour une femme de débauche. Elle l'ouït, et dit
» en riant au Plessis : *Ils me prennent pour une bonne
» dame.* »

» Le plus difficile paraissait fait ; un carrosse devait attendre les fugitifs à l'extrémité du pont : ils arrivent, mais ne trouvent ni carrosse, ni personne pour les avertir de ce qu'il était devenu. Nouveau trouble, nouvelle anxiété. Les gens de la reine avaient-ils été gagnés? Etait-on trahi par Du Plessis, ou Du Plessis l'était-il par Cadillac? On ne savait s'il fallait attendre ou retourner sur ses pas, lorsqu'un valet de pied arrive et apprend que le carrosse avait été mis dans une ruelle écartée, afin qu'il ne fut point aperçu des gens qui passaient sur le pont.

» La reine monta avec le comte de Brenne, Du Plessis et Catherine. Les autres avaient des chevaux. On allait partir, lorsque Marie s'aperçoit qu'il lui manquait une cassette. Elle veut qu'on la trouve, et ce nouveau retard met au comble l'impatience générale. Après une longue recherche, la cassette est trouvée au pied de la terrasse, où elle avait été oubliée dans la précipitation du premier moment ; elle contenait pour cent mille écus de pierreries. Ce fut le dernier épisode. On sortit silencieusement du faubourg, puis les flambeaux furent allumés, et la mère du roi de France, fugitive, se dirigea rapidement, avec sa petite escorte, du côté de Montrichard.

» La sortie de la reine avait été si secrète, que personne dans le château ne s'en était aperçu. Il était déjà grand jour, lorsque les gens attachés à son service, étonnés du silence qui régnait dans les appartements, cherchèrent la caméristre Catherine, et ne la trouvant pas, entrèrent dans la chambre de la reine. La chambre était vide et les fenêtres du cabinet étaient ouvertes. Les fugitifs avaient eu soin de jeter les échelles dans la Loire, pour ne point laisser de traces de l'évasion. La vérité fut bientôt connue de tous, et la nouvelle que la reine-mère avait quitté Blois se répandit soudain.

» Trois mois plus tard, presque toutes les personnes engagées dans cette entreprise avaient changé de rôle, d'affections et d'espérances, Marie de Médicis, libre par un accommodement avec son fils, se montrait sans empressement de revoir la cour. Richelieu remplaçait, dans son crédit sur la reine-mère, Ruccellai disgracié pour avoir voulu perdre le duc d'Épernon. Tout, en un mot, signalait la confuse instabilité des intrigues de cette époque et la marche incertaine d'une administration à laquelle l'inflexible volonté de Richelieu n'avait pas encore imprimé une direction et prescrit un but. »

On sait combien d'attaques Richelieu eut à soutenir pour demeurer maître absolu de l'autorité et de l'esprit de Louis XIII. Le château de Blois devait être le théâtre d'un de ces actes de fermeté, par lesquels le cardinal déjoua les complots tramés contre lui. Il avait persuadé au roi de se rendre en Bretagne, pour effrayer le duc de Vendôme, gouverneur de cette province, associé avec son frère, le grand prieur de Vendôme, au projet conçu par Chalais et soutenu par Gaston, duc d'Anjou, de se défaire du cardinal à sa maison de Fleury, projet que la timidité de ses auteurs avait fait avorter. En apprenant cette nouvelle et la marche du roi vers la Bretagne, le duc et le prieur de Vendôme se rendirent à Blois, au-devant de Louis XIII, dans l'espérance que leur empressement à paraître à sa cour apaiserait le courroux du monarque et le ressentiment du ministre. Ils descendirent au château, le 12 juin 1626 ; le roi y était déjà. Il leur fit l'accueil le plus bienveillant et les invita pour le lendemain à une partie de chasse. Mais à trois heures du matin, le capitaine des gardes entra dans la chambre, et les éveilla pour leur apprendre qu'ils étaient prisonniers. On les fit conduire à Amboise. Cette arrestation ne satisfit pas Richelieu ; ce ne fut que le prélude de la cruelle exécution du jeune comte de Chalais.

À la fin de l'année 1626, Richelieu triomphait de toutes les intrigues formées contre son pouvoir. Gaston, après avoir abandonné le malheureux Chalais à la vengeance du cardinal, venait d'épouser, par ordre du roi, la riche héritière du duché de Montpensier. Pour prix de sa soumission, il avait reçu, en augmentation d'apanage, les duchés d'Orléans et de Chartres, ainsi que le comté de Blois, et il échangeait le titre de duc d'Anjou contre celui de duc d'Orléans.

Le comté de Blois, reparu dans l'histoire, reçut un éclat passager des séjours de Gaston, forcé à chaque nouvelle faute politique, d'y venir chercher un refuge. Il devait même y terminer, dans l'exil, une vie qui eût été trop indigne d'un fils de Henri IV, si une grande bonté de caractère, un amour éclairé de la science et une fin chrétienne n'eussent effacé, en partie, bien des souvenirs de honte.

Ce fut après sa troisième réconciliation avec son frère, au commencement de l'année 1635, que Gaston, retiré à Blois, entreprit une reconstruction générale du château. Malgré le talent et la magnificence du plan de l'architecte, malgré la beauté d'exécution de ce que le duc d'Orléans eut le temps de conduire à fin, on ne doit pas regretter la réalisation complète de son projet, car il nous eût privé de deux admirables modèles du style architectural du siècle précédent.

Mademoiselle de Montpensier, fille de Gaston, vint

rejoindre son père au château de Blois, et y passa une partie de l'année 1635. Elle était alors âgée de dix ans. Elle raconte, avec beaucoup de naïveté, dans ses Mémoires, ce souvenir de sa jeunesse. Son père lui donnait de grands témoignages d'affection et prenait souvent part à ses amusements enfantins. La petite-fille de Henri IV préférait à tout, disait-elle, les *jeux d'action ;* le duc d'Orléans jouait avec elle des *discrétions,* qu'elle gagnait ordinairement, et se faisait payer *en montres et en toutes sortes de bijoux* qui se trouvaient alors dans la ville.

Au mois de mars 1652, tandis que la *grande Mademoiselle* prenait résolument la ville d'Orléans sur les troupes royales, la cour de Louis XIV occupait à Blois le château de son père. On y organisait, contre la Fronde, un système vigoureux de défense dans les provinces de la Loire, refuge ordinaire de la monarchie en péril.

Louis XIV, chassé de Paris par les intrigues du duc d'Orléans, y rentrait, le 21 octobre, vainqueur de toutes les mauvaises passions qui avaient troublé les premières années de son règne. Avec la Fronde, finit le rôle politique de Gaston, et un ordre du roi changeait en lieu d'exil l'apanage du prince. Relégué à son château de Blois, il y supporta d'abord impatiemment sa disgrâce, et, comme la plupart des hommes tombés du pouvoir, il prétendait que l'Etat périrait entre les mains de ceux qui le gouvernaient. Voici le singulier pronostic du duc d'Orléans sur le grand règne qui se préparait : « La monarchie, disait-il, alloit finir. En l'état où étoit » le royaume, elle ne pouvoit subsister, car dans toutes » celles qui avoient fini, leur décadence avoit com- » mencé par des mouvements pareils à ceux qu'il » voyoit. »

Mademoiselle de Montpensier, ennemie irréconciliable de sa belle-mère, Marguerite de Lorraine, et sans cesse en querelle et en procès avec son père, ne trouva plus à Blois, dans les différents séjours qu'elle y fit, de

1655 à 1656, que des contrariétés et des sujets d'ennui. La fâcheuse disposition d'esprit où elle se trouvait lui a fait représenter, sous des traits peu flatteurs, le duc et la duchesse d'Orléans et leur cour de Blois, dans toutes les pages de ses Mémoires où elle parle d'eux.

Voici une petite pièce de vers, extraite des mélanges manuscrits du marquis de Paulmy, dont la facture rappelle la Gazette rimée de Loret, et où se trouve une peinture très piquante de l'intérieur de famille de Gaston, au château de Blois :

> Entre monsieur de la Vrillière
> Et madame de Nantouillet
> Le bon prince alors se trouvoit,
> A Blois, dont il ne sortoit guère,
> Et c'étoit en vue du parterre,
> Où la fleur-de-lys foisonnoit,
> Quant et la rose et le muguet.
> Sa fille aînée (sans lui déplaire,
> Vu qu'elle étoit née la première)
> Nullement ne s'y complaisoit,
> Disant qu'elle s'y figuroit
> En serre et sous châssis de verre.
> Mademoiselle est, comme on sait,
> La riche et puissante héritière
> En qui sa lignée finissoit,
> Et cette princesse archifière
> Ouvertement contredisoit,
> Argumentoit et ripostoit,
> Sans relâche, à sa belle-mère,
> En qui le sang lorrain bouilloit,
> Ce qui ne l'accommodoit guère,
> Et dont le diable profitoit
> Pour inciter à la colère
> La guisarde qui suffoquoit
> Et la pucelle montpensière.
> Monsieur dissertoit, distinguoit,
> Hésitoit, comme à l'ordinaire,
> Et sous quatre rideaux étoit
> Madame qui fébricitoit.

Trois ans après, Louis XIV passait à Blois, accompagné de la reine-mère et de mademoiselle de Montpensier, pour se rendre à Saint-Jean-de-Luz, où il devait épouser l'infante d'Espagne. Mademoiselle, toujours impitoyable pour Gaston, sa famille et sa cour, raconte ainsi l'entrevue :

« Mon père donna à dîner à Sa Majesté au château.
» Mes sœurs vinrent au bas du degré [le grand escalier
» à jour] recevoir Sa Majesté. Par malheur, de certai-
» nes mouches qu'on appelle cousins avoient mordu
» ma sœur, la nuit ; comme ce qu'elle a de plus beau
» est le teint, elle l'avoit si gasté et la gorge qu'elle a
» très maigre, comme ont d'ordinaire les filles de treize
» ans, que c'étoit une pitié à voir. Cela par des-
» sus le chagrin où elle étoit d'avoir cru épouser le
» Roy, car on ne luy parloit d'autre chose, on l'appe-
» loit toujours Petite Reine, et voir qu'il s'alloit ma-
» rier à un autre, tout cela ne donne pas des charmes.
» Pour la petite de Valois, elle étoit fort jolie ; on la
» voulut faire danser.... elle dansa fort mal, quoi-
» qu'on disoit qu'elle dansoit très bien. La petite, que
» mon père avoit dit qui causoit à étourdir les gens, et
» qu'elle le divertissoit extrêmement, ne voulut jamais
» parler. Comme les officiers de mon père n'étoient
» plus à la mode, quelque magnifique que fût le re-
» pas, on ne le trouva pas bon et Leurs Majestés man-
» gèrent très peu. Toutes les dames de la cour de Blois,
» qui étoient en grand nombre, étoient habillées comme
» les mets du repas, point à la mode. La Reine avait
» une hâte de s'en aller, et le Roy, que je n'en vis ja-
» mais une pareille ; cela n'avoit pas l'air obligeant.
» Mais je crois que mon père étoit de mesme de son
» costé, et qu'il fut bien aise d'être défait de nous. »

Chapelle et Bachaumont ont été plus bienveillants envers les dames de Blois et les dîners du duc d'Orléans :

> Là d'une obligeante manière,
> D'un visage ouvert et riant,
> Il nous fit bonne et grande chère,
> Nous donnant, à son ordinaire,
> Tout ce que Blois a de friant.

» Son couvert étoit le plus propre du monde, il ne
» souffroit pas sur la nappe une seule miette de pain.
» Des verres bien rincés, de toutes sortes de figures,
» brilloient sans nombre sur son buffet et la glace étoit
» tout autour en abondance.....

» Sa salle étoit préparée pour le ballet du soir, toutes
» les belles de la ville priées, tous les violons de la pro-
» vince rassemblés, et tout cela se faisoit pour divertir
» madame le Bailleul.

> » Et cette belle présidente
> » Nous parut si bien ce jour-là,
> » Qu'elle en devoit être contente.
> » Assurément elle effaça
> » Tant de beautés qu'à Blois on vante. »

Ce fut pendant le court séjour de Louis XIV à Blois, en 1659, qu'il dut voir, pour la première fois mademoiselle de la Vallière, dont la mère s'était mariée, en secondes noces, à M. de Saint-Remy, premier maître-d'hôtel de Gaston. Le roi s'arrêta encore au château, à son retour.

Au mois de janvier suivant, le prétendant à la couronne d'Angleterre, Charles II, s'arrêtoit au château de Blois, en revenant des Pyrénées, où il avait cherché vainement à entamer des négociations avec Mazarin. Gaston fit, en faveur de sa fille cadette, une autre tentative de mariage auprès du prétendant, auquel sa fille aînée avait également songé dans ses innombrables projets d'établissement. « L'on ajusta fort ma sœur, dit
» Mademoiselle, parce que l'on la vouloit marier à
» quelque prix ce fût. »

Mais nous nous sommes assez occupés du duc d'Orléans et de sa cour, au point de vue présenté par mademoiselle de Montpensier ; hâtons-nous d'arriver à une appréciation plus favorable du caractère de Gaston et de son genre de vie pendant son exil.

Désabusé enfin des menées politiques et des intrigues de cour, Gaston avait appelé à son aide le goût qu'il avait montré, dès sa jeunesse, pour l'étude des sciences naturelles et de l'histoire. Il avait établi au château de Blois une très belle bibliothèque ; il y avait joint un riche médaillier, des tableaux, un cabinet d'estampes et de pierres gravées, des collections d'oiseaux et d'insectes, n'étant étranger, comme on disait alors, à aucun genre de *curiosité*. Mais la plus remarquable de ses collections, était celle des plantes vivantes indigènes et exotiques, formée dans les jardins du château, dans laquelle il avait surtout cherché à rassembler une série complète des plantes médicinales que Brunyer, premier médecin de Gaston, distribuait aux pauvres de la ville de Blois.

Dès l'année 1653, Brunyer avait publié, sous le titre d'*Hortus regius Blesensis*, un catalogue méthodique des plantes contenues dans les jardins dont il était directeur. Dans cet ouvrage, qui précéda les écrits de Tournefort et de Linnée, les plantes sont réunies, non par familles mais par genres, et on y trouve les premiers rudiments de la *méthode naturelle*, dont l'importance devait, par les travaux de Tournefort et de Jussieu, balancer un jour celle du système de Linnée. En 1655, Brunyer donna une seconde édition de son catalogue, en y mentionnant les accroissements que la collection avait reçus.

On voyait, comme on doit croire, parmi les arbres fruitiers des jardins de Blois, le *Prunier de Reine Claude* et le *Prunier de Monsieur*. La pomme de terre, dans laquelle Brunyer croyait reconnaître l'arachnide de Théophraste, y était cultivée comme une rareté. On y cultivait aussi la tomate, importée du Mexique, et le tabac, dont l'usage commençait à se répandre.

Brunyer était secondé, dans le soin du jardin de Blois, par Morisson, médecin écossais, expatrié comme partisan des Stuarts. Ce dernier, après avoir été rappelé par Charles II, à qui Gaston l'avait présenté, en 1660, lors de son passage à Blois, publia à Londres, en 1669, un ouvrage intitulé *Præludia botanica*, dont la première pièce est une troisième édition du catalogue de Brunyer, avec ce titre : *Hortus regius Blesensis auctus*. L'auteur s'y approprie la méthode du médecin de Gaston, qu'il avait seulement développée et appuyée de nouvelles observations, et qui devint le fondement de la réputation du savant étranger.

Le duc d'Orléans avait aussi du goût pour la littérature ; Voiture et Vaugelas lui avaient été attachés dans sa jeunesse. Il avait essayé d'attirer à sa cour de Blois une société de gens de lettres, mais il ne put réussir à amener que quelques-uns de ces poètes subalternes dont Boileau envoyait dédaigneusement les productions chez l'épicier. Toute la haute littérature gravitait autour du soleil de Louis XIV, et on peut juger du mérite des poètes *suivant la cour* de Gaston, par les recueils, devenus rares, de leurs œuvres ignorées. Là, florissaient le poète Le Pays et le Blésois Paul Véronneau ; là, brillait surtout le sieur de Neufgermain, orgueilleux de son titre de *poète hétéroclite de Monsieur*. On doit croire cependant que Gaston, prince spirituel et éclairé, ne s'abusait pas sur le mérite de ses commensaux.

Au commencement de l'année 1660, Gaston, attaqué depuis longtemps d'une affection grave, tomba dangereusement malade. On fit venir, en toute hâte, de Paris, le célèbre Guenault. Belay, médecin blésois, qui devait bientôt acquérir aussi une grande réputation, et le premier médecin, Brunyer, rédigèrent avec lui une consultation qui fut envoyée à Mademoiselle, alors à Aix avec la cour de Louis XIV. Pendant que cette princesse délibérait si elle se rendrait auprès de son père, il succomba, le 2 février, malgré les soins des habiles praticiens dont il était entouré.

Gaston qui, depuis plusieurs années, était devenu très dévot, fut admirable de pitié, de résignation et de repentir. Prévoyant que ses belles constructions, objet de tant de prédilection pendant sa vie, seraient abandonnées et périraient peut-être après lui, il ne put

s'empêcher d'exprimer un regret, par ces paroles, restées jusqu'ici prophétiques, qu'il prononça peu de temps avant de mourir : *Domus mea, domus desolationis in æternum!* « Ma demeure sera à jamais une demeure de
» désolation. »

Monsieur fut assisté, à ses derniers moments, par l'évêque d'Orléans et par l'abbé de Rancé, son premier aumônier ; il reçut les sacrements du curé de Saint-Sauveur. L'abbé de Rancé n'avait embrassé l'état ecclésiastique que pour arriver à l'épiscopat, et il avait mené jusqu'alors une vie fort déréglée ; on dit qu'il fut si touché des circonstances de la mort du duc d'Orléans, qu'il renonça dès ce moment à ses erreurs, et conçut le projet d'établir, à son abbaye de la Trappe, la réforme qui le rendit célèbre.

Le corps de Gaston fut porté, sans grande pompe, à Saint-Denis ; son cœur, qu'il avait légué à la ville de Blois, fut embaumé par les soins de notre historien Bernier, et déposé à l'église des Jésuites, que le prince avait fait bâtir.

Les nombreux travaux exécutés par ce prince, pendant son séjour à Blois, les bienfaits qu'il répandait sans cesse autour de lui, ses manières douces et affables, son esprit élevé, son éloquence et son savoir rendirent sa mémoire grande et vénérée dans le Blésois, et firent porter de lui, dans notre province, un jugement différent de celui dont l'a frappé l'impartialité de l'histoire. Bernier ne craint pas de dire qu'il réunissait en lui toutes les grandes qualités des comtes de Blois, ses prédécesseurs, et qu'il fut, pour le pays, un autre Louis XII. La Fontaine, visitant Blois en 1662, était sans doute sous l'impression des souvenirs qu'y avait laissés Gaston, quand il écrivait que de semblables princes *devroient naître un peu plus souvent, ou ne point mourir*.

Le duc d'Orléans, par son testament, avait légué à Louis XIV toutes ses collections. L'abbé Bruneau, bibliothécaire de Monsieur, fut chargé de faire l'inventaire des livres, estampes, médailles et pierres gravées, qui furent portés au Louvre. On remarquait, parmi les manuscrits, le magnifique exemplaire de l'Histoire des rois de France, par du Tillet, présenté par l'auteur à Charles IX. On l'admire aujourd'hui à la Bibliothèque impériale, où toutes les richesses bibliographiques du duc d'Orléans sont venues rejoindre celles de Louis XII.

Marchant reçut probablement l'ordre de transporter à Paris tout ce qui se rapportait à l'histoire naturelle, car il devint directeur de la culture au Jardin du Roi. On voit encore, dans la bibliothèque du Muséum, d'admirables peintures des plantes du Jardin de Blois, exécutées sur vélin, par le célèbre Robert, au prix de 100 livres chacune.

C'est un fait remarquable que les trois collections scientifiques les plus précieuses possédées par la France : la Bibliothèque des Manuscrits, le Cabinet des Médailles et le Muséum d'Histoire naturelle, aient dû, en partie, leur origine ou leurs accroissements aux richesses amassées dans le château de Blois.

Les collections emportées à Paris, les objets de décoration ou d'ameublement disparurent, à leur tour, pour aller orner d'autres maisons royales. Celle de Blois finit par être tout-à-fait abandonnée, et dès-lors on put croire à l'accomplissement de la prophétie de Gaston.

En 1668, Louis XIV, donna cependant une fête au château de Blois, en revenant de Chambord. Pélisson, avec le ton emphatique des écrivains de ce temps, quand ils parlaient du grand roi, dit que cette fête *n'eut rien d'ordinaire*. Ce fut la dernière visite de la royauté.

Pendant les règnes de Louis XV et de Louis XVI, le château de Blois était confié à des gouverneurs qui ne daignaient pas même en faire leur résidence. L'un d'eux, M. de Marigny, frère de la marquise de Pompadour, ne profita de son titre que pour faire enlever de l'édifice de Gaston toute la charpente des planchers, afin de l'employer à la construction de son château de Menars.

D'après un vieil usage, quelques gentilshommes pauvres recevaient de la munificence du souverain un logement gratuit dans les châteaux royaux. Plusieurs anciennes familles du Blésois habitèrent le nôtre jusqu'à la Révolution.

En 93, tous les emblèmes de la royauté qui décoraient le château furent détruits. Le buste de Gaston fut décapité, les groupes de Guillain abattus ; la statue de Louis XII, elle-même, ne trouva pas grâce devant la fureur populaire. On eût volontiers rasé l'édifice pour le punir d'avoir donné asile aux rois. D'ailleurs, en même temps qu'on désirait effacer tous les souvenirs de l'histoire, on se rendait peu compte du mérite des productions de l'art. Un écrivain de l'époque a laissé cette singulière appréciation de l'architecture du château de
» Blois. « Il fut l'ouvrage, dit-il, de vingt mains, et il sem-
» ble que les rois se soient acharnés à qui le défigureroit
» le mieux. Tour-à-tour il épuisa le mauvais goût de
» Louis XII, de François Ier, de Henri II, de Charles IX,
» de Henri III, de Henri IV ; et tous ces messieurs, de
» père en fils, par la sotte vanité de vouloir se mieux loger
» que leur père, sont parvenus à n'en faire qu'un
» amas de pierres, sans choix et sans grâce, et que les
» stériles admirateurs des sottises royales trouvent su-
» perbe. » (*Voyage dans les Départements de France*, par le citoyen La Vallée.)

Cependant le château devient la propriété du Domaine qui en fait une caserne ; le pavillon de la reine Anne est destiné au magasin des subsistances militaires ; la tour de l'Observatoire sert de poudrière, afin sans doute que le château n'échappe à aucune chance possible de destruction. Une commission scientifique, instituée à Blois, réclame vainement les Jardins du Roi pour y établir un jardin botanique ; ils sont vendus en détail.

Un décret impérial, du 23 avril 1810, accorda aux villes la nue-propriété de tous les édifices militaires, à la condition de payer les travaux d'entretien qui seraient exécutés sous la direction du ministère de la guerre. Mais tandis que les soldats essayaient la pointe de leurs sabres et de leurs baïonnettes sur les figurines de Louis XII, les arabesques de François Ier, les acanthes de Gaston, la municipalité de Blois détruisait les larges cheminées du XVe sièce, pour placer quelques lits militaires de plus, renversait un des pavillons de Mansard, pour en vendre les pierres, et laissait tomber tout le reste, faute de réparations.

Enfin, en 1833, l'administration municipale décida d'établir au château un quartier d'infanterie, assez vaste pour contenir un régiment tout entier. L'ancien casernement n'avait pu être formé que dans les constructions royales, celles de Gaston n'ayant jamais été terminées. On résolut de distribuer celles-ci, ainsi que différentes portions des autres édifices qui n'avaient pas encore été employées ; le ministère de la guerre se chargea de faire exécuter les travaux. On ne songea, ni à stipuler auprès de lui un droit de contrôle, ni à demander la conservation des parties que le mérite du style ou les souvenirs de l'histoire commandaient de respecter.

Les deux actes les plus regrettables ont été l'adjonction du cabinet vieux de Henri III au casernement, et la démolition de la belle colonnade qui décorait la façade du côté de la cour. Aucun motif plausible ne peut être allégué pour ce dernier acte de barbarie; cette décoration, appartenant à l'extérieur de l'édifice, ne pouvait gêner en rien sa distribution intérieure. L'administration municipale conserve précieusement, à la vérité, cette colonnade, afin de l'utiliser plus tard. Comme ces Romains du Bas-Empire, qui arrachaient les ornements de l'arc de Trajan pour décorer celui de Constantin, les Blésois comptent un jour employer les colonnes du château à embellir quelque grange monumentale, à laquelle ils donneront le nom de *Théâtre !*

Le château de Blois disparaissait peu à peu sous les coups réunis du temps, du corps municipal et du génie militaire, quand la création, près du ministère de l'intérieur, en 1841, par M. le comte Duchâtel, d'une Commission des Monuments Historiques, vint complètement changer les choses de face.

Sur le rapport de M. de la Saussaye, correspondant de la commission à Blois, le château fut immédiatement classé, en première ligne, parmi les monuments civils dont la restauration devait être entreprise. De graves oppositions, toutefois, empêchèrent encore longtemps d'exécuter ce projet : d'une part, le refus du ministre de la guerre de céder l'usufruit du monument, et d'une autre, la difficulté de fournir, sur le budget de la commission, une allocation suffisante pour entreprendre une œuvre aussi considérable. Cependant, au retour d'une visite faite au château de Blois dans le mois d'avril 1843, par l'un des membres de la commission, M. Ch. Lenormant, le savant académicien fit partager à tous ses collègues l'enthousiasme dont il était encore animé ; séance tenante, la restauration du château fut décidée à l'unanimité, et l'architecte, M. Duban, choisi dans le sein de la commission. On convint de commencer par la partie dont la ruine semblait la plus imminente, l'aile de François Ier.

Le maréchal Soult résista encore longtemps aux efforts de la commission et de toute l'administration du département de Loir-et-Cher, et ne céda qu'en 1845.

Quant à la somme de quatre cent mille francs, à laquelle s'élevait le devis de l'architecte, M. Duchâtel ne craignit pas d'en faire l'objet d'une demande de crédit spécial qu'il présenta aux chambres. Cette demande fut adoptée, à une grande majorité, à la chambre des députés, sur le rapport de M. Arago, à la chambre des pairs, sur le rapport de M. de Barante.

Le 1er septembre 1845, les travaux commençaient. Poussés avec une activité sans égale, ils étaient terminés au mois de janvier 1848, et chose merveilleuse, le crédit n'était point dépassé, quoique l'architecte eût exécuté beaucoup plus qu'il n'était porté au devis !

Quand éclata la révolution de février, on put craindre un instant pour le sort des emblèmes royaux qui resplendissaient de nouveau sur tous les points de l'édifice. Heureusement, le peuple, plus éclairé aujourd'hui qu'en 93, respecta ces souvenirs innocents des vieilles illustrations du pays.

Parmi les artistes qui ont concouru à l'exécution des plans de M. Duban, nous devons nommer : M. de la Morandière, inspecteur des travaux, M. Lambert, dessinateur, MM. Martrou et Libersac, sculpteurs. Parmi les personnes qui ont le plus contribué à obtenir la restauration du château de Blois, nous citerons : M. Mérimée, inspecteur général des monuments historiques, M. Vitet, son prédécesseur, président de la commission des monuments, madame la comtesse de Sainte-Aldegonde, dame d'honneur de la reine Marie-Amélie, M. le comte de Lezay-Marnésia, préfet de Loir-et-Cher, et M. Maigreau, maire de Blois.

En 1852, l'administration municipale a fondé un musée dans les combles du château ; nous en reparlerons plus loin.

Au moment où nous écrivons ces lignes, un nouvel effort de la commission des monuments a appelé sur le château de Blois l'attention de l'Empereur, et son ministre d'État vient de décider que la restauration du bâtiment de Louis XII et de la salle des États serait entreprise sur les fonds spéciaux consacrés aux monuments historiques. M. Duban continue heureusement son œuvre.

Toutefois, tant que le bâtiment de Gaston restera caserne et tant qu'on ne lui aura pas restitué la magnifique décoration que lui ont enlevée la révolution de 93 et le génie militaire, on pourra toujours regarder comme prophétiques les dernières paroles du dernier comte de Blois : *Domus mea, domus desolationis in æternum !*

Magasin des Subsistances militaires. — En 93, quand le château devint caserne, on établit ce magasin dans un édifice qui ornait la partie des jardins du château appelée le *jardin bas* ou le *jardin de la reine*. C'est un petit pavillon carré, en pierres et en briques, à un seul étage, couvert par un toit pointu fort élevé. Il est flanqué, à chacun de ses angles, de quatre autres pavillons carrés, couverts de terrasses, décorées de balustres de pierre figurant les lettres initiales des noms de Louis et d'Anne. La cordelière de la reine encadre les trumeaux de briques de la façade. Un des pavillons d'angle renferme une petite chapelle ou oratoire ; un autre renferme l'escalier. Quoique défiguré par des masures élevées sur les terrasses et enveloppé de constructions modernes, cet édifice est très digne d'intérêt par l'originalité du plan, la décoration architecturale et par le souvenir d'Anne de Bretagne qui le fit construire. Au dire de Félibien, il lui servit de retraite quand elle fit un vœu pour avoir des enfants. D'autres auteurs prétendent que ce fut pour se séparer du roi, son époux, lorsqu'il était excommunié par le pape. On sait en effet que la reine, qui avait d'abord partagé le ressentiment de Louis XII contre Jules II, finit par être très effrayée des conséquences de la guerre contre le chef de l'Église.

En quittant l'avenue du chemin de fer pour aller au château, le pavillon de la reine Anne offre au voyageur une sorte de préface à l'étude de l'art et de l'histoire qu'il va suivre dans les murs du vieux manoir royal.

La Tour Beauvoir. — Lorsque du côté du midi, on jette les yeux sur l'amphithéâtre de maisons qui compose la ville de Blois, on aperçoit au sommet une masse noire, de forme carrée, dominant tout ce qui l'environne. C'est le tronçon défiguré de l'ancien donjon des seigneurs de Beauvoir.

Ces seigneurs, dont il est question dès le XIe siècle,

possédèrent ce fief, aux portes de la ville, jusqu'en 1256, que Louis II, de Châtillon, acheta la tour, pour la somme de 300 florins, de Jean de Saint-Brisson, seigneur de la Ferté-Hubert, qui l'avait eue de Henri de Beauvoir, seigneur d'Herbault. Elle fut comprise dans les murs d'enceinte et devint une des tours de défense de la ville de Blois.

Les bâtiments adjacents à la tour faisaient partie, pour la plupart, de l'ancien couvent des Cordeliers; ils servent aujourd'hui de prison. La rue qui les avoisine a conservé le nom de l'ancien manoir féodal.

ÉDIFICES CIVILS.

L'Hôtel de Ville. — Les premières libertés des Blésois sont dues aux comtes de Blois de la maison de Champagne. Louis, fils de Thibault-le-Bon, par une charte donnée solennellement à Blois, en 1196, affranchit les habitants de la ville, qui étaient serfs de condition, et changea le droit de la taille en celui de cinq sous par maison.

Dans une autre charte, destinée à confirmer les priviléges des habitants de Blois, donnée le 15 juillet 1345, par Louis Ier de Châtillon, aux manants et habitants de Blois, assemblés aux halles, on voit que Blois était une de ces villes qui, sans être encore érigées en commune, avaient reçu de leurs seigneurs certaines franchises et certains priviléges.

En 1379, l'existence d'une commune est clairement signalée dans une contestation entre le comte et les habitants de Blois, au sujet de la garde des clés de la ville.

Toutefois, les Blésois n'avaient pas encore d'hôtel pour leurs assemblées communales, qui se tenaient dans différents édifices de la ville et notamment dans le beau réfectoire des Jacobins.

Enfin, en 1459, sous la dynastie d'Orléans, Jean de Saveuse, chambellan du duc Louis et bailli de Blois, dotait les Blésois d'un hôtel de ville, qui subsiste encore, mais complètement défiguré par différentes constructions et démolitions. La date et les conditions de la donation sont consignées dans une inscription lapidaire placée au pignon qui regarde la rue de la Foulerie, et c'est tout ce qui reste de la décoration de l'édifice primitif. Voici la copie de cette inscription :

> Lan milcccclix, noble home Jehan de Saveuse, escuier cnseil̄r et premier chabellā de hault et puissant pn̄ce moss^r le duc d'Orl̄s et de Milan et son gouvn̄ner et bally de ceste vile de Blois po^r la bone amor quil avoit aux hitants de ceste ville leur dnna [et octroia] ceste maisō a la charge dune messe du saint esprit a estre celebrée c̄quun lundi de lan en la chapelle de St Fiacre sur le p̄nt de Blois duq̄l escuier les armes sot cidessus. Priez Dieu po^r lui.

On possède, dans les archives municipales, un registre de comptes de l'année 1518, où se trouvent quelques renseignements sur la commune de Blois. Nous y voyons que son revenu ne s'élevait pas alors à plus de 2,649 livres. Ses dépenses étaient de 2,940, ce qui l'obligeait à des emprunts. Comme aujourd'hui, les villes n'équilibraient pas mieux leur *doit* et leur *avoir*.

Les affaires de la commune étaient administrées par quatre officiers municipaux qui portaient le titre d'*échevins*, et étaient nommés dans l'assemblée générale annuelle des notables de la ville ; leur élection était soumise à l'approbation du roi. On les renouvelait par moitié tous les ans. Deux d'entre eux étaient pris dans le corps des gentilshommes ou bourgeois ; les deux autres dans le corps des marchands. Ils recevaient cent sous de *gages* pour garantie d'assiduité. Des jetons de présence étaient distribués aux séances ; on connaît une suite de ces jetons depuis Henri II jusqu'à Gaston d'Orléans. D'un côté sont représentés le chiffre ou les armes du souverain et de l'autre celles de la ville. Voici le revers de l'un de ces jetons :

ÉDIFICES CIVILS. — L'HÔTEL DE VILLE.

La présidence appartenait au bailli, ou à son lieutenant-général.

Arrivés à l'année 1566, nous possédons des documents dont la collection non interrompue permet de suivre jusqu'à nos jours les événements dont l'Hôtel de Ville a été le théâtre. Ce sont les registres des délibérations communales. Une analyse du procès-verbal des premières élections consignées dans ces registres, nous offrira une peinture fidèle de cet acte important de la vie municipale de notre cité, au XVIe siècle.

Le 28 décembre 1566, l'ordonnance du bailli de Blois, pour la convocation de l'assemblée générale, fut publiée, *à son de trompe et cri public*, dans les carrefours et faubourgs de la ville. Le 28, comparurent, en la maison commune, pardevant Jacques Viart, gouverneur et bailli de Blois, à savoir, pour le clergé: le grand-prieur de l'abbaye de Saint-Laumer et le grand-prieur de l'abbaye de Bourg-Moyen, ayant charge chacun pour les autres religieux de son abbaye; pour la noblesse: quatre gentilshommes, en son nom personnel et non comme délégués de leur ordre; les officiers royaux, les quatre échevins confondus parmi eux; puis les bourgeois. Le procès-verbal énumère huit officiers royaux, et après avoir donné les noms de dix-sept des bourgeois, il ajoute : « et plusieurs autres » bourgeois, manans et habitants de ladite ville et fau-
» bourgs. »

Vincent Guignard, avocat et conseil de la commune, prit la parole le premier, au nom des deux échevins sortants, et exprima leur vote en faveur de leurs successeurs, le seigneur Florimond Robertet d'Alluye et Denys Gilles. Le premier des deux n'était rien moins que *secrétaire d'État*, c'est-à-dire ministre du roi ; le second était un simple marchand de la ville. Après cette présentation des deux candidats des échevins par l'organe de l'avocat de la commune, tous les assistants opinèrent successivement et à haute voix, suivant l'ordre dans lequel ils étaient énumérés. Les élus, Robertet et Chauvet, maître des comptes, obtinrent la presque unanimité des suffrages.

Cependant l'édit de 1547 excluait de l'échevinage tous les officiers royaux. Les villes continuaient-elles de les nommer pour faire leur cour au pouvoir, ou voulaient-elles faire preuve en cela de la liberté de suffrages dans leurs élections ? La première raison semble la plus probable, car il était de l'intérêt bien entendu de la commune d'avoir des protecteurs auprès de la puissance royale.

La même assemblée qui nommait les échevins choisissait aussi le receveur municipal, les administrateurs de l'Hôtel-Dieu et les commissaires de police, dont les fonctions ont cessé d'être électives.

La commune n'était ni moins endettée ni moins embarrassée pour faire face à ses affaires qu'en 1518, quoique son revenu se fût élevé à 4,000 livres. Les échevins avaient été obligés de s'engager personnellement pour obtenir une somme de 3,000 livres. Les fonctions municipales étaient alors fort onéreuses et il n'était pas rare de voir les élus en décliner les honneurs.

L'année 1584, le vieil hôtel de Jean de Saveuse, qui menaçait ruine, subit une première restauration, comme le témoigne cette inscription, placée dans l'un des murs de la cour de l'Hôtel de Ville :

ÉDIFICES CIVILS. — L'HÔTEL DE VILLE.

Pour garder cest hostel daller en precipice
et tovsiovrs avgmenter sa décoration
le dessein projette de ce nevf edifice
fvt mis comme l'on voit en exécvtion

Dv regne de Henry 3 roy de France et de Pologne estans povr lors eschevins honorables hommes Valentin Belot grenetier de Selles et de Vendosme Sr de la Russiere Me Iehan Bovchier Con^{er} dv Roy lievten des eavx et forestz dv conte de Bloys Francoys Pelletier apotiqvaire et vallet de chambre ord^e dv Roy et Iaqves Desmares S^r des Roberdieres

1584

Les registres municipaux sont remplis, à toutes les époques, et notamment à celle où nous arrivons, de délibérations relatives aux embarras financiers de la ville.

L'année 1639, les dettes s'élevaient à 88,860 livres, somme énorme pour le temps, et une taxe de 16,000 livres venait d'être nouvellement imposée par le roi. Le conseil de ville avait appelé à son secours *les plus aisez*; mais, à l'exception de trois citoyens seulement, aucun de ceux portés sur la liste ne répondit à l'appel fait à son patriotisme. Les uns prétextaient de leurs titres de noblesse, les autres d'une charge de la couronne exercée par eux maintenant, ou autrefois par leurs ancêtres, en réclamant le bénéfice de l'hérédité. En vue de ces priviléges exhorbitants, il n'y avait bourgeois, ni marchand qui, sitôt que sa bourse commençait à s'arrondir, soit par ses économies, soit par son commerce, ne s'empressât d'acheter une de ces charges, et on en créait tous les jours de nouvelles, à une époque où la vénalité des offices était érigée en principe. Dans ces extrémités, les échevins étaient obligés d'emprunter, à leur nom privé, la taxe demandée, et, ce qui donnera une idée aussi juste que fâcheuse du crédit dont jouissait la commune, « sans qu'il fut faict » mention, dans les contracts, de leur quallité d'es- » chevins, ny que ce fust pour employer aux affaires de

» la ville, d'aultant que soubs telles clauses et quallitez, » il ne se trouveroit personne qui voulust prester ses » derniers. » Les droits d'entrée étaient ensuite augmentés, s'il convenait au roi, et les échevins payés, s'il plaisait à Dieu.

Une résolution importante, touchant les gens de commerce, fut prise dans une des réunions de l'année 1640. Elle établissait, en principe, une disposition électorale dont l'exécution avait été jusqu'alors facultative. Il fut arrêté, qu'à partir du jour de l'assemblée générale du 28 décembre, l'un des deux échevins qui sortirait de charge serait remplacé par un marchand, que celui-ci le serait à son tour par un autre, en continuant de même, dorénavant, à chaque élection.

Ces magistrats devaient être choisis alternativement parmi le corps des marchands merciers, joailliers et drapiers, et le corps des autres marchands. Si deux marchands se trouvaient à la fois officiers municipaux, on devait faire attention à ce que les deux corporations fussent alors représentées en même temps.

Le 16 août 1644, la commune était en meilleure position ; la taxe avait été réduite de moitié, par l'intercession du comte de Blois, et il avait été à peu près pourvu au remboursement des dettes par une élévation des taxes de l'octroi.

L'année 1664 vit les libertés municipales de Blois diminuées considérablement, par ordre du roi. Ces libertés étaient fort étendues, et constituaient à peu près le suffrage universel ; mais le roi décida qu'à l'avenir les assemblées ne seraient composées que des personnages suivants : le bailli, son lieutenant-général, le commissaire de la banlieue, le procureur du roi, les échevins, le receveur en charge, et les huit conseillers ordinaires de la ville. Parmi les principaux habitants, le droit électoral n'appartînt plus qu'aux suivants : quatre ecclésiastiques pour tout le clergé, trois officiers d'épée, trois nobles ou bourgeois, trois marchands de la paroisse Saint-Solenne, pareil nombre pour la paroisse Saint-Honoré, deux seulement, un de chaque corps, pour la paroisse Saint-Sauveur. Les électeurs étaient élus eux-mêmes par les habitants des trois ordres, qui ne se réunissaient plus qu'une fois par an, le dimanche suivant la fête de Noël. L'élection directe fut ainsi remplacée par l'élection à deux degrés, comme cela avait déjà eu lieu pour Paris, Orléans et plusieurs autres villes de France.

L'an 1677, Louis XIV chercha encore à empiéter sur les priviléges de la commune. La présidence des assemblées communales, appartenait de droit au bailli et gouverneur de la ville, et à son défaut, à son lieutenant-général, qui remplissait des fonctions analogues à celles de maire dans d'autres villes. Le roi, donna commission, à Jean de la Saussaye, président de la chambre des comptes de Blois, qui était aussi conseiller de ville, de présider les assemblées communales au lieu et place du lieutenant-général. Cette atteinte grave aux droits de la commune provoqua sans doute une protestation, car depuis le 23 décembre, date de la commission, ni le lieutenant-général, ni le nouveau président ne siégèrent, jusqu'au 8 février suivant; le lieutenant particulier les avait remplacés, et le 8 février le lieutenant-général Belot reprenait sa place.

Par un édit du mois d'août 1690, le roi réalisa enfin ses projets pour la nomination directe des présidents des assemblées communales, en créant, dans toutes les villes du royaume, des charges de maire perpétuel. Celle de Blois fut *levée*, comme on disait, par le lieutenant-général Druillon, qui la remplissait alors. A cette époque, où l'abus de la vénalité des offices était porté au comble, toutes les autres charges municipales furent données, comme celle du maire, moyennant finance.

L'an 1686, le nombre des conseillers de ville avait été élevé à dix, desquels deux devaient être pris parmi les marchands, l'un, du corps des merciers, joailliers et drapiers; et l'autre, du corps des autres marchands ; mais en 1693 on rétablit le nombre ordinaire de huit.

Cependant les vieux remparts des rives de la Loire avaient presque entièrement disparu, que l'hôtel de ville présentait encore, de ce côté, ses murs noirs et percés d'étroites ouvertures qui lui donnaient l'aspect sombre et triste d'une prison. Enfin, en 1777, sous la mairie de M. de la Saussaye, arrière-petit-fils du conseiller de ville dont nous avons parlé plus haut, la démolition de la vieille muraille fut résolue, et on la remplaça par la façade que l'on voit aujourd'hui.

L'hôtel de ville n'a pas changé de physionomie depuis cette dernière reconstruction, et nous n'avons pas à raconter les différentes phases de l'organisation municipale de Blois, qui ne se distingue plus de celle du reste des communes de la France depuis que l'unité dans le gouvernement, tentée avec succès sous Louis XIV, a reçu sa sanction définitive de l'autorité impériale et est restée la règle souveraine de notre constitution communale.

La Tour d'Argent. — C'est le nom par lequel on désignait souvent, au moyen-âge, l'hôtel de la monnaie.

Dès l'époque mérovingienne, il y eut un atelier monétaire à Blois, comme nous l'avons dit plus haut (p. 4). Il continua de fonctionner sous les Carlovingiens, et on connaît des monnaies de trois rois de cette dynastie, Charles-le-Chauve, Louis-le-Bègue et Eudes, frappées dans notre ville; mais il y a grande apparence que l'atelier était situé dans l'enceinte de la forteresse, devenue, depuis, le château de Blois.

Quand la ville fut entourée de murailles, vers le XIIIe siècle, cet atelier put, sans inconvénient, être transféré dans la nouvelle enceinte, et de ce temps date, en effet, la tour de l'escalier de la Monnaie, sauf son couronnement qui est du XVe siècle, et une grande partie des bâtiments connus encore aujourd'hui sous le nom de la *Tour d'Argent*. La rue dans laquelle est construit cet édifice, s'appelait la rue de la Monnaie et son nom actuel, *des Trois-Clefs* fut pris de l'enseigne d'un des nombreux serruriers qui demeuraient dans cette rue et celle de la Serrurerie qui est voisine, suivant l'usage ancien où tous les corps d'état habitaient chacun un quartier spécial. Cette enseigne faisait du reste allusion aux *Trois-Clefs* du coffre ou de la *huche* à la monnaie, dont une était entre les mains du *garde*, la deuxième entre celles de l'*essayeur* (aujourd'hui le commissaire impérial), et la troisième dans celles du *maître de la monnaie* (le directeur ou entrepreneur).

Dès le commencement de la troisième race, l'atelier monétaire de Blois passa aux comtes héréditaires de la maison de Champagne. Leurs monnaies offrent le nom seul de la ville et un type particulier aux monnaies de tout le pays chartrain, type dont l'explication a été un grand sujet de controverse parmi les numismatistes, sans qu'aucun d'eux l'ait expliqué d'une manière satisfaisante.

Les comtes de la maison de Châtillon, en conservant ce même type, y ajoutèrent leur nom, et nous connaissons des deniers et des oboles frappés par Jean (1241-1279), Jeanne, sa fille (1279-1292), Hugues II (1292-1307), et Guy Ier (1307-1342) qui vendit à son beau-frère, le roi Philippe de Valois, son droit de monnoyage, moyennant 15,000 livres tournois, l'année 1328.

Fontaines. — L'établissement de fontaines publiques à Blois remonte à une haute antiquité. Elles proviennent d'un aqueduc souterrain, en partie voûté, en partie creusé dans le roc et le sol, et aboutissant, après un kilomètre de cours, aux plateaux qui dominent Blois vers le nord-ouest. Chose qui paraîtra surprenante, ce canal immergé dans les terres ne reçoit, ainsi que le remarqua feu le regrettable docteur Marin-Desbrosses qui l'a parcouru, aucune source véritablement appréciable. Les eaux qu'il fournit naissent d'un suintement continuel qui s'opère à toutes ses parois; de là, tombant sur le fond incliné de l'aqueduc, elles s'amassent, grossissent, prennent le volume nécessaire à leur écoulement, puis se rendent, en vertu de lois bien connues, dans un bassin ou réservoir, également souterrain, nommé le *Gouffre*, et celui-ci, par divers canaux, les distribue aux fontaines de la ville.

Cet aqueduc, bien que d'une pauvre structure, fut attribué aux Romains et devint un objet d'admiration pour les étrangers : « Telle et si grande est la plaisance » de ce lieu et des eaux et fontaines douces qui en sor- » tent et qui en tombent avecques un gracieux mur- » mure. » (*Théâtre des citez du Monde.*) C'était aussi un sujet d'orgueil pour les Blésois. « Blois est magnifi- » que en aqueducs et glorieux en fontaines, » dit l'historien de Saint-Laumer.

Comme architecture, à l'exception d'une seule, les vieilles fontaines de Blois sont placées dans des niches dans le goût renaissance et durent être ainsi décorées après un grand travail de restauration, éxécuté en 1511 et dont le procès-verbal, plein de détails curieux, existe dans les archives de l'hôtel de ville.

La *fontaine Louis XII* ou *les Grandes-Fontaines*, et plus anciennement la *fontaine de l'Arcis*, ou de la Forteresse (*Arx*), parce qu'elle est placée au-dessous du château de Blois, est un charmant monument du XVe siècle, malheureusement très détérioré sous les coups du temps et surtout des hommes, plus cruels encore. Un déplacement, devenu nécessaire, depuis que des maisons auxquelles elle était adossée ont été détruites, et une restauration bien entendue en feraient un des monuments les plus remarquables de la ville comme il est un des plus rares et des plus curieux de ce genre.

Une des fontaines, nommée la *Fontaine-des-Élus*, parce qu'elle est située à l'angle de la ruelle Vauvert, où se trouvaient les bureaux de l'élection, tribunal spécial pour l'administration des aides et gabelles, était décorée, au-dessus et à gauche de la niche principale, d'un autre édicule du même genre où se trouvait une de ces statues de la Vierge, si communes dans la ville de Blois depuis le vœu des échevins (V. p. 32).

Au-delà de cette rue, en est une autre, appelée rue du Grenier-à-Sel, qui conserve le souvenir des magasins dépendant de l'élection. La fontaine a donné le nom à la rue où elle se trouve; celui de la ruelle *Vauvert* (val-vert) rappelle le temps où une petite vallée verdoyante avoisinait le lit du ruisseau de Mâcé, qui se jetait alors dans la Loire, près de l'hôtel de ville, et faisait marcher les moulins à foulon dont la rue de la *Foulerie* conserve le souvenir.

Nos anciennes fontaines ne peuvent, on le comprend, alimenter que le quartier bas de la ville; aujourd'hui l'admirable invention de la machine à vapeur élève les eaux de la Loire jusqu'au point culminant de la place qui a reçu à juste titre le nom de notre illustre compatriote Denis Papin. De là des ruisseaux partent et parcourent toutes les sinuosités de notre ville. Plus que jamais Blois est *magnifique en aqueducs et glorieux en fontaines!*

Hôtel-Dieu. — L'Hôtel-Dieu, placé autrefois dans le bâtiment où se trouve aujourd'hui l'école communale, paraît devoir son origine aux comtes de Blois de la dynastie de Thibault-le-Tricheur. Thibault V, dit le *Père-du-Peuple*, lui accorda, en 1190, plusieurs droits dans ses forêts, droits qui subsistent encore. Presque tous les successeurs de Thibault V, imitant sa générosité, augmentèrent les revenus de cette maison nommée alors: l'*Aumône*. Elle doit aussi plusieurs améliorations importantes à Gaston d'Orléans, dont les armes mutilées se voient à la façade de l'ancien hôtel, du côté la place Louis XII. Parmi ses bienfaiteurs, elle compte les rois Louis XIII et Louis XIV et bon nombre de personnages honorables de la magistrature et de la bourgeoisie blésoises. Ainsi, en 1647, un des ancêtres des Courtin de Clénord lui fit don d'une ferme importante, et Marguerite Girard, veuve de Nicolas Morin, seigneur de la Basme, lui laissa une valeur de 13,500 livres, legs considérable pour le temps, dont le souvenir est pieusement conservé par une inscription sur marbre noir, encastrée dans le mur du vestibule de l'hôtel actuel.

Jusqu'au XVIIe siècle, l'Hôtel-Dieu fut administré et desservi par des religieux Augustins. Un décret de François Ier leur substitua, dans l'administration, des bourgeois de la ville, choisis à l'élection, et environ cent ans après, une décision de l'évêque de Chartres les fit remplacer, dans le service, par des religieuses.

Le personnel de ces religieuses, vouées au soulagement des malades pauvres, se recrutait dans les meilleures familles du Blésois. Pour en faire partie, il fallait, outre l'agrément de l'assemblée de ville, une dot de 3,000 livres au profit de l'hôtel.

Les excès et les abus de la période révolutionnaire mirent fin à la prospérité de l'établissement. Cette décadence ne s'arrêta qu'à l'avènement du gouvernement consulaire. Alors, sous l'impulsion ferme, active et intelligente du préfet Corbigny, l'administration fut réorganisée, l'Hôtel-Dieu fut placé dans le couvent de Saint-Laumer, l'ordre rétabli dans toutes les branches du service, et le rappel des religieuses, depuis longtemps expulsées, mis à exécution.

Depuis trente ans, l'Hôtel-Dieu a reçu d'importantes améliorations : on a pu agrandir les bâtiments, aérer les salles, perfectionner les services de santé, augmenter la lingerie, la literie, tous les objets nécessaires au bien-être des malades, enfin, dans la partie affectée aux militaires, établir pour les officiers des appartements séparés.

L'honneur de tant d'utiles innovations revient aux administrateurs qui ont dirigé la maison pendant cette période; mais une grande part en est due au testateur célèbre qui, se couvrant des voiles d'un fidéi-commis tacite, laissa à l'Hôtel-Dieu pour plus de 400,000 fr. de propriétés. Ce testateur était M. Grégoire, ancien évêque constitutionnel de Blois, ainsi que le firent tout de suite reconnaître l'origine des immeubles, le nom de la personne chargée du fidéi-commis, et surtout la clause obligatoire de recevoir des *malades de couleur*, dernière protestation d'une fidélité jamais démentie aux intérêts des enfants de Cham.

Maintenant l'Hôtel-Dieu est desservi par quinze sœurs *de la Sagesse*, y compris la supérieure, par un médecin en chef, un médecin ordinaire, un chirurgien en chef et un chirurgien-adjoint interne.

Cet établissement soigne gratuitement les malades civils, et, moyennant certaines indemnités acquittées par l'État, les militaires. Il compte plus de 250 lits, distribués en 12 salles, dont la plus vaste porte le nom du préfet réorganisateur, M. de Corbigny.

Une salle de la Maternité est consacrée aux filles et aux femmes veuves depuis plus d'un an, qui sont dans le neuvième mois de leur grossesse. Outre leurs enfants, la maison reçoit les enfants trouvés ou abandonnés, et les place aux environs de Blois, chez des nourrices où ils restent jusqu'à l'âge de douze ans.

Un cours d'accouchement pour les élèves sages-femmes est venu compléter, en 1831, l'ensemble de ces institutions de bienfaisance.

Un dépôt de mendicité a été créé à l'Hôtel-Dieu, pour le département de Loir-et-Cher, en 1839. Depuis 1854, le département d'Indre-et-Loire y envoie ses mendiants, moyennant une indemnité.

Le couvent de Saint-Laumer appartient presque en entier au XVIIe siècle. La façade sur le jardin est d'un meilleur style que le reste de l'édifice, récemment complété. Il est à regretter que sur le pavillon neuf de la façade sur la Loire, on ait préféré aux bossages les longs pilastres qui encadrent des balcons trop étroits. Une petite portion de bâtiments, voisine de l'église, subsiste encore et présente un échantillon curieux de l'architecture primitive de l'abbaye.

Hôpital général. — L'Hôpital général fut fondé vers l'année 1657, par la charité des habitants de Blois, dans le but de loger et de nourrir les mendiants, les vagabonds, toutes les personnes sans asile et sans moyens d'existence. Gaston, pour venir en aide aux projets généreux d'une ville qu'il avait prise en affection, fit l'abandon à sa municipalité de l'ancienne maison seigneuriale de Vienne et de deux autres maisons contiguës. La municipalité, qui s'occupait d'élever la maison de ses pauvres sur l'emplacement du *Sanitas*, qui lui appartenait, se hâta de reporter l'exécution de ses plans dans les bâtiments si libéralement donnés par le frère de Louis XIII. Dès la fin de l'année, on fit la dédicace de la chapelle et on installa, dans les maisons appropriées à leur destination, 72 indigents : 43 hommes et 29 femmes.

Les revenus de l'hôpital s'augmentèrent successivement par des dispositions de Louis XIV, qui réunit à sa dotation les revenus des aumôneries de Saint-Laumer et de Bourg-Moyen, une partie de la dotation de Saint-Lazare et de Notre-Dame du Mont-Carmel, et les propriétés des anciennes *Maisons-Dieu* de Chaumont, de Cangy et des Montils. Il y ajouta, quelques temps après, les biens du consistoire protestant et des religionnaires fugitifs, victimes de la révocation de l'édit de Nantes.

A ces dons, vinrent se joindre les libéralités d'un grand nombre de personnes pieuses de Blois et des environs : les plus considérables de ces dons furent ceux de M. de Thémines, évêque de Blois. Ce charitable prélat avait pris l'Hôpital général en affection particulière; il y fonda en 1778, sous un titre anonyme, deviné sans peine par la reconnaissance de la population, 41 lits neufs pour les enfants, et, deux ans après, 44 lits pour les femmes. Outre ces dons, il affecta différentes sommes d'argent à la construction des bâtiments.

A l'époque de la terreur, les propriétés de l'hôpital furent réunies au domaine des aliénés, les sœurs remplacées par des gouvernantes laïques et la commune chargée de pourvoir à l'entretien de l'établissement; mais ce devoir ne put être acquitté que d'une manière imparfaite. Ainsi, se trouvèrent suspendues toutes les améliorations projetées, arrêtés tous les plans conçus; et la maison, pour satisfaire au but de son institution, dut imposer des sacrifices aux malades mêmes et s'obérer d'un passif considérable.

Cet état de choses cessa au commencement du siècle. On rendit alors à l'hôpital celles de ces propriétés que le fisc n'avaient pas aliénées; les charités reprenant leur cours, et les dispositions législatives venant en aide, la maison rentra dans les voies prospères de la vie individuelle. Dès 1810, on y rappela les bonnes sœurs de Saint-Paul.

Outre les 200 lits ordinaires, il y en a à la disposition des particuliers et des communes qui les ont fondés; et depuis 1836, 30 lits d'incurables, 16 pour Blois, 6 pour Romorantin et 8 pour Vendôme y ont été établis par le Conseil général. Vieillards, femmes, enfants, vêtus, nourris, entretenus aux frais de l'Hôpital, ont, à titre de pécule, le quart du produit de leur travail.

En 1836, la ville y établit, sous la direction des sœurs, une salle d'asile; en 1844, une école de filles, et en 1849, une autre école de filles pour les pauvres.

Grâce à tant de dons et d'efforts, grâce au zèle d'administrateurs distingués, les plans projetés par M. de Thémines, conçus par l'habile architecte Mandar, ont été tous repris et menés à leur achèvement sous la direction de M. Pinault, alors architecte de la Ville. Une chapelle neuve, des corps de logis spacieux, des cours aérées, des enclos renfermant les promenades, les servitudes et les laboratoires de la maison reliés par un tunnel au siége principal ; tous ces travaux exécutés dans un laps de trente années, font de cet établissement charitable un des modèles du genre : sujet de gloire pour Blois, dont il est l'œuvre, et d'émulation pour beaucoup de villes.

Hôtel d'Alluye. — Florimond Robertet, dit le Grand, ministre et secrétaire des finances sous Louis XII et François Ier, dont nous reparlerons à l'article consacré au château de Bury, se fit construire, vers le commencement du XVIe siècle, dans la rue Saint-Honoré, un hôtel somptueux, la plus belle et la mieux conservée de toutes les nobles habitations élevées à Blois, dans le même temps. Cet hôtel est connu sous le nom d'Alluye, qu'il prit de la baronnie d'Alluye dans le Perche, fief appartenant à la famille Robertet. Un grand souvenir historique s'attache à cette demeure. Le cardinal de Guise l'occupa en 1588, lors de la tenue des seconds États de Blois ; il l'habitait encore le 23 décembre de la même année, lorsque, mandé par le roi, dans la matinée, il en sortit pour se rendre au château, où, de même que le duc son frère, il devait périr assassiné.

L'hôtel d'Alluye exproprié, fut vendu à la barre du présidial de Blois, au commencement du XVIIe siècle. Alors la famille Robertet venait de s'éteindre, astre un moment apparu sur l'horizon changeant de la fortune et des grandeurs ; sa richesse, comme on le voit, finissait avec elle. En 1789, sa splendide habitation était devenue la propriété de M. Louet de Terouënne, premier magistrat du présidial de Blois. Elle devait être alors ce qu'elle fut à son origine. En 1812, elle était encore à peu près intacte ; mais à cette époque, une démolition malheureuse fit disparaître deux corps de logis sur quatre qui la composaient.

Entièrement bâti de pierres et de briques, sa masse, au-dehors, se détache magistralement à la vue. Ses quatre corps de logis, réunis à angle droit, laissaient entre eux un carré formant cour. Du côté de cette cour, un péristyle composé d'arcades à plein-cintre précède le principal corps de logis. Il est surmonté d'une galerie, décorée des médaillons des douze Césars, en terre cuite, distribution élégante empruntée à l'architecture italienne. Cette galerie communique à une petite chapelle qui mérite d'être examinée. La tour de l'escalier est une délicieuse construction d'une époque plus avancée de la renaissance, à laquelle appartenaient les galeries démolies. De nombreuses sculptures la décorent. Les connaisseurs estiment surtout une immense cheminée dont les ornements sont délicatement sculptés et ornés de peintures et dorures.

Depuis quelques années, l'hôtel de Florimond Robertet appartient à M. Naudin, l'historien du château de Bury; et certes ce n'est pas entre les mains de ce propriétaire, magistrat éclairé, que périra ce qui reste de cette habitation historique.

On remarque, en différents endroits, les armes de Florimond Robertet et de Michelle Gaillard, sa femme, et l'orgueilleuse devise: FORS VNGNE. Voici l'origine de cette devise: Bernier raconte qu'un jour le roi Louis XII s'étant écrié que toutes les plumes volaient, le secrétaire des finances répondit vivement: *Fors ungne, Sire!* De tardives révélations de l'histoire ont un peu terni l'éclat de la devise de Robertet. (Voir l'article de Bury.)

Le Petit-Louvre. — Le chancelier Hurault de Cheverny fit, dans le cours du XVIe siècle, l'acquisition de cet hôtel, bâti peu de temps avant 1477, ainsi que l'apprend un titre de cette époque. Cet homme d'État distingué y fit faire de nombreuses augmentations, et à sa mort, un de ses fils, le comte de Limours, en devint possesseur. Bientôt après, une ruine rapide ayant amené la saisie des biens de ce seigneur, son hôtel fut adjugé au marquis de Sourdis ; mais l'exercice du droit de retrait lignager le remit entre les mains de Henri, frère du comte. En 1642, Mathurin Daniel, *garde des varennes du comté de Blois*, l'acheta de Henri de Cheverny. Le fils de Daniel lui succéda dans sa propriété. Après celui-ci, on voit paraître, parmi les anciens maîtres de l'hôtel des Hurault, plusieurs membres de la famille Rangeard'de Villiers, qui l'occupèrent jusqu'en 1765.

L'hôtel de Cheverny conserve de beaux restes de sa grandeur passée. On y pénètre par une longue entrée. L'élégance de ses voûtes, en arcs surbaissés ; la profusion de ses sculptures, aujourd'hui très altérées, en faisaient un vestibule digne de l'habitation d'un prince et lui avaient fait donner le nom de *Petit-Louvre*, qu'il porte dans les anciens titres de propriété. Les curieux admirent une tourelle en cul-de-lampe, bâtie à un angle de la cour, et lisent avec intérêt ce distique fameux, gravé sur le linteau de la porte de l'escalier, surmonté autrefois du porc-épic de Louis XII :

Spicula sunt humili pax hæc, sed bella superbo,
Et vita ex nostro vulnere nexque venit.

Aux humbles, c'est la paix, aux orgueilleux, la mort :
Blessure ou guérison de ce mesme lieu sort.

Traduction de Claude Paradin, en ses Devises héroïques. C'était une allusion à la valeur et à la clémence du roi et une autre probablement à l'une des qualités fabuleuses que l'on attribuait au porc-épic.

Dans l'allée surbaissée qui conduit au perron de la cour et à l'escalier, on voit encore les lettres L et A sur les chapiteaux des pilastres, en l'honneur de Louis XII et d'Anne de Bretagne. Un petit cabinet ou oratoire a conservé tout ses lambris sculptés. Le puits est encore remarquable par son dôme couvert en plomb et surmonté d'un guerrier armé d'une lance. Dans la cuisine se voit une de ces larges cheminées du temps, dont la plaque porte les armes des Hurault : *D'or, à la croix de gueules, cantonnée de quatre ombres de soleil de même.*

Les pilastres chargés d'arabesques qui décoraient la façade sur la rue Saint-Martin, ont été complètement grattés pour donner une physionomie moderne à l'hôtel. L'archéologue se désespère en voyant que les exigences de notre époque n'aient pas respecté davantage la noble et vénérable demeure de l'illustre famille blésoise des Hurault.

Cet hôtel est situé dans la rue Saint-Martin, n° 18 ; la rue reçut son nom d'une église démolie à la révolution et à la place de laquelle on a percé une voie d'accession à la place du Château. Quand cette voie n'existait pas, on allait du *Petit-Louvre* au château par les combles de l'édifice.

Le chancelier de Cheverny parle de l'hôtel du Petit-Louvre quand il raconte dans ses Mémoires la manière dont les sceaux lui furent retirés par Henri III, au moment de l'ouverture des États de Blois, le roi voulant changer à la fois sa politique et son ministère. « Je m'en allay descendre en mon logis de la basse-
» court du chasteau de Blois et non en mon départe-
» ment que j'avois d'ordinaire dans ledit chasteau ; et
» au mesme temps que je fus arrivé et descendu, je
» renvoyay lesdits sceaux au Roy par ledit sieur Benoise
» [secrétaire du cabinet], et par Le Grand, l'un de mes
» secrétaires. »

L'hôtel Hurault est encore plus clairement désigné dans les Mémoires de Philippe Hurault, abbé de Pont-Levoy, fils du chancelier. « Je m'en allé descendre,
» dit-il, au logis d'embas, soubs le chasteau, qui estoit
» à mondit sieur le chancellier. »

L'hôtel possède d'ailleurs une série de titres de propriété qui remonte à 1477, et l'acte de vente qui le fit passer en 1821 à M. Naudin, alors notaire, les rappelle tous et forme une véritable notice historique.

Hôtel Denis Du Pont (Pontanus). —

Dans le temps que Florimond Robertet élevait les magnifiques constructions de son hôtel, le savant commentateur de la coutume de Blois, Denys Du Pont, se bâtissait, à quelques pas de là, une retraite plus modeste. Le terrain de celui-ci, fort à la convenance du secrétaire d'État, paraît avoir été, suivant Bernier, l'occasion d'une contestation entre les deux voisins ; mais le jurisconsulte dut sortir vainqueur de la lutte, puisqu'il resta paisible possesseur de ses nouveaux pénates.

Du Pont florissait au commencement du XVI° siècle, le grand siècle de la jurisprudence, siècle de Cujas et de Dumoulin, ces géants de la science. Du Pont figura dignement parmi eux ; il fut l'ami et le contemporain de Dumoulin, qui le caractérise par ces courtes et significatives paroles : *Vir bonus et doctissimus, Blesensis advocationis decus.*

Nous avons vu, plus haut, en parlant de l'Hôtel de Ville de Blois, quels droits Du Pont acquit à la reconnaissance de ses compatriotes, lors de la rédaction de nos coutumes locales (page 7).

Maintenant que vous connaissez le propriétaire, je reviens, cher lecteur, à son joli logis, comme l'appelle notre bon historien Bernier. Il est à peu près intact et est situé dans la rue Porte-Chartraine, derrière une boutique, élevée aux dépens de la cour, et qui porte le numéro 83. Ce qu'il offre de plus remarquable est un entablement et une tour d'escalier, dans le goût exquis de la belle époque de la Renaissance. Rien n'est plus délicatement sculpté que les ornements de cette tour où l'on voit représentées, ainsi que sur les portes de bois, encore bien conservées, les pièces principales des armoiries de Denis Du Pont et de Marie Barbe, sa femme : *Un paon et un bouc.*

Du Pont portait : *De gueulles, au sautoir d'argent cantonné de quatre paons de même ;* Barbe, *D'or, à la tête de bouc de sable.*

Je n'ose pas dire que c'étaient pour les deux des armes parlantes : le paon serait une épigramme contre les avocats ; pour le bouc, c'était évidemment une allusion au nom de *Barbe*.

On peut lire encore, au-dessus de l'entablement, les devises des deux époux. Du Pont disait : VIRTVS SINE FORTVNA MANCA (Vertu sans fortune est manchotte), vieille mais triste vérité, qui rappelait sans doute au jurisconsulte blésois les rudes expériences d'une noble vie demeurée sans loyer. Près du corps de la devise de Barbe, des *cassolettes enflammées*, est la légende : CHAVFETTES D'ARDENT DESIR, désir pieux, ou témoignage naïf de l'amour dont elle brûlait pour son illustre époux? Langage digne d'un temps où nul ne rougissait d'avouer les honnêtes sentiments du cœur.

Hôtel d'Amboise. — Cet édifice, situé sur la place du Château, n° 3, fut la demeure du célèbre cardinal d'Amboise. Son architecture doit être du même temps, et probablement du même architecte, que la partie du château construite par Louis XII. Elle possédait, il y a peu d'années, une galerie, dans la cour, où la main d'un artiste habile avait semé quelques délicates sculptures dans le bon style du XVIe siècle. Une tradition respectable signale à la vénération des visiteurs, une fenêtre en bois d'où le digne ministre de Louis XII s'entretenait familièrement avec le roi, son maître, placé en face, à la croisée de sa chambre à coucher, reconnaissable à son balcon de pierre.

Un autre souvenir se rattache à cette vieille fenêtre, ce qui ne l'empêchera sans doute pas de tomber un jour, comme la galerie, sous le marteau de quelque propriétaire plus ambitieux d'un logement confortable que de souvenirs historiques. A l'occasion des noces de Charles, duc d'Alençon, avec Marguerite d'Angoulême, qui furent célébrées à Blois, il y eut des joûtes sur la place du Château, qu'on appelait

alors la basse-cour du château. Les joûtes et le tournoi qui les suivit durèrent trois jours. « Le premier
» jour monseigneur d'Angolesme, habillé de drap d'or,
» et les aultres, ses compagnons, de drap de soye jaune,
» tindrent le pas à la grosse jouste, et le roy mesme le
» vint accompagner, habillé de mesme, et le servit au
» long de la jouste. Et quand ledit seigneur d'Ango-
» lesme eust achevé ses coups, *ledit seigneur roy des-
» cendit au logis de monseigneur le légat t se mit avec le-
» dit légat a une fenestre à veoir le demeurant de la
» jouste*, et y eust tout plein d'assaillans accoustrez de
» diverses couleurs, et les faisoit très bon veoir, com-
» bien que les lances estoient ung peu petittes à cause
» des jeunes princes qui tenoient le pas. » (Relat. des ambassadeurs d'Autriche.)

Hôtel d'Épernon. — Cet hôtel est placé à la suite de l'hôtel d'Amboise et porte le n° 5. Les seuls vestiges de son origine, qui remonte au XV° siècle, sont quelques fenêtres dépouillées de leurs meneaux, et, du côté des petits degrés du château, une très belle balustrade de pierre, à jour, dont toutes les découpures ont été outrageusement remplies de mortier.

Le célèbre duc d'Epernon, l'un des favoris de Henri III, habitait son hôtel en 1589, quand le roi, quittant la ville, menacée alors par les ligueurs, lui en confia le commandement.

Bien d'autres vieux hôtels ornaient autrefois la basse-cour du château, mais il ont perdu successivement tous leur caractère architectural. Ces hôtels étaient habités par des seigneurs de la cour et les chanoines de la collégiale de Saint-Sauveur, dont la belle église est remplacée aujourd'hui par des maisons modernes, dépourvues de tout style et de tout intérêt.

Hôtel de Guise. — Dans la rue Chemonton, n° 8. La façade intérieure a conservé beaucoup de son caractère ; elle présente une décoration de médaillons, aujourd'hui couverts de mortier, qui offraient, peut-être, comme à l'hôtel d'Alluye, une suite d'empereurs romains, décoration très à la mode aux XVe et XVIe siècles. Mais les iconoclastes de 93 ne traitant pas mieux les effigies des Césars que celles des rois de France, la couche de mortier a été probablement appliquée pour les mettre à l'abri de leurs coups.

Hôtel Sardini. — Situé dans la rue du Puits-Châtel, il date du règne de Louis XII, ainsi que l'annonce une portion de voûte, en cintre surbaissé, et nombre de sculptures extérieures, en partie dégradées. Mais une date plus certaine est écrite sur les parois de son petit oratoire : c'est une peinture à fresque, pleine de grâce et de naïveté, qui représente un crucifiement et les figures en pied de saint Michel, saint Jean-Baptiste, saint Roch et sainte Catherine. L'autel, formé d'une table portée par deux troncs de palmiers, a été détruit ; le porte-burettes de pierre se trouve chez M. Massé, architecte du département, et le vitrail chez M. de la Saussaye, qui ont pu sauver ces deux curieux débris.

Dans une des chambres de l'hôtel, se voit encore une cheminée peinte à fresque, d'une époque un peu plus récente ; elle est fort remarquable.

Cet hôtel fût probablement bâti par une de ces familles italiennes qui s'établirent en France à la suite des princesses de la famille de Médicis.

Hôtel d'Aumale ou de Jassaud. — Situé à l'angle des rues de la Fontaine-des-Elus et Vauvert, il a perdu depuis près de quarante années la plupart de ses ornements anciens, parmi lesquels figurait un très beau porche, orné du porc-épic qui décorait la plupart des hôtels élevés à Blois sous les ducs d'Orléans. On voit encore, au-dessus de la porte de l'escalier de la cour, un bas relief représentant Jacob et Rachel.

Un duc d'Aumale, parent des Guise et fameux ligueur, habita Blois pendant les Etats généraux de 1588.

Hôtel Gaillard. — Occupé en partie par le presbytère de la paroisse Saint-Nicolas. Il ne faut pas s'attendre à trouver dans ce logis les splendeurs de décoration dont tant d'autres du même temps offrent des modèles. Michel Gaillard, financier intègre, issu d'une famille noble du Blésois, fit bâtir cet édifice durant son passage aux finances, dit Bernier, apportant, toutefois, dans sa construction, la modération qui faisait le fond de son caractère. Néanmoins, quelques parties veulent être examinées. Dans le nombre, l'ancienne tourelle de l'escalier, une cave voûtée en ogive, une fenêtre, dont le XVe siècle revendique les sveltes pendentifs, et de vieux types, assez bien conservés, de ces faces grotesques, contrites ou moqueuses, si communes sur les monuments de la période appelée improprement gothique.

Hôtel de la Chancellerie. — Situé au coin des rues du Lion-Ferré et de la rue Chemonton. C'est une des plus vastes maisons du vieux Blois. Un magistrat distingué, membre de la famille Turpin, dont elle était le patrimoine, l'occupait au commencement de ce siècle. Très anciennement, la chancellerie du présidial y logeait ses bureaux, ce que dénote d'ailleurs, indépendamment de son nom, une Justice sculptée au-dessus de la porte, avec ses attributs ordinaires, la balance et le glaive; mais on n'en aperçoit plus que les silhouettes. Cette maison est couverte par l'admirable charpente d'un toit à la Philibert de l'Orme.

Il ne faut pas confondre, avec l'hôtel précédent, une autre maison, dite aussi *de la Chancellerie*. Celle-ci est située au coin de la Grande-Rue et de la rue Neuve. Sa façade, qui donne sur cette dernière rue, est chargée de nombreuses sculptures, presque toutes détériorées. On

ÉDIFICES CIVILS. — HÔTELS PHELIPPEAUX, BELOT, ETC. 147

y pénètre, comme dans l'hôtel de Cheverny, par un passage voûté. On ignore le nom de son fastueux fondateur; mais au milieu du tympan de la porte d'entrée, sur la rue Neuve, une hermine, récemment détruite, pour percer un œil-de-bœuf, indique la demeure d'un seigneur de la cour d'Anne de Bretagne.

Hôtel Phelippeaux. — Cet hôtel, aujourd'hui occupé par les religieuses Carmélites, fut la demeure de cette illustre famille blésoise qui fournit à l'État onze ministres. Il ne reste presque rien de la construction primitive, en briques et pierres, qui rappelait l'architecture de la célèbre place Royale de Paris.

Hôtel Belot. — Situé rue des Papegaux, n° 10. Il dut être bâti par l'échevin qui fit reconstruire l'Hôtel de Ville, et dont le nom se trouve sur la pierre commémorative de cette reconstruction (Voy. p. 127). Le corps de logis de cet hôtel, qui regarde la cour, a conservé toute sa physionomie et présente un curieux échantillon des hôtels du XVIe siècle.

La famille Belot existe encore à Blois, où elle compte de nombreux et honorables représentants.

Hôtel de la Poste. — Cet hôtel, situé près de l'angle des rues du Vieux-Pont et de la Vieille-Poste, est décoré de pilastres espacés, d'un goût médiocre, et qui accuse la fin de l'architecture de la renaissance. Il y a peu d'années, on voyait encore, au-dessus de l'appui d'une fenêtre de la façade, un bas-relief représentant les *quatre fils Aymon*, portés sur leur cheval traditionnel, le *cheval Bayard*. On regrette fort de ne plus apercevoir que l'un des sabots du cheval Bayard, et qu'on ait sacrifié au besoin de baisser l'appui de la fenêtre cette curieuse enseigne qui rappelait la destination primitive de l'édifice. L'ancien hôtel des postes se trouvait alors à l'entrée de la ville, dont le vieux pont, renversé par les glaces, en 1717, formait la principale avenue.

Sur le manteau de la cheminée du premier étage, on voyait autrefois une peinture sur bois, très enfumée, représentant l'enlèvement d'Europe. Cette peinture, nettoyée et restaurée, est aujourd'hui l'un des plus curieux ornements de la galerie de M. Chambert, à Saint-Lazare, où elle est attribuée au Primatice.

Hôtel de Bretagne. — Occupé aujourd'hui par le directeur des Domaines, il est situé au-dessus des fossés du château, près de l'endroit appelé les *Lices*, dont le nom vient des combats à la *lice* et à la *barrière* qui se faisaient dans cet endroit.

L'hôtel, dont il ne reste de remarquable qu'une galerie dénuée de toute son ornementation, avait appartenu sans doute à quelque personnage de la cour d'Anne de Bretagne.

Hôtels de la rue Pierre-de-Blois. — Tout en haut de cette rue, et à l'angle des degrés qui la terminent et de la place Saint-Louis, reste une vieille fenêtre, débris d'un ancien hôtel, d'une architecture curieuse, et dont le pignon, jadis pointu, portait les traces des feux de mousqueterie des protestants qui s'étaient fortifiés dans la cathédrale, pendant les guerres de religion. Une passerelle couverte va de ce vieil hôtel à un autre, non moins ancien, situé de l'autre côté de la rue. Les détails d'architecture et l'agencement de ces différents édifices donnent à cette partie de la ville de Blois un caractère moyen-âge très saisissant qui abandonne de jour en jour notre cité.

En haut de l'autre bras de la fourche que forme le sommet de la rue Pierre-de-Blois, se voit une vieille façade de bois à pignon sur rue, où des cariatides curieuses supportent les avant-corps de chaque étage. Cette maison porte le n° 12.

Au bas de la rue, un grand hôtel offre à la curiosité des étrangers une charmante porte renaissance, dont le tympan présente ces mots : VSV VETERA NOVA. Amphibologique légende qui laisse à deviner si le constructeur de l'hôtel a voulu dire cette vérité triviale : *Avec le temps le neuf devient vieux*, ou bien *le vieux devient neuf par l'usage qu'on en fait*.

La première origine de cet édifice remonte très haut, car une porte, masquée aujourd'hui par un encadrement de bois, offrait les caractères du XIIe siècle. A gauche de la porte renaissance, un bas-relief, placé dans le tympan d'une autre porte, accuse le XIVe. Plusieurs fois le vieux y a été remis à neuf, comme on le voit.

Près de là, dans la rue Haute, l'hôtel n° 4 présente, dans la cour, deux fenêtres ornées des cordelières d'Anne de Bretagne. Entre les deux, se voyait autrefois un magnifique porc-épic sculpté, que descendit, sans toutefois le détruire, le propriétaire de cet hôtel, afin de rapprocher davantage les deux fenêtres. Ce porc-épic, le seul de tous ceux qui décoraient non-seulement les vieux hôtels de Blois, mais le château lui-même, est aujourd'hui conservé par M. de la Saussaye, ainsi qu'une armoire du XVe siècle, provenant de ce même hôtel, et portant des écussons mi-partis de Hurault de Vibraye *(D'or à la croix de gueulles, cantonnée de 4 ombres de soleil, de même, avec la brisure de la coquille d'or sur la croix)*, et de Garendeau *(D'argent à l'ancre de sable en pal)*, anciens propriétaires de l'hôtel.

Maisons de la rue Saint-Lubin. — Pendant que Charles d'Orléans transformait l'ancienne forteresse de Blois en château, riche de toute la somptuosité architecturale qui, venue de l'Italie, commençait à se faire jour en France, il n'oubliait pas les habitants de sa ville de Blois, et les faisait participer aux progrès du bien-être qui s'introduisait dans toutes les habitudes de la vie. Pour les encourager à bâtir des demeures plus commodes et plus élégantes que par le passé, il leur permit de couper dans sa forêt de Blois, qui venait alors jusqu'aux portes de la ville, tout le bois nécessaire à ces constructions, *aimant mieux*, disait-il, *loger des hommes que des bestes*. La ville fut presque entièrement rebâtie, et ce fut l'origine de ces jolies maisons de bois dont il reste encore quelques pittoresques débris, particulièrement dans la rue Saint-Lubin. Une tradition populaire rapporte que l'arbre placé au coin de cette rue et de la rue des Violettes, et qui est d'une remarquable grosseur, fut le premier apporté de la forêt et inauguré, en grande cérémonie, quand l'*imaigier* y eut sculpté les sujets pieux que les révolutionnaires de 93 ont *complètement* empêché d'arriver jusqu'à nous.

La rue *Neuve*-dut son nom à cette rénovation architecturale.

Saint-Lazare. — Ce château, dont la ville se rapproche chaque jour, et qui deviendra un magnifique hôtel, est situé à l'extrémité du Bourg-Neuf. Ce fut, dans l'origine, une léproserie fondée en l'honneur du Saint-Esprit, au temps des premières croisades. Un extrait du cartulaire de cet hospice, écrit dans les premières années du XIIe siècle, nous apprend qu'il fut bâti des libéralités de Thibault, comte de Blois, de Geoffroy, évêque de Chartres, et de plusieurs autres pieux personnages du temps, sur un terrain cédé, quant au fond, par Pierre de Rutaye et Marie, sa femme, bourgeois de Blois, et quant à certains droits, par Reinald ou Reynaud, écuyer, propriétaire antérieur. Sa fondation, comme celle de tous les établissements du même genre, nommés *St-Lazare*, *St-Ladre*, *Sanitas*, etc., fut astreinte à plusieurs des précautions hygiéniques empruntées alors à l'Italie et à la Grèce byzantine. Aussi fut-il placé à quelque distance de Blois, dans un lieu désert à cette époque, et au nord.

En 1190, la veille de la Chandeleur, il fut la proie d'un

incendie. La même année, pour l'aider sans doute à réparer ses désastres, Thibault, dit le Bon, dans une charte confirmative des charités de ses prédécesseurs, l'affranchit de tous droits. En 1202, Louis, son fils et son successeur, lui donna à perpétuité les produits d'une foire fixée au vendredi, surveille du dimanche des Rameaux. Quelque temps après, en 1221, Gaultier d'Avesne et la comtesse Marguerite, sa femme, quittent et libèrent de la taille et de la corvée Evrard, préposé au service des lépreux de cet hospice. Depuis, ce préposé fut toujours un bourgeois de Blois ; sa charge était à la nomination des comtes. Parmi les autres bienfaiteurs de de ces parias d'un autre âge, Bernier nomme Geoffroy de Cormeray, Eudes de Saint-Amand et Guillaume de Prunelé, lequel, en 1269, fit remise à leur établissement, pour l'anniversaire de sa mère, de plusieurs droits qui en grevaient les propriétés.

Saint-Lazare devint, à une époque assez reculée, dont la date est inconnue, un prieuré conventuel de Génovéfains. Ces religieux le possédaient encore en 1789. Il fut vendu plus tard comme propriété nationale ; son église, construite au XIIIe siècle, fut démolie en 1807, par l'un de ses nombreux possesseurs. Quelques-uns de ces hôtes éphémères ont acquis de la célébrité. Le premier en date fut le conventionnel Chambon, médecin en chef des armées de la République, savant instruit qui, pendant le peu de temps qu'il habita l'antique maladrerie, eut l'idée d'établir à Blois un cours public et gratuit de médecine, que son départ l'empêcha d'ouvrir. Après un certain intervalle, vers 1820, apparurent le général Hugo et son fils Victor, alors *l'enfant sublime.*

Depuis environ vingt ans, Saint-Lazare est dans les mains de M. Chambert, président du tribunal de commerce, propriétaire éclairé, ami des arts. Par ses soins, le logis restauré s'est complété d'un pavillon à la place de la chapelle détruite et s'est planté de bosquets peuplés d'espèces rares. Au premier étage du pavillon neuf,

M. Chambert a établi une galerie de tableaux parmi lesquels brille un assez bon nombre de pièces magistrales.

Hôtel de la Préfecture. — Lorsque, en 1823, la translation de la préfecture eut été décidée, par suite du rétablissement de l'évêché de Blois, divers bâtiments furent proposés pour loger le premier magistrat du département et ses bureaux ; mais le Conseil général n'accueillit aucun de ces projets et décida que la préfecture serait établie dans le couvent de la Visitation, situé sur la place dite la *Grande-Pièce*.

La première pierre fut posée le 15 juillet 1826, et l'édifice terminé en 1830. Il se compose d'un seul corps de logis avec un péristyle élevé. Une avant-cour le précède, fermée par une grille du côté de la place ; derrière est le jardin, suffisamment spacieux ; à gauche, en entrant, est le cloître de la Visitation, où sont établis les bureaux avec lesquels la préfecture communique par un petit bâtiment construit à cet effet.

Le choix de cette position, à l'extrémité de la ville, loin des rives de la Loire, dut soulever d'abord de nombreuses critiques ; mais, depuis que, sur la même place, se sont élevés le palais de justice, la nouvelle halle au blé, et que, sur l'emplacement de l'ancienne, s'est construit un quartier neuf, l'hôtel de la préfecture nous paraît, par la disposition des bâtiments, un logis très convenable pour l'administration qui l'occupe et très confortable pour le haut fonctionnaire qui l'habite. Il a été construit par M. Pinault, ancien architecte de la ville.

Palais de Justice. — La construction du nouveau palais de justice, décidée en 1836, fut mise au concours par le Conseil général. M. Massé, architecte, obtint le prix, fixé à 3,000 fr., et, par une conséquence naturelle, la direction des travaux. Le terrain choisi fut un emplacement, autrefois dépendant du couvent des Cordeliers et faisant face, au levant, sur la Grande-Pièce. La première pierre en fut solennellement bénie par Mgr l'Évêque, en présence de toutes les autorités et d'une foule nombreuse ; il fut achevé en 1841.

Comme presque tous les édifices élevés de notre temps pour l'administration de la justice, il est ce qu'il peut être, simple et sévère. La principale façade est précédée d'un rang de colonnes supportant un fronton, façade que l'on retrouve malheureusement appliquée à presque tous les palais de justice modernes, sous prétexte de glorifier l'architecture antique et l'Ecole des Beaux-Arts. Quand le département est pauvre ou parcimonieux, on construit de 2 à 4 colonnes ; s'il est riche ou généreux, l'architecte peut s'élever jusqu'au temple hexastyle.

L'intérieur du palais de Blois, parfaitement approprié aux nécessités de la justice, annonce un architecte très capable de construire un monument plus remarquable, s'il ne devait pas, comme à l'ordinaire, être victime de la parcimonie des administrations et du système des adjudications au rabais.

Halle au blé. — Le vieil édifice où furent proclamées en 1354 les premières libertés communales de Blois n'existe plus. Ce monument curieux de l'architecture civile du XIIIe siècle, a cédé sa place à des constructions modernes sans intérêt. La nouvelle halle, récemment achevée, offre des réminiscences fort intelligentes des édifices du moyen-âge. Elle s'élève à l'extrémité orientale de la *Grande-Pièce*, aujourd'hui place de la Préfecture ou Denis-Papin. Bâtie de pierres et de briques et flanquée aux angles de jolies tourelles, elle contribue, de la manière la plus heureuse, à la décoration de la place et fait, sous tous les rapports, celui de l'appropriation comme celui de la construction, le plus grand honneur à son architecte, M. de la Morandière.

Collége. — Cet établissement est placé dans les bâtiments dépendant autrefois de l'abbaye de Bourg-

Moyen. La façade principale, élevée dans le dernier siècle, n'était pas à moitié terminée à l'époque de la révolution. Une rue ayant été percée alors, dans le terrain sur lequel devait se prolonger ce bâtiment, on a remplacé, il y a peu d'années, par un pavillon d'angle, ce qui devait être le pavillon du milieu.

Ce collège, soutenu par la commune, et très bien dirigé, a une véritable importance, malgré le voisinage du lycée de Vendôme et de l'école de Pont-Levoy. C'est dans ce collège que MM. Thierry ont été élevés. On a converti en chapelle la vieille salle d'étude où Augustin Thierry s'écriait, en lisant un de ces livres auxquels il dut sa vocation littéraire : « Pharamond, Pharamond, nous » avons combattu avec l'épée!... » (Voir la préface des Récits des temps mérovingiens).

Asile des Aliénés. — Cet édifice, qui n'est pas encore entièrement terminé, est un des plus intéressants par sa distribution intérieure et son appropriation. Si l'artiste y trouve peu de chose à admirer, le médecin, l'économiste, le penseur y rencontreront une mine très riche d'observations. La population en est très nombreuse, étant fournie par plusieurs départements.

Embarcadère. — Bâti en 1847 près des anciennes *Grandes-Allées*. C'est un édifice peu considérable ; sa construction et son appropriation sont convenables et font honneur à M. Massé, architecte du département.

Octrois. — Deux des bâtiments de l'octroi méritent l'attention des voyageurs. Celui de l'embarcadère, composé de deux corps de logis se faisant face et dans lesquels l'architecte de la ville, M. de la Morandière, s'est inspiré heureusement du style du XVe siècle. Si les murs étaient de briques, l'illusion serait complète et l'édifice gagnerait singulièrement pour l'aspect, en raison de l'opposition des tons.

Le petite maison de la barrière Saint-Gervais est une construction en pierres de taille, dans le goût de la renaissance, et fort bien réussie.

Bibliothèque. — Ce fut en 1805 que la ville de Blois vit s'ouvrir une bibliothèque publique, formée, comme presque toutes les autres bibliothèques de département, aux dépens de celles qui avaient été confisquées sur les couvents et les émigrés. La nôtre n'est pas riche en manuscrits comme l'était la célèbre bibliothèque du château de Blois; mais elle est extrêmement remarquable par le choix et la condition des livres imprimés. Les monastères du Blésois n'avaient pu réparer les pertes occasionnées par les guerres civiles, et à l'exception de quelques éditions curieuses des XVe et XVIe siècles, ils ne fournirent que des ouvrages ordinaires et mal conservés. La véritable richesse de la bibliothèque communale, c'est le fonds de M. de Thémines, ancien évêque de Blois. Ce prélat, qui menait la vie d'un anachorète, faisait deux parts de ses revenus, qui étaient considérables : l'une pour les pauvres et les établissements pieux, l'autre pour les livres ; homme de goût et de savoir, sa bibliothèque est admirable. Tous les ouvrages de l'antiquité s'y trouvent joints aux meilleures productions des auteurs modernes, nationaux et étrangers, et ses volumes réunissent toutes les conditions de bonté, de beauté et de rareté qui font d'un livre un meuble de prédilection pour son heureux possesseur.

Cette bibliothèque reçoit tous les ans quelques augmentations, à l'aide des dons envoyés par le ministère de l'instruction publique et d'une petite subvention municipale. Le nombre de volumes ne s'élève pas aujourd'hui à plus de 23,000 ; mais, en raison de l'excellent choix des ouvrages, les travailleurs trouvent rarement quelque chose d'important à désirer, particulièrement dans les sciences historiques.

Placée à son origine dans le palais épiscopal, devenu l'hôtel de la Préfecture, lorsque l'évêché de Blois eut été rétabli en 1823 et le palais rendu à l'évêque, la bibliothèque fut transportée à l'Hôtel de Ville, où l'on construisit pour la recevoir une très jolie salle sur les dessins de M. Pinault, alors architecte de la ville. Malheureusement, cette salle est trop petite pour suffire aux futurs accroissements de la bibliothèque. Espérons qu'elle suivra un jour l'établissement de la mairie dans les bâtiments restaurés du roi Louis XII, au château de Blois.

Pont de Blois. — La débacle qui suivit le mémorable hiver de 1715 ayant renversé l'ancien pont de Blois, on construisit le nouveau sur les dessins de Gabriel, architecte du roi, et Pitrou, ingénieur en chef de la généralité d'Orléans. Ce fut le premier ouvrage public important du règne de Louis XV, et on frappa une médaille à cette occasion. Elle représente, d'un côté, l'effigie royale, et de l'autre, le pont et la ville avec cette légende: AVGENDO POPVLORVM COMMERCIO. On mit sept ans à le bâtir. C'est un fort bel édifice, auquel sa forme (en *dos d'âne*) donne une incomparable solidité. La pyramide élevée sur la clef de voûte de l'arcade centrale est un ouvrage hardi et un échantillon curieux de l'obélisque Louis XV. A sa base, du côté de la rivière, est sculpté l'écusson de France, soutenu par deux tritons de la main du célèbre Nicolas Coustou.

L'ancien pont, situé un peu plus bas, avait vingt arches; sous plusieurs d'entre elles il y avait des moulins. Il était défendu aux deux bouts et au milieu par des tours ou *tournelles* et il portait, en outre, des maisons, une chapelle et une pyramide surmontée, comme aujourd'hui, d'une croix, ce qui fait désigner populairement la pyramide tout entière sous le nom de la *Croix-du-Pont*.

Une arche du pont neuf fut rompue en 1793, par ordre du représentant Guimberteau, dans la crainte illu-

ÉDIFICES CIVILS. — VIEUX PONTS, MURS DE VILLE, ETC.

soire du passage d'une armée vendéenne. Deux ingénieurs chargés de l'opération devaient l'exécuter, dans le plus bref délai, *sous peine de mort.*

Deux inscriptions latines furent successivement gravées sur la plaque commémorative de la construction ; il serait trop long de les rapporter ; la dernière, en français est fort simple et a l'immense avantage d'être à la portée de tout le monde.

Vieux ponts. — L'ancien pont communiquait avec d'autres ponts, plus anciens encore : l'un, le plus ancien de tous, le *pont Saint-Michel*, suivait la route de la Touraine et est presque entièrement détruit; l'autre, appelé les *Ponts-Chartrains*, suivait la route du Berry et sert encore de communication avec le bourg de Vineuil et les environs. Il est long d'une demi-lieue ; composé alternativement de terre-pleins et d'arcades, il indique parfaitement la direction des divers courants et les endroits où se trouvaient les îles, à l'époque où la Loire, non encore endiguée par les levées, s'étendait d'un coteau à l'autre.

Murs de ville. — Les murailles d'enceinte de la ville de Blois furent construites du XIIe au XIIIe siècle et n'offrent rien de bien curieux. Elles donnent seulement, avec les tours dont elles sont flanquées, un aspect pittoresque à certaines parties de notre cité, notamment la rue Gallois qui suit la courbe de l'un des anciens fossés. Blois, comme presque toutes les villes de France, a eu le mauvais goût de renverser les vieilles portes qui décoraient ses murailles et dont l'aspect était si monumental. La porte Chartraine était la plus remarquable de toutes.

Le Mail. — Cette promenade, située près du pont était, comme son nom l'indique, le champ d'exercice des joueurs de mail ou de *paille-maille*, jeu qui partagea le succès et suivit la chûte du jeu de paume.

Cimetières. — Le cimetière de Blois, commun aux trois paroisses de la ville, fut établi en 1808 dans une partie de l'enclos de l'ancien couvent des Capucins, dont la petite église conventuelle fut convertie en chapelle funéraire. On y remarque les tombes de M. de Corbigny, un des administrateurs du département qui a laissé le plus de souvenirs, et de M. Rousseau, évêque d'Orléans; de la mère du maréchal Lefèbvre, de plusieurs membres distingués de la magistrature blésoise, tels que les Turpin, Bergevin, Maigreau, etc. Quelques monuments d'une architecture originale et de bon goût sont dus à M. de la Morandière.

Ce que le cimetière de Blois renferme de plus curieux, se voit à la tombe de M. Bergevin, vice-président du tribunal de Blois. Ce sont deux pleureuses en marbre qui proviennent du magnifique monument élevé à l'évêque d'Orléans, Jean de Morvillier, chancelier de France, par le célèbre Germain Pilon. Ce monument, placé autrefois dans la chapelle des Cordeliers, où était le caveau funéraire de la famille blésoise des Morvillier, fut détruit à la révolution. Le magnifique buste de bronze du chancelier se voit aujourd'hui à l'évêché d'Orléans, et les deux pleureuses ont bien le droit de figurer au tombeau de M. Bergevin, qui les avait sauvées de la main des iconoclastes de 93.

Aujourd'hui, la gare du chemin de fer est venue se poser à côté du cimetière, et le bruit des locomotives trouble le repos des morts; mais l'administration municipale vient de faire choix d'un autre emplacement plus éloigné de la gare, quoique bien rapproché encore de la voie ferrée, dans le faubourg des Basses-Granges.

Il y a un cimetière particulier pour la paroisse du faubourg de Vienne. Le seul monument remarquable est celui des frères Bertheau qui ont doté le faubourg d'une nouvelle rue tracée dans l'alignement de leur maison. Ce monument est dû à M. Pinault, ancien architecte de la ville.

Les Allées. — Cette plantation dont l'origine remonte à Catherine de Médicis, était alors composée de quatre rangs d'ormes. Elle fut réduite à deux lorsqu'elle fut replantée par le roi de Pologne, Stanislas, quand il vint au château de Blois avant de s'établir à Chambord. Les quelques ormeaux qui précèdent l'embarcadère du chemin de fer sont du temps de cette seconde plantation. La dernière date de vingt-cinq ans environ. Ces allées faisaient partie de la décoration du château et conduisaient des jardins jusqu'à la forêt de Blois et au château de Lanoue, charmante construction royale, de la renaissance, démolie sous la Restauration.

Butte des Capucins. — La ressemblance de ce monticule artificiel avec les *tumulus* dont on fait remonter l'origine à nos premiers ancêtres, lui a fait attribuer la même destination : haut-lieu, d'abord, ou tombeau, et ensuite autel d'adoration et de sacrifice. Un compilateur de l'historien Bernier a voulu lui donner une origine récente en l'attribuant à Gaston d'Orléans, qui l'aurait fait élever pour procurer du travail aux pauvres pendant une année de disette. Mais des titres de propriété des terrains environnants font mention, bien antérieurement à l'époque de Gaston, du *climat du pommier de pin* et du *climat de la butte du pommier de pin*. La butte prit son nom actuel du couvent de Saint-François qui s'établit dans son voisinage au commencement du XVIIe siècle. Un ormeau, contemporain des vieilles *Allées*, avait succédé au pommier de pin.

Victor Hugo a chanté la butte des Capucins qu'il a placée au midi de la ville, quoiqu'elle soit à l'ouest, et son arbre qu'il a pris pour un noyer ; les poètes n'y regardent pas de si près :

... Et sorti de la ville, au midi,
Cherchez un tertre vert, circulaire, arrondi,
Que surmonte un grand arbre, un noyer, ce me semble,
Comme au cimier d'un casque une plume qui tremble.
(*Feuilles d'Automne*, II.)

Du sommet de la Butte des Capucins l'on découvre un magnifique panorama formé par la ville de Blois, la Loire, les prairies et les coteaux couronnés de forêts qui l'entourent. Ce beau lieu devait être un but de promenade d'autant plus recherché par l'illustre poète, qu'en jetant les yeux au bas du coteau, en face de la Butte, il apercevait la maison que le général Hugo, son père, habitait alors au faubourg du Foix, où il mourut en 1823.

Ce monticule n'a pas moins de 20 mètres de hauteur et 56 de diamètre à sa base. Le sommet était presque inaccessible autrefois ; mais pendant la période révolutionnaire, il fut le théâtre de fêtes patriotiques, et, à cette occasion, on pratiqua les sentiers qui s'y trouvent encore.

En 1851, on conçut le projet de placer sur la Butte la statue colossale de l'un des colosses de la science, Denis Papin. Cette statue aurait été creuse, comme celle de saint Charles Borromée au lac Majeur, et l'aurait dépassée dans ses dimensions. On voit encore sur la Butte un long mât qui marque la hauteur à laquelle la statue devait arriver. Moins heureux que la tour de Babel, le monument n'a pas même été commencé.

Nous nous associons aux plaintes des derniers historiens de Blois, MM. Bergevin et Dupré : les plantations d'arbres faites en 1831, dans le dessein d'orner la Butte, ont fait perdre presque toute sa physionomie au vieux monument druidique, paré autrefois de ses seuls gazons jaunissants. Le ciel a fait le reste en foudroyant l'arbre séculaire qui couronnait le tumulus gaulois.

ENVIRONS.

ENVIRONS.

Chambord. — Le château de Chambord est situé à quatre lieues de Blois, dans une de ces plaines sablonneuses et humides, coupées de bois et de bruyères, qui composent la plus grande partie du territoire de la Sologne. Il se trouve à peu près au milieu d'un parc de cinq mille cinq cents hectares, dont l'étendue forme à elle seule une commune de quatre cents âmes de population. Ce parc, entouré d'une muraille de plus de huit lieues de circuit, traversé de l'est à l'ouest par la rivière du Cosson, renferme un village, cinq fermes et quatre mille cinq cents hectares de bois.

L'aspect général de Chambord, lorsqu'on l'aperçoit de loin, a quelque chose de véritablement fantastique. Cet amas de flèches, de tourelles, de cheminées, qui dominent le monument et se mêlent sans se confondre, est ce qui frappe d'abord. La simplicité des lignes, les saillies des tours, la symétrie et la noblesse de l'ordonnance générale se développent à mesure que l'on s'approche, et l'immensité de l'édifice, que l'harmonie des proportions empêche l'œil d'apprécier exactement, étonne au dernier point lorsqu'on s'avance à travers cet assemblage prodigieux de salles, de galeries et d'escaliers qui se multiplient à chaque pas.

Le donjon, le morceau le plus important de Chambord, est divisé en quatre corps de logis par quatre grandes *Salles des Gardes*, ayant plus de treize mètres

(40 pieds) de long, sur neuf trois quarts (30 pieds) de large, et formant une croix grecque. « Au milieu et
» centre, dit Du Cerceau, en son curieux livre *Des plus*
» *excellents Bastiments de France*, est un escalier à deux
» montées, percé à jour, et entour iceluy quatre salles,
» desquelles l'on va de l'une à l'autre en le circuissant. »
Ce grand escalier, à double vis, est le morceau capital du château de Chambord ; c'est un chef-d'œuvre de l'art pour la hardiesse, les belles proportions et la variété des détails. Il faut surtout l'examiner des salles du deuxième étage, qui s'harmonient mieux avec lui par la richesse de la décoration de leurs voûtes, partagées en caissons sur lesquels sont sculptés alternativement des salamandres et des F couronnés.

C'est au-dessus de ces voûtes, et au niveau des terrasses qui les recouvrent, que s'arrête la double rampe et commence le couronnement, en forme pyramidale, ayant trente-deux mètres (environ 100 pieds) de hauteur et du plus grand effet. Ce couronnement consiste en huit arcades, accompagnées de colonnes et pilastres d'environ huit mètres de haut, formant une colonnade qui supporte une autre ordonnance plus élevée, décorée d'une balustrade et se composant de huit contre-forts dont les amortissements sont ornés de F et de salamandres gigantesques. Ces arcs-boutants soutiennent la continuation du noyau à jour du grand escalier, dans lequel en circule un autre, plus petit, à une seule rampe depuis le niveau des terrasses, et qui conduit à un belvédère surmonté d'une campanille, l'un et l'autre d'une extrême légèreté et d'une grande richesse de détails. Le tout est couronné par une fleur-de-lys colossale de pierre, qui n'a pas moins de deux mètres de haut.

Rien ne devait être d'un effet plus original, et plus grandiose en même temps, que l'escalier à double vis et les quatres salles qui l'entourent, si, comme on le croit, les planchers qui séparent ces salles, et coupent d'une manière désagréable l'escalier, n'existaient pas dans l'origine.

Dans les angles formés aux points de jonction de la façade et des ailes, du côté de la cour, et aux extrémités d'une galerie supportée par des arcades, communiquant du donjon aux ailes, s'élèvent deux beaux escaliers à jour. Ces escaliers sont décorés de trois ordonnances de colonnes, surmontées de trois cariatides soutenant une coupole, ceinte d'une couronne royale colossale, et au-dessus de laquelle s'élevait jadis une lanterne de pierre terminée par une fleur-de-lys. Les trois colonnes en faisceau qui soutiennent les voûtes des coupoles sont d'un effet très gracieux.

Dans la tour de l'ouest est pratiquée la chapelle ; sa voûte à plein-cintre est soutenue par des arcs-doubleaux dont les retombées portent sur des colonnes accouplées, appuyées aux murailles. Cette chapelle, d'une noble simplicité, est dans un état de conservation admirable. Elle a été achevée par Henri II.

A l'angle formé par la tour du nord et par la façade est appuyé, en hors-d'œuvre, un avant corps de logis qui renferme, au premier étage, une petite chapelle, ou un oratoire, dont la voûte est ornée de caissons semblables à ceux des salles des gardes du second étage, mais dans une plus petite proportion. Cet oratoire est une des parties les plus remarquables de l'édifice : il a malheureusement beaucoup souffert de la double injure de l'humidité et du badigeon.

Une partie des bâtiments qui ferment les cours de toutes parts ne s'élèvent que jusqu'au premier étage, qui furent couverts en mansardes par Louis XIV, ce qui avait le grand inconvénient de masquer l'une des façades du château, façade bien plus pittoresque que celle qui donne sur la rivière.

Mais dans le plan primitif, les constructions étaient terminées en terrasses et masquaient moins la façade du nord. Du Cerceau dit : « Autour du corps de logis que
» j'appelle dongeon, est la court regnante en trois cos-
» tez, qui sont fermez de bastiments, dont les bas esta-
» ges servent d'offices : et le dessus, *ce sont terracces,*
» *qui ont esté ainsi ordonnées pour garder les veües dudit*
» *dongeon.* »

Treize grands escaliers règnent de fond en comblé sur divers points de l'édifice, et il y en a une quantité d'autres, plus petits, prenant à différentes hauteurs, ou circulant dans l'épaisseur des murailles. Le nombre des pièces que le château contient s'élève à quatre cent quarante, toutes à cheminées, selon le luxe du temps. D'après une tradition populaire, commune à beaucoup de vieux palais, ce nombre ne serait que de *trois cent soixante-cinq*, comme celui des jours de l'année. La même tradition donne aussi à l'enceinte du parc de Chambord le chiffre sacramentel de *sept* lieues.

Tout l'édifice est construit en pierres de taille tendres, tirées presque toutes des coteaux du Cher, près de Bourré, dont elles portent le nom. Elles ont conservé leur blancheur, sur laquelle tranche le bleu des médaillons et losanges d'ardoise employés dans l'ornementation des combles du monument. Plusieurs chapiteaux, corniches et marches d'escaliers sont en pierre de Liais, d'Apremont et d'autres lieux.

Les chapiteaux, au nombre de plus de huit cents, de dessins différents, et les autres sculptures répandues dans le château sont, depuis que la Révolution l'a dévasté, les seuls détails à remarquer à l'intérieur, si somptueusement décoré jadis de tapisseries, de meubles et de peintures, parmi lesquelles on admirait surtout de belles fresques de la main de Jean Cousin, et une collection de portraits des savants grecs réfugiés en Italie après la prise de Constantinople. Les sculptures, encore très bien conservées, pour la plupart, sont variées de forme et de dessin; mais dans toutes se retrouve trop souvent un fond commun composé de salamandres, et de F surmontés de la couronne royale.

Dans les portions du château achevées par Henri II, on remarque l'H et le croissant couronnés. Nulle part, et c'est un fait digne de remarque, on ne voit le chiffre du roi enlacé à celui de la belle Diane de Poitiers, quoiqu'il ait été dit le contraire dans beaucoup de notices sur Chambord. Je ne dis pas, pour cela, que le croissant ne fût point une devise à double entente; mais si, *mystérieusement*, cette devise rappelait le prénom de la duchesse de Valentinois, *officiellement*, du moins, c'était celle du roi; on sait que la légende était: *Donec totum impleat orbem*.

Le soleil de Louis XIV se voit aussi dans quelques endroits terminés ou modifiés par ce prince, et ces différents emblèmes subsistent encore sur plusieurs portes épaisses, échappées au vandalisme de 93.

La décoration extérieure du château est composée en entier de pilastres espacés, formant trois rangs d'étages qui soutiennent un entablement d'un travail recherché, mais un peu lourd.

Au reste, ce qu'il y a de plus remarquable dans l'architecture du château de Chambord, c'est la grandeur dans l'ensemble des masses et la fantaisie dans leur distribution, plutôt que l'exécution, en général assez peu délicate, des objets de détail. On n'y trouve point de ces fines et gracieuses arabesques qui grimpent le long du fût des pilastres, encadrent les caissons des voûtes, courent le long des frises des édifices élevés par les maîtres italiens, et imités ensuite par les architectes français. Le style de la Renaissance, emprunté à l'Italie, domine dans le château de Chambord, mais il a conservé une partie des formes de celui qui l'avait précédé, et de ce mélange il est sorti une composition heureuse, originale, qu'on doit regarder comme le type de ce qui aurait pu devenir l'*art français*.

Il est à observer que le luxe de la décoration augmente à mesure que l'édifice s'élève, et que sa partie la plus remarquable, celle où l'architecte a épuisé tous les prestiges de son art, est la partie des combles. C'est sur les terrasses qui entourent le couronnement du grand escalier que doivent s'arrêter les curieux, et que doit étudier l'artiste. Là, il faut apprécier l'homme dont le génie a dirigé la construction de ce fantastique édifice. C'est sur le point le plus difficile à traiter qu'il s'est plu à répandre les ressources les plus riches de son imagination, et qu'il a imprimé un caractère d'originalité et de grandeur qui n'avait pas eu de modèle, et qui n'a pas été imité. Les cheminées, dont la distribution fait le désespoir de tous les architectes, maintenant que l'art dégénéré en a fait de longs tuyaux désagréables à la vue, sont ici de véritables monuments, groupés avec un bonheur infini, et qui concourent merveilleusement au pittoresque de l'effet pyramidal de l'édifice. Si celui-ci, dans ses parties inférieures, se rapproche du plan ordinaire des constructions du moyen-âge, il s'en éloigne totalement et acquiert le plus haut degré de nouveauté dans ce qui compose le couronnement du donjon et la coupole du grand escalier, qui nous paraît une des pièces capitales de l'architecture civile de la Renaissance.

On comprend facilement que Charles-Quint, visitant Chambord à une époque où il n'y avait encore que le donjon de terminé, ait pu le regarder comme *un abrégé de ce que peut effectuer l'industrie humaine.*

En 1577, l'ambassadeur des Vénitiens, Jérôme Lippomano, dont les yeux étaient habitués à contempler les merveilleux palais de *Venise-la-Belle*, ne savait cependant par quelles expressions rendre compte de son admiration pour Chambord. « J'ai vu, dans ma vie,
» disait-il, plusieurs constructions magnifiques, jamais
» aucune plus belle ni plus riche... L'intérieur du parc,
» dans lequel le château est situé, est rempli de forêts,
» de lacs, de ruisseaux, de pâturages et de lieux de
» chasse, et au milieu s'élève ce bel édifice, avec ses
» créneaux dorés, ses ailes couvertes de plomb, ses pa-
» villons, ses terrasses et ses galeries, ainsi que nos
» poètes romanciers décrivent le séjour de Morgane ou
» d'Alcine... Nous partîmes de là émerveillés, ébahis,
» ou plutôt confondus. *Partiti di questo luogo, ognuno*
» *pieno di meraviglia e di stupore, anzi di confusione.* »

« Tout l'édifice est admirable, dit le bonhomme Du
» Cerceau, et rend un regard merveilleusement su-
» perbe. »

Le célèbre architecte Blondel s'exprime ainsi en parlant du grand escalier : « On ne peut trop admirer la
» légèreté de son ordonnance, la hardiesse de son exé-
» cution et la délicatesse de ses ornements; perfection
» qui, aperçue de la plate-forme de ce château, frappe,
» étonne et laisse à peine concevoir comment on a pu
» parvenir à imaginer un dessin aussi pittoresque, et
» comment on a pu le mettre en œuvre. »

On trouvera encore plusieurs témoignages de l'admiration, peut-être un peu exagérée, qu'a excitée de tout temps la vue de Chambord, dans le *Cinq-Mars* de M. de Vigny et la *Vie de Rancé*, par Châteaubriand.

Nous transcrivons les lignes suivantes, du *Journal de Voyage* d'un spirituel étranger, le prince de Pückler-Muskau :

« Je ne connais rien à quoi je puisse comparer cette
» fantaisie en pierre : symétrie dans les traits princi-
» paux, peut-être heureusement interrompue parce
» que l'édifice n'a pas été complètement achevé; ir-
» régularité dans la bizarrerie des ornements, toujours
» ravissants et du genre le plus varié ; une incroyable
» quantité de petits dômes, de campaniles, de chemi-
» nées de toutes les formes, dont partie sont revêtues
» de mosaïques en pierres de couleurs variées ; fleurs-
» de-lys colossales.... enfin la salamandre royale vo-
» missant des flammes et serpentant au travers de tout
» cela, avec le gothique F qu'entoure de nœuds mys-
» tiques le cordon de Saint-François..... On ne se lasse
» point de parcourir ce palais enchanté, qui vous sur-
» prend à chaque instant par un aspect nouveau ; mais
» il devient plus fantastique encore lorsque la lune s'é-
» lève à l'horizon : à ses lueurs tremblantes toutes les
» proportions s'augmentent, les masques semblent gri-
» macer, les statues se mouvoir, les aiguilles dente-
» lées se changer en blancs spectres. Je rêvais presque
» les yeux ouverts, et les scènes du passé reparaissaient
» vivantes et animées devant mes yeux. »

La postérité a pensé que ce n'était pas trop du patronage de l'illustre nom de Primatice pour un édifice aussi magnifique, et ce fait, qui n'est rien moins que prouvé, a passé pour constant parmi la plupart des auteurs modernes qui ont parlé de Chambord, sauf MM. Gilbert et Vergnaud-Romagnési. Le premier se fonde sur ce que le style du monument indique *le passage du goût gothique à celui de la renaissance*, forme que le

Primatice aurait repoussée pour s'en tenir à l'imitation plus sévère de l'art antique. Les motifs de M. Vergnaud sont encore plus concluants et résultent de la date bien positive du premier voyage du Primatice en France, qui eut lieu en 1531, cinq ans après le commencement du château de Chambord, ou même huit si l'on accepte la date de 1523, que plusieurs écrivains lui ont assignée. M. Vergnaud pense qu'il pourrait bien être l'œuvre d'*il Rosso*, ou *maître Roux*, comme on l'appelait en France, intendant-général des bâtiments. Quant au sentiment de quelques anciens auteurs, qui attribuaient Chambord à Vignole, il ne saurait supporter l'examen, car ce célèbre architecte ne vint en France qu'en 1540, époque à laquelle le donjon était terminé. Le chapiteau d'un pilastre de la coupole porte sur deux de ses faces la date 1533.

Aucun des anciens historiens qui ont parlé de Chambord n'a cité le Primatice comme auteur du plan de ce château ; ni Du Cerceau, architecte orléanais, qui vivait du temps du Primatice ; ni Du Chesne, dans ses *Villes et Chasteaux de France*, ni Bernier, historien du Blésois. C'est probablement Le Rouge qui le cite pour la première fois, avec l'accent du doute, et le savant architecte Blondel aura contribué ensuite, par la puissante autorité de son assertion, à établir la croyance reçue maintenant. Au surplus, aucun de ces auteurs n'apporte de preuves en faveur de son sentiment ; M. Vergnaud conjecture seulement que le Rosso, qui dirigeait toutes les constructions royales, et d'autres artistes italiens dont il était entouré, conçurent et exécutèrent le plan de Chambord ; mais le Rosso, lui-même, n'avait précédé le Primatice en France que d'une année.

Il est probable, comme l'a établi M. de la Saussaye, dans son ouvrage de Chambord, que ce fut l'ouvrage d'un artiste blésois dont le nom est resté ignoré. Nous allons donner, d'après lui, nous ne dirons pas des conjectures, mais presque des preuves à l'appui de cette assertion.

Voici ce que dit André Félibien à ce sujet, dans ses Mémoires manuscrits, *sur les maisons royalles de France*, datés de 1681. « François Ier fist faire plusieurs dessins
» pour le bastiment [de Chambord] avant que de rien
» entreprendre. » (Ici il réfute l'opinion qui l'attribuait à Vignole, par la date de son arrivée en France, en 1540.)
« D'autres ont pensé plus probablement que celui qui
» en donna le dessin et conduisit l'ouvrage estoit de
» Blois et demeuroit dans une maison qui appartient aujourd'hui à M. de Fougère, parce que cette maison
» est bastie du temps et à la manière de Chambord, et
» que ce fut là qu'il fist un premier modèle du chasteau
» pour le monstrer au roy. Il est vrai que l'on voit encore dans la mesme maison un modèle de bois assez
» bien taillé, et dont chaque face a quatre pieds de
» long, etc....

« Ce modèle représente *un grand bastiment carré,*
» *ayant quatre tours aux quatre coins et quatre principaux*
» *appartements séparez par l'escalier, et par trois grandes*
» *salles qui, avec la place de l'escalier, font une croix.*
» La quantité de ces pièces, leur distribution approche
» beaucoup de ce que l'on voit d'exécuté à Chambord, hormis l'escalier du modèle qui est tout diffé-
» rent, etc. »

» Ajoutons, dit M. de la Saussaye, que ce modèle en bois, dont le dessin a été donné par Félibien, fait voir que toute la partie extérieure de la construction était ornée de pilastres espacés, comme dans l'édifice actuel. La vue de ce dessin nous donne encore à penser que l'on eut d'abord l'intention d'élever seulement le groupe de bâtiments qui reçut ensuite le nom de donjon, quand les idées du roi, ou celles de l'architecte, s'étant agrandies, on eut ajouté au plan primitif les ailes qui le prolongent et l'entourent.

» Voici maintenant l'opinion de Bernier, dans son *Histoire de Blois*, publiée en 1682 :
« Quelques-uns ont cru que Vignolles donna le plan

» de ce bastiment, à quoi il n'y a point du tout d'appa-
» rence, *mais il est assuré que celui qui le donna et qui le*
» *conduisit avait une maison à Blois,* qui subsiste encore
» à présent au quartier de la Foullerie. On y voit même
» des restes du modèle de Chambord, fait en menuise-
» rie. Il y a encore à Blois chez quelques particuliers
» des plans de tout l'édifice ; mais ils ne sont conformes
» ni au modèle dont nous venons de parler, ni aux
» dessins qu'on voit dans Du Cerceau. »

» Voilà deux témoignages bien unanimes, et on doit remarquer que la description que donne Félibien du plan de l'artiste de Blois offre de grands rapports avec le donjon du château actuel. Il y avait de plus, à la vérité, *deux tourelles à pans*, qui devant être d'un effet peu gracieux, auront été supprimées avec raison, et il y manque l'escalier à double rampe ; mais on peut croire que l'idée en vint plus tard à l'architecte, et que le modèle en bois n'était, comme le dit Félibien, que sa première pensée, qui fut ensuite modifiée.

» Nous conclurons de tout ceci, que ni le Rosso, ni le Primatice n'ont pu diriger la construction du château de Chambord ; le premier n'étant venu en France que quatre ans après que l'on eut commencé l'édifice, et le second y étant arrivé une année encore plus tard. En outre, on connaît à peu près les travaux exécutés par eux, et l'on n'eût certainement pas omis le château de Chambord dans la liste. Cet oubli s'accorderait mal d'ailleurs avec la vanité de ces maîtres, qui est assez connue ; ils n'auraient pas, à coup sûr, négligé de faire parvenir à la postérité le souvenir de ce qui eût été près d'elle un de leurs titres de gloire. Enfin, si un monument aussi extraordinaire eût été dû au génie de l'un des maîtres célèbres du XVIe siècle, nous le saurions positivement aujourd'hui ; l'obscurité dans laquelle est resté le véritable auteur sert encore à nous convaincre que ce fut un homme de la province qui conçut ce bel ouvrage ; la jalousie des architectes de la cour empêcha sans doute le nom de cet artiste modeste de venir jusqu'à nous.

» On se refusera peut-être à croire qu'il pût se rencontrer alors à Blois un homme capable d'une création architecturale telle que Chambord. Nous répondrons que le grand nombre de châteaux et d'hôtels construits dans le Blésois, pendant le XV° siècle, par les ducs d'Orléans, par Louis XII et les seigneurs de leurs cours, avaient dû former beaucoup d'architectes. Nous ajouterons que les maîtres italiens qui venaient en France se faisaient seconder par des artistes français, et qu'à leur école s'élevaient de nombreux disciples. C'est ainsi que le Rosso, par exemple, faisait travailler sous sa direction, à Fontainebleau, Simon et Claude de Paris ; Laurent, le Picard ; François, d'Orléans et plusieurs autres.

» Un de ces architectes nationaux dont les noms furent éclipsés par ceux des grands artistes italiens, et que je suis heureux de faire sortir de son obscurité, était *Pierre Nepveu, dit Trinqueau, maistre de l'œuvre de maçonnerie du baptiment du chastel de Chambord*. Son nom et sa qualité sont cités ainsi plusieurs fois dans différents actes dont je dois la communication à M. Cartier d'Amboise, et il ne faut pas croire que ce titre de *maître de l'œuvre de maçonnerie* ne comportât pas la valeur que nous lui assignons ; les célèbres architectes du moyen-âge, sont souvent désignés comme des *maistres massons*. » C'est le nom que donne aussi And. Félibien à Pierre Trinqueau (V. plus bas, p. 180).

Il nous reste à raconter les principaux faits de la légende et de l'histoire qui se rattachent à Chambord.

Avant la construction du château de Chambord, par François Ier, il y avait déjà, dans le même lieu, un vieil édifice qui était, dès le XII° siècle, une maison de plaisance et de chasse, habitée souvent par les anciens comtes de Blois de la maison de Champagne. Plusieurs chartes de cette époque en font foi. Chambord est aussi appelé, vers cette époque, Chambord-Montfrault, du nom d'une autre maison, encore plus ancienne, située à l'une des extrémités du parc, vers l'endroit où est maintenant le *Pavillon de Montfrault*.

L'antiquité des souvenirs de ce château, qui fut aussi habité par les comtes de Blois avant celui de Chambord, se perd dans une vieille tradition populaire semblable à celle du *Chasseur Noir*, si répandue dans le nord de l'Europe, et empruntant dans chaque pays, le nom de quelque personnage redoutable qui l'habitait à une époque reculée, et dont la mémoire subsiste encore. Lorsque le craintif Solognot, dont le pied a foulé *l'herbe qui égare*, se trouve vers minuit près du pavillon de Montfrault, il est exposé à rencontrer la figure effrayante d'un chasseur nocturne, habillé de noir et accompagné de chiens noirs, qui n'est autre que Thibault de Champagne,

dit *le Vieux* et *le Tricheur*, premier comte héréditaire de Blois, et l'un des types les plus complets de ces barons de fer des premiers temps de la féodalité. C'est encore lui que, pendant les belles nuits d'automne, on entend partir, à grand bruit d'hommes, de chevaux, de chiens et de cors, pour chasser à travers les airs jusqu'aux ruines du château de Bury, où se fait la halte, et d'où il revient ensuite à Monfrault. Les mêmes bruits qui se sont fait entendre au départ continuent pendant tout le temps de la chasse aérienne, sans que l'on puisse apercevoir ni chevaux, ni chiens, ni chasseurs.

Plusieurs chartes du XIIIe siècle témoignent du séjour à Chambord des comtes de Blois de la maison de Champagne.

Jean de Châtillon, fils de Hugues, y mourut, le 5 mai 1280; son corps fut porté processionnellement jusqu'à l'abbaye de la Guiche, qu'il avait fondée, à trois lieues de Blois, sur la rive droite de la Loire. Le convoi dura deux jours; il était suivi par Pierre de France, gendre du comte de Blois, par le comte d'Alençon, par plusieurs autres puissants seigneurs, et par les abbés des principaux monastères des environs.

[1] Les souvenirs historiques relatifs à Chambord sont rares avant l'époque de François 1er. Nous ne trouvons rien à recueillir depuis 1280 jusqu'à 1356. Une lettre datée du 26 juillet de cette année, et conservée dans les archives de Blois (fonds Joursanvault), nous fait connaître pour la première fois le nom et le titre de la personne chargée de la garde de Chambord. Dans cette lettre, le sieur de Bécond, gouverneur de la comté de Blois, annonce à Hugues de Barbançon, *châtelain* de Chambord, l'envoi de plusieurs soldats, pour la garde du château, et le prie de lui en renvoyer d'autres en échange. Le royaume était alors ravagé par les armées anglaises et les *grandes compagnies;* le château de Chambord, comme celui de Blois, avait dû être mis en état de défendre les approches de la Loire.

Des prisonniers anglais y furent enfermés en 1359, ainsi que nous l'apprend une autre pièce de la même collection.

Les archives municipales de Blois nous fournissent les noms de plusieurs châtelains successifs de Chambord, depuis 1356 jusqu'à 1382. Ce furent, après Hugues de Barbançon, Regnault de Plainvilliers (1359-1361), Guillaume de Mosne (1362-1363), Jehan Vigreux (1366-1368) et Gilleton Vigreux (1392-1400). Les trois premiers recevaient trente écus d'or de *gages* par année, et le quatrième, quarante livres (500 fr. environ de notre monnaie); mais à la condition de payer toute la dépense nécessaire pour la garde du château.

En 1397, le château de Chambord entre, avec le comté de Blois, dans la possession de la maison d'Orléans, par la mort de Gui de Châtillon, qui l'avait vendu à Louis d'Orléans, frère du roi Charles VI.

Sous les ducs d'Orléans, nous n'entendons plus parler de châtelains de Chambord, mais seulement de *capitaines*, et nous trouvons successivement les noms de Macé de Villebresme (1416-1419), Loys de Villars (1420), Philippe du Mesnil-Regnart (1420-1428), Guillaume Gueret (1434-1440), Hemery (1448), Jehan Davy (1448-1450), Gilles des Ourmes (1457), Loys de Villars (1480) et Macé de Villebresme (1492-1496). Les gages de ces capitaines n'étaient que de dix livres par an (60 francs).

En 1424, Gacian de Saint-André, maître de l'artillerie du duc Charles d'Orléans, alors prisonnier en Angleterre, envoyait à Philippe du Mesnil-Regnard *ung canon portant pierre de quatre livres pesant, quatre lances ferrées et afustées, et une casse de viretons de trait* [flèches] *communs pour la seurté et défense du chastel de Chambort*. Les Anglais avaient alors envahi presque tout le territoire français; les derniers moyens de résistance étaient concentrés dans Orléans et les provinces situées sur la rive gauche de la Loire. Chambord fut une de ces forteresses qui maintînrent libre cette rive du fleuve, et permirent à l'armée de Jeanne d'Arc d'arriver sous les murs d'Orléans.

En 1498, Chambord fut réuni au domaine de la couronne, lorsque Louis d'Orléans, vingt-troisième comte héréditaire de Blois, monta sur le trône de France, sous le nom de Louis XII. Chambord était alors abandonné, et ne servait plus que de rendez-vous de chasse. La maison de plaisance des anciens comtes de Blois n'était, comme on l'a vu, qu'un château-fort, selon l'usage et la nécessité des temps où elle avait été construite, et son nom, tel qu'on le trouve souvent écrit jusqu'à la fin du XVIIe siècle, *Chambourg* ou *Chamborg*, indique suffisamment, par sa terminaison, un lieu fortifié. *Castellum parvum, quod* BURGUM *vocant* (Veget., *De re militari; lib.* IV.) Les murailles épaisses et les galeries obscures de la vieille construction féodale ne pouvaient offrir rien d'agréable aux brillants princes de la maison d'Orléans. Leur goût, éclairé par les rapports fréquents avec l'Italie depuis le mariage de Louis, aïeul de Louis XII, avec Valentine de Milan, leur faisait rechercher des habitations plus élégantes, et telles que les bâtissaient les artistes italiens, dans le style pittoresque qui précéda celui de la Renaissance.

Les historiens varient sur la date de la reconstruction du château de Chambord par François Ier; quelques-uns pensent qu'il la fit commencer en 1523, et d'autres que ce fut en 1526, après son retour de captivité. Cette date est fixée incontestablement par les lettres-patentes, données à Chambord, le 1er octobre de la même année, pour la nomination de messire de Chauvigny, comme intendant-général des travaux, aux appointements de 1,000 livres, et de messire Raymond Forget, comme trésorier et payeur général, avec les mêmes appointements. (And. Félibien, Mém. mss. sur les maisons royales.)

Si l'on s'étonne de voir François Ier choisir pour la belle construction qu'il projetait un lieu aussi triste et aussi sauvage, tandis qu'à peu de distance les riches coteaux de la Loire offraient une multitude de positions admirables, il faut se rappeler la passion de ce prince pour la chasse, et aussi une autre circonstance d'un grand pouvoir sur l'esprit du roi-chevalier : le souvenir des visites qu'il faisait, n'étant encore que comte d'Angoulême, au manoir de la belle comtesse de Thoury, situé dans le voisinage, souvenir de premières amours. Il fit ainsi bâtir le château de Challuau, *à cause qu'aux bois prochains il y avoit une grande quantité de cerfs*, et le pavillon de Folembrai dut son origine au souvenir d'une conquête amoureuse du roi.

François Ier poussa avec une grande activité les travaux de Chambord, et dix-huit cents ouvriers y furent employés, dit-on, pendant plus de douze ans. Les Mémoires manuscrits d'André Félibien, sur les maisons royales de France, renferment des détails curieux sur les dépenses faites pour la construction de l'édifice. On y voit que les sommes employées depuis 1526 jusqu'en 1547, année de la mort de François Ier, s'élevèrent à 444,570 livres 6 sous 4 deniers tournois. Les maçons gagnaient 3 sous 2 deniers par jour (61 centimes); les charpentiers, 4 sous 2 deniers ; les charrois à trois chevaux étaient payés 15 sous ; ces chapiteaux, dont la variété des ornements est si admirée, coûtaient 27 sous (5 fr. 20 c.) à faire sculpter ; les losanges des vitraux étaient payées 10 deniers la pièce (88 cent., plus cher qu'aujourd'hui). Combien donneraient aujourd'hui les curieux de celui sur lequel était gravé le distique si connu : *Souvent femme varie*........? « Pierre Trin-
» queau, qui estoit le *maître maçon* [c'est-à-dire l'ar-
» chitecte. Voir plus haut, p. 175], et qui avoit la
» charge et la conduite des bastiments, estoit payé à
» raison de 27 sols 6 deniers par jour. »

Au surplus, ces divers salaires, qui nous paraissent si faibles aujourd'hui, étant convertis en monnaies de nos jours, eu égard à la différence de valeur du marc d'argent et à celle du prix des denrées (le setier de blé peut être évalué à 2 fr. 50 c. de notre monnaie, sous François Ier), représenteraient des sommes plus rapprochées de celles qu'il faudrait dépenser de notre temps pour élever un édifice semblable à celui de Chambord. S'il y avait de véritables difficultés à l'entreprendre, elles ne résulteraient que de la rareté des bois de construction ; car la nouvelle renaissance architecturale qui s'accomplit de nos jours a créé un grand nombre d'ouvriers habiles, pour l'exécution de cette multitude de détails variés que comportait l'ornementation des édifices du XVIe siècle.

Les appartements de François Ier étaient dans l'aile du château appelée depuis du nom de la famille d'Orléans qui l'avait habitée. Les ornements de sculpture sont plus nombreux dans l'aile d'Orléans que dans les autres parties de l'édifice, et le roi affectionnait surtout la tour qui la termine. Là se trouve cet avant-corps de logis dont nous avons parlé plus haut (p. 166), et qui semble avoir été ajouté après coup ; on y remarque un escalier à deux montées, dans une galerie souterraine au-dessous de l'oratoire, et communiquant, par une issue secrète, avec les fossés du château. La terrasse qui surmonte ce petit édifice, et tenait à la chambre à coucher du roi, était un des lieux du château qui lui plaisait le plus ; il aimait à y venir, dans les belles nuits d'été, passer quelques heures à deviser avec quelques dames et seigneurs de sa suite, que l'on appelait *la petite bande de la cour*. Les escaliers secrets, les galeries obscures ont été sans doute multipliés à dessein, de ce côté du château, afin de protéger les intrigues amoureuses et les rendez-vous mystérieux de la cour galante de François Ier.

Quand Charles-Quint traversa la France, en 1539, il vit Chambord dans toute sa splendeur, et nous avons déjà cité les expressions de son admiration. « Il y passa
» quelques jours, dit d'Avity, pour la délectation de la

» chasse aux daims qui estoient là dans un des plus
» beaux parcs de France, et à très grande foison. »

François Ier, dans les dernières années de sa vie, visitait souvent Chambord, accompagné de sa sœur, la reine de Navarre, qu'il appelait *sa Marguerite des Marguerites*, et pour laquelle il eut toujours la plus grande tendresse. Elle le quittait rarement alors ; son esprit délicat et enjoué était une source de distraction pour le roi, vieilli avant l'âge, et sujet à de fréquents accès de mélancolie. Elle était avec lui lorsque, dans un de ces moments d'humeur sombre, se rappelant le temps où ses succès auprès des femmes étaient plus sûrs et plus durables, il écrivit sur le vitrail d'un cabinet, près de la chapelle de la reine, avec la pointe d'un brillant qu'il portait à son doigt, ces deux vers si souvent cités depuis :

Souvent femme varie,
Mal habil qui s'y fie.

On dit que Louis XIV, dans une disposition d'esprit différente, parce qu'il était alors jeune et heureux, sacrifia à madame de la Vallière les vers satiriques du roi vieux et désabusé.

A la fin de l'année 1545, François Ier visita pour la dernière fois Chambord, qu'il légua inachevé à son successeur.

Henri II, héritier de tous les goûts de son père, eut la même prédilection que lui pour le château de Chambord, et fit continuer ses travaux sur les mêmes plans. On reconnaît facilement, à son chiffre et au croissant qui était à la fois sa devise et celle de Diane de Poitiers, les portions de l'édifice auxquelles il a travaillé. Jacques Coquereau avait succédé, comme architecte, à Pierre Trinqueau, mort en 1538, et recevait le même salaire ; il touchait, en outre, 400 livres de gages, en qualité de *maître maçon du roi*.

Le 16 janvier 1552, Henri II était à Chambord quand il ratifia, avec les princes allemands détachés du parti de Charles-Quint, un traité secret, conclu l'année précédente, et qui valut plus tard à la France les villes de Metz, Toul et Verdun.

La mort funeste et prématurée de Henri II empêcha que Chambord ne fût terminé, comme il l'eût été sans doute par ce prince.

Plusieurs ordonnances furent rendues à Chambord pendant les divers séjours de François II dans cette demeure, en 1553 ; mais elles sont sans grande importance historique. L'une d'elles renouvelle la défense, sous les peines les plus sévères, de porter des pistolets et arquebuses.

Pendant sa régence, Catherine de Médicis, qui aimait beaucoup l'exercice du cheval et celui de la chasse, venait souvent à Chambord. Le soir, la reine, accompagnée d'astrologues, montait à la *Fleur-de-lys* (la campanille du grand escalier) *pour consulter nuictamment les cieulx et les estoiles*.

Charles IX, qui aimait la chasse avec fureur, devait visiter souvent le lieu de France le plus favorablement disposé pour cet exercice. Ce fut là, dit-on, qu'il fit l'exploit de vénerie, célébré par Baïf, de forcer un cerf à course de cheval sans le secours des chiens. Voici quelques-uns des vers rocailleux de ce poète, qui, après avoir comparé le prince à Hercule et souhaité de pouvoir le placer au ciel, pour prix de sa victoire, sous la forme d'une constellation favorable aux veneurs, termine ainsi :

> Moi donc (ce que je puis), vous, mon grand roi, je chante
> Avecque le cheval la beste tresbuschante,
> Au coup de votre main. Sur un chesne branchu,
> Vouant du chef du cerf le branchage fourchu,
> Le roi Charles neufviesme, et premier qui a vue,
> Sans meute, sans relais à la beste recrue,
> Piquant et parcourant fait rendre les abbois,
> En consacre la teste à la dame des bois.

Sous Charles IX, le gouvernement de Chambord devint héréditaire, comme la plupart des charges de l'ancienne monarchie. Il resta pendant plusieurs générations dans la famille Bodin de Boisregnard qui subsiste encore.

Charles IX avait continué les travaux de Chambord, mais ils étaient conduits bien plus lentement que du temps de Henri II, qui lui-même ne les pressait pas avec la même activité que son père. Les troubles toujours croissants et les embarras financiers qui en résultaient les firent cesser entièrement en 1571. On voit par les mémoires d'André Félibien, que la dépense faite depuis 1547, année de la mort de François Ier, jusqu'à l'année 1571, ne s'éleva qu'à la somme de 91,008 liv. 6 s. 5 d. tournois. Cette somme, réunie à celle dépensée par François Ier, forme un total de 535,578 liv. 12 s. 9 d. tournois, 2,057,530 fr. de notre monnaie, qui servit à mettre le château à peu près dans l'état où nous le voyons aujourd'hui, car les travaux faits depuis Charles IX ne furent appliqués, en général, qu'aux décorations intérieures et aux réparations les plus nécessaires.

En 1575 eurent lieu, à Chambord, les premières négociations qui amenèrent l'édit de la paix, dite *paix de Monsieur*, ratifiée au mois de mai 1576, entre Henri III et son frère le duc d'Alençon, chef de ce parti des catholiques modérés dont l'alliance avec les protestants suscita de si grands embarras à la politique du roi. On sait que par cet édit le roi s'engageait à convoquer les États à Blois six mois après sa publication.

Le site agreste, les souvenirs de tournois et de vénerie du château de Chambord ne pouvaient s'associer aux plaisirs efféminés et mystiques de la cour de Henri III, qui le visita rarement.

Henri IV le négligea pour Fontainebleau et Saint-Germain ; des motifs politiques puissants l'engageaient d'ailleurs à ne pas quitter le voisinage de la capitale pour les châteaux des rives de la Loire.

Louis XIII vint quelquefois à Chambord, et y commanda même plusieurs embellissements. Ce fut pendant

un des séjours de la cour que s'y passa un fait qui peint bien la pruderie habituelle de ce prince. Il désirait lire une lettre qu'avait cachée dans sa collerette mademoiselle de Hautefort, à laquelle il témoignait un attachement aussi chaste que celui qu'il avait eu déjà pour mademoiselle de la Fayette. N'osant prendre la lettre avec sa main, il fut chercher des pincettes pour l'enlever sans scandale. Le roi Henri IV, son père, y eût mis plus de délicatesse ou plus de brusquerie.

Louis XIII ayant donné, en 1626, le comté de Blois en augmentation d'apanage à Gaston d'Orléans, son frère, le domaine de Chambord en fit nécessairement partie, et il fut souvent habité par ce prince, surtout pendant les huit dernières années de sa vie qu'il passa en exil dans son comté. Mademoiselle de Montpensier, sa fille, y vint dès son enfance, et a consigné ainsi, dans ses Mémoires, le souvenir naïf de sa première arrivée : « Une des plus curieuses et des plus remarquables
» choses de la maison, c'est le degré, fait d'une manière
» qu'une personne peut monter et l'autre descendre,
» sans qu'elles se rencontrent, bien qu'elles se voient :
» à quoi Monsieur prit plaisir à se jouer d'abord avec
» moi. Il étoit au haut de l'escalier lorsque j'arrivai ; il
» descendit quant je montai et rioit bien fort de me
» voir courir, dans la pensée que j'avois de l'attraper :
» j'étois bien aise du plaisir qu'il prenoit, et je le fus
» encore davantage quand je l'eus joint. » Elle était loin de se douter que ce château serait, trente ans plus tard, le témoin des commencements d'une passion qui devait remplir d'amertume les dernières années de sa vie.

Sous Louis XIII, parut le titre de *capitaine-gouverneur* de Chambord, que porta François de Johanne, seigneur de Saumery, dans la famille duquel il resta pendant près de deux siècles. Les émoluments attachés à la charge s'élevaient à 610 livres (environ 1,200 fr.), sous le premier des Saumery qui en fut revêtu. Le gouverneur jouissait, en outre, du revenu des fermes, maisons et prés du parc, et d'une redevance considérable en bois.

Après la mort de Gaston, le 2 février 1660, Chambord

avait fait retour à la couronne et, au commencement du mois de juillet, Louis XIV, revenant des Pyrénées, après son mariage, le visita pour la première fois et s'y arrêta un jour.

En 1666, le roi érigea le village et le territoire de Chambord en commune et y fit bâtir l'église actuelle sous l'invocation de saint Louis, son patron. Pour former la dotation de cette nouvelle paroisse, on réunit à la cure l'ancien prieuré de Montfrault. Depuis lors, le prieuré de Notre-Dame ne fut plus desservi dans la chapelle du château de Chambord, mais dans l'église paroissiale, à la chapelle de la Sainte-Vierge. L'église avait le titre d'*église royale*, et le prieur de Notre-Dame avait, en conséquence, le titre d'*aumônier du Roi*.

Louis XIV créa, dans le même temps, à Chambord, une prévôté royale qui était appelée la première aux assises du bailliage de Blois. C'est, au surplus, une singulière commune que celle de Chambord, car aucune maison ni aucune parcelle du territoire n'appartiennent aux habitants, et le roi absolu fut certainement généreux en leur octroyant des libertés municipales.

Chambord fut plusieurs fois le théâtre des fêtes somptueuses qui accompagnaient la brillante cour de Louis XIV pendant son séjour dans les châteaux royaux. Une lettre en prose et en vers, adressée par Pélisson à mademoiselle de Scudéry, contient une relation de celle qui eut lieu en 1668. Cette relation, peu intéressante, nous montre seulement que le style *précieux* n'était pas encore tombé devant les sarcasmes de Molière ; elle témoigne aussi de l'admiration ridicule des courtisans pour les moindres actions du roi, prince trop grand pour avoir besoin d'être ainsi l'objet des insipides flatteries qui ne cessèrent de l'entourer pendant toute la durée de son règne. Voici les premières lignes de la lettre de Pélisson :

« Je suis persuadé, Mademoiselle, qu'on vous a écrit
» qu'il n'y a point de maison royale qui soit d'un dessin

» plus noble et plus magnifique que Chambord. Le parc
» et la forêt qui l'environnent sont remplis de vieux
» chênes, droits et touffus, qui ont été consultés autre-
» fois. Si les anciens arbres n'avoient été condamnés
» par un jugement équitable à un éternel silence ; si
» l'obscurité de leurs oracles et l'indiscrétion avec la-
» quelle ils trahissoient les secrets des amants, n'avoient
» obligé les dieux à les réduire à servir seulement pour
» l'ombrage et la fraîcheur, il y a sans doute beaucoup
» d'apparence que ceux de Chambord parleroient plus
» clairement que de coutume, et qu'ils décideroient en
» faveur de ce qu'ils voient aujourd'hui, quoiqu'ils
» ayent eu l'honneur d'aider aux plaisirs de François Ier,
» dont la grandeur et la magnificence n'ont pu être
» surpassées que depuis quelques années. Le temps a
» été admirable, contre l'ordre des saisons (14 octobre)
» depuis que le roi est parti de Saint-Germain, etc. »

Ce fut pendant le séjour de la cour, en 1669, que la troupe de Molière représenta, pour la première fois, la comédie de *Pourceaugnac*.

Le Bourgeois-Gentilhomme fut également joué, pour la première fois, à Chambord, le 14 d'octobre 1670. « Le
» roi, dit le chevalier d'Arvieux, ayant voulu faire un
» voyage à Chambord pour y prendre le divertissement
» de la chasse, voulut donner à sa cour celui d'un bal-
» let, et comme l'idée des Turcs qu'on venoit de voir à
» Paris étoit encore toute récente, il crut qu'il seroit
» bon de les faire paroître sur la scène. Sa Majesté m'or-
» donna de me joindre à MM. de Molière et de Lulli,
» pour composer une pièce de théâtre où l'on pût faire
» entrer quelque chose des habillements et des ma-
» nières des Turcs. Je me rendis, pour cet effet, au vil-
» lage d'Auteüil, où M. de Molière avoit une maison
» fort jolie. Ce fut là que nous travaillâmes à cette
» pièce que l'on voit dans les Œuvres de Molière, sous
» le titre du *Bourgeois-Gentilhomme*, qui se fit Turc
» pour épouser la fille du Grand-Seigneur. Je fus chargé

» de tout ce qui regardoit les habillements et les ma-
» nières des Turcs. La pièce achevée, on la présenta
» au Roi qui l'agréa, et je demeurai huit jours chez
» Baraillon, maître tailleur, pour faire les habits et les
» turbans à la turque. »

On raconta alors une anecdote assez piquante au sujet de la première représentation. Le roi, qui craignait de se laisser séduire par le jeu des acteurs, parut écouter la pièce avec beaucoup de froideur, et attendit une seconde épreuve pour dire son sentiment. Molière était désolé, les courtisans répétaient à l'envi qu'il baissait et que sa veine était épuisée ; mais, en sortant de la seconde représentation, qui eut lieu cinq ou six jours après, le roi, expliquant la cause de son apparente froideur, fit publiquement ses compliments à Molière, qui ne savait comment se dérober aux félicitations dont il était accablé par toute la cour.

Louis XIV vint pour la dernière fois à Chambord, en 1684. Madame de Maintenon commençait à être en grande faveur ; elle avait une place dans la voiture du roi, tandis que madame de Montespan était dans une voiture de suite avec ses enfants. Ce voyage n'eut de remarquable que la mauvaise humeur des deux rivales qui le rendit fort ennuyeux.

Lorsqu'en 1712, après les succès du prince Eugène, la cour délibéra si elle quitterait Versailles pour se retirer derrière le rempart de la Loire, Chambord fut choisi comme le lieu le plus sûr et le plus central. Villars et la victoire de Denain rendirent ce projet inutile.

Louis XIV fit exécuter à Chambord, sous la direction de Mansard, divers travaux qui ne furent pas achevés. De deux vastes ailes qui devaient être placées en avant-corps de la façade de la place d'armes, pour les écuries et les communs, et qui auraient formé une première cour, terminée par une grille, une seule fut mise en construction ; sur ses fondations ont été plus tard construites les casernes du maréchal de Saxe. La principale porte de la cour du château est aussi l'œuvre de Mansard. Le changement de style n'était pas de bon goût. Ce fut encore lui qui couvrit les terrasses par des toits, pour lesquels il fit, dit-on, le premier essai de la forme que l'on a appelée depuis, *en mansarde*. On voit dans les comptes de l'administration de Colbert que les dépenses pour les travaux exécutés à Chambord, depuis 1661 jusqu'à 1710, s'élevèrent à un million 225,701 livres.

Le château était abandonné depuis longtemps, lorsqu'en 1725 il devint l'asile du malheureux roi de Pologne, Stanislas Leczinski. Le roi et la reine de Pologne y passèrent huit années dans la pratique de toutes les vertus. La paroisse de Chambord conserve dans ses archives des souvenirs touchants de la bonhomie de Stanislas. Dans un grand nombre d'actes de naissance, on le voit figurer comme parrain, et les gens du village perpétuent la tradition des visites paternelles que le bon roi faisait dans les chaumières de leurs aïeux, de l'intérêt qu'il prenait à leurs travaux et à leurs fêtes, et du plaisir qu'il avait à juger leurs différends.

La reine affectionnait beaucoup la petite chapelle située près des appartements de François Ier, et qui en a retenu le nom d'*Oratoire de la reine de Pologne*.

Stanislas planta le parterre dont on aperçoit à peine les traces. Il fit aussi combler les fossés, et cette mesure, prise par un motif de salubrité, a fait perdre beaucoup de son effet à la façade du château, et détruit la légèreté des bâtiments en les enterrant de plusieurs mètres.

Chambord, après le départ du roi de Pologne, en 1735, fut encore abandonné jusqu'au moment où il devint l'apanage du vainqueur de Fontenoy, vers la fin de l'année 1748. Le séjour de Chambord fut très brillant pendant les deux années que le maréchal jouit de sa dotation. Il y menait une vie toute militaire, faisait manœuvrer tous les jours ses deux régiments de hulans que le roi, par une galanterie particulière, y avait envoyés tenir garnison. Il avait établi dans le parc un haras, dont les chevaux vivaient en toute liberté.

Le maréchal avait fait arranger en salle de spectacle celle des grandes salles du donjon qui, au deuxième étage, regarde le côté de l'ouest. C'est là que Favart et sa troupe, qui avaient déjà suivi le maréchal pendant la guerre, donnaient des représentations auxquelles on arrivait de tous les lieux environnants, de Blois, de Baugency et même d'Orléans. Madame de Pompadour alla passer quelques jours à sa terre de Menars, située de l'autre côté de la Loire, pour venir de là assister à une de ces représentations.

Les excès de tout genre que fit à Chambord le maréchal, déjà malade lorsqu'il y arriva, le conduisirent promptement au tombeau. Louis XV lui fit rendre des honneurs sans exemple jusqu'alors, et son corps, après avoir été embaumé, fut transporté à Strasbourg, où le roi lui fit élever le magnifique monument qui passe pour le chef-d'œuvre de Pigalle.

On raconte encore dans le pays un grand nombre d'anecdotes, plus ou moins authentiques, sur le séjour du maréchal de Saxe; on peut en lire plusieurs dans l'ouvrage de M. Merle, page 74 et suivantes. En voici une, négligée par cet auteur:

Le maréchal, qui tenait à Chambord un état tout-à-fait royal, désirait beaucoup user d'une prérogative réservée ordinairement à la couronne, c'était d'avoir une sentinelle dans l'intérieur de ses appartements; il imagina de faire écrire sur la porte placée entre la salle à manger et le salon: *Caisse militaire*, et sous prétexte de garder la prétendue caisse, il fit poser la sentinelle tant désirée.

Après la mort du maréchal, Chambord resta encore quelque temps la propriété du comte de Friesen, son neveu, après quoi il fit retour à la couronne.

Aucun fait important n'est relatif à Chambord jusqu'à notre grande révolution.

Sur la demande de l'assemblée nationale, la municipalité de Blois nomma, le 3 mai 1790, une commission chargée de rédiger un mémoire détaillé sur Chambord, dans le but d'éclairer le gouvernement sur le meilleur parti que l'on pourrait tirer de cette maison royale et de ses dépendances, *si l'assemblée n'en ordonnait pas la destruction.*

Une société de quakers anglais proposa, en 1791, d'acquérir ce domaine pour y établir des manufactures. Le 24 février 1793, le conseil de la commune de Blois mettait en délibération cette proposition, ainsi qu'une autre faite par une compagnie de Blésois, qui demandaient que Chambord fût mis en adjudication. La guerre et les embarras financiers qui survinrent empêchèrent de poursuivre ces différents projets.

Le district de Blois ordonna la vente du riche mobilier de Chambord, qui fut livré aux fripiers accourus de tous les coins de la province. Les merveilles des arts, que dix règnes avaient accumulées, furent dispersées en peu de jours; on arrachait jusqu'aux lambris qui garnissaient les murailles, jusqu'aux parquets des appartements, jusqu'aux volets des fenêtres, jusqu'aux chambranles des cheminées..... Les portes de l'intérieur, si riches d'ornements, étaient jetées dans le brasier allumé dans la salle d'adjudication, avec les cadres des tableaux, et ceux-ci étaient souvent déchirés avant d'être vendus. Les chambranles des cheminées, aujourd'hui réparés, avaient été fendus par la violence du feu qui éclaira cette scène de vandales. Le *seul* meuble qui soit resté est un souvenir de mort : c'est la table de pierre de liais sur laquelle fut embaumé le corps du maréchal de Saxe.

Plusieurs mois après cette dévastation, il vint un membre du directoire du département pour faire disparaître *toutes les fleurs-de-lys et les insignes de la royauté qui se trouvaient dans les ornements du château.* C'était presque ordonner une démolition. Aussi ne fut-il pas difficile à M. Marie, architecte de Chambord, de présenter un devis de plus de cent mille francs pour cette opération. Cette heureuse idée évita un nouvel acte de vandalisme.

En 1797, au retour de Bonaparte à Paris, après les conférences de Radstadt, les corps législatifs voulurent donner au vainqueur de l'Italie, au négociateur du traité de Campo-Formio, une récompense nationale. Il fut question d'un hôtel à Paris avec la terre de Chambord ; mais le directoire, que les succès de Bonaparte avaient rendu très ombrageux, s'y opposa, sous prétexte que les services du général en chef n'étaient pas de ceux que l'on peut payer avec des richesses, et ils les remplacèrent par des honneurs, dans la fameuse cérémonie de la ratification du traité de Campo-Formio qui eut lieu dans la galerie du Luxembourg.

Chambord resta en vente et heureusement il ne trouva pas d'acheteurs.

Napoléon, dont le génie se sentait la force de continuer toutes les gloires de la nation française, le sauva, en le mettant sous la protection de la Légion-d'Honneur; c'est ainsi qu'il arracha alors à leur ruine, par ce glorieux patronage, un grand nombre d'édifices remarquables de la vieille France. Chambord fut désigné comme chef-lieu de la 15ᵉ cohorte de la légion commandée par le général Augereau. Le général y vint peu de temps après, ordonna quelques réparations urgentes et fit assainir le lit du Cosson. Plus tard, on conçut le projet d'établir à Chambord la maison d'éducation, décrétée après la bataille d'Austerlitz, pour les orphelines de la Légion-d'Honneur ; mais ce projet fut abandonné à cause des grandes dépenses qu'il eût entraînées.

Le même motif empêcha l'empereur d'y fixer la résidence des princes d'Espagne ; mais il ne vint point visiter lui-même le château, comme le dit M. Merle ; il y envoya son architecte, Fontaine, qui porta le devis d'ameublement et de réparations à neuf millions. Enfin Chambord fut détaché de la dotation de la Légion-d'Honneur, le 28 février 1809, et réuni au domaine de la couronne.

M. Merle suppose, avec beaucoup de vraisemblance, que Napoléon, en donnant, peu de temps après, le domaine de Chambord au prince de Wagram, avait encore plus en vue de récompenser l'habile négociateur de son mariage avec la *fille des Césars*, que les services militaires de son chef d'état-major. Dans son enthousiasme pour la réussite d'un projet dont les conséquences semblaient alors devoir être immenses, l'empereur joignit à ce don 500,000 fr. de rente sur le produit de la navigation du Rhin. Une des conditions de la dotation, l'emploi de tous les revenus à la restauration du château, ne fut pas exécutée.

Le prince de Wagram n'y passa que deux jours, en 1809, et Chambord, malgré les nobles intentions de Napoléon, resta abandonné jusqu'en 1814. A l'époque de la retraite du gouvernement impérial à Blois, la cour avait le projet de se réfugier de l'autre côté de la Loire, et de faire couper les ponts d'Orléans, de Baugency et de Blois. On envoya à l'avance une partie des équipages à Chambord ; la voiture du sacre était dans la cour du donjon. La princesse de Wagram vint s'établir pendant quelques jours au château.

Après la restauration, et lorsque la princesse perdit la dotation sur la navigation du Rhin, elle chercha à tirer le parti le plus avantageux du domaine de Chambord : elle avança les coupes de bois, défricha des taillis, et finit par louer, pour deux ans, le château et le droit de chasse, à raison de 4,000 fr. par an, à un riche Anglais, à mœurs grossières, qui fit souvent retentir les voûtes de Chambord du bruit de ses orgies.

Enfin, la princesse de Wagram, s'apercevant que la possession de Chambord, sans la dotation des 500,000 fr. était trop onéreuse, obtint l'autorisation de vendre ce domaine, non sans de grandes difficultés, car la condition la plus expresse de la dotation : *de rendre au château son ancienne splendeur*, n'avait pas été remplie, et le cas de retour à la couronne avait été prévu par le décret. L'autorisation fut cependant accordée, malgré des avis qui conciliaient tout ; c'était que l'Etat reprît Chambord, à la charge de créer une inscription produisant un revenu égal à celui du domaine. Le 11 août 1819, Louis XVIII, craignant de fournir des armes aux partis, en permit l'aliénation. Il fut mis en vente en 1820, et déjà la *bande noire*, qui avait flairé le monument, commençait à s'abattre sur les plombs, quand une inspiration vraiment française sauva Chambord. Le comte Adrien de Calonne proposa une souscription à toutes les communes de la France, pour le racheter et l'offrir au duc de Bordeaux. Une commission s'était organisée, pour réunir les offrandes, et le 5 mars 1821, le domaine fut adjugé, au prix de 1 million 542,000 fr., à l'auteur du projet, représentant la commission, *pour en être fait hommage*, porte l'acte de vente, *au nom de la France, à S. A. R. Mgr. le duc de Bordeaux, au profit duquel le domaine est en conséquence acheté dès à présent.*

Cette souscription a été jugée diversement : le gouvernement d'alors fut accusé de l'avoir fait ouvrir par un ordre ministériel, et de l'avoir imposée à tous les fonctionnaires publics. Cependant le ministère, loin d'être favorable à la souscription, s'exprimait ainsi, en annonçant l'intention formelle de ne laisser exercer aucune intervention de la part du gouvernement : « Des » dons, qui ne sont acceptables que parce qu'ils sont » spontanés, paraîtraient peut-être commandés par des » considérations qui doivent être étrangères à des sen- » timents dont l'expression n'aura plus de mérite si » elle n'est entièrement libre. » (Rapport au roi, par M. le comte Siméon, ministre de l'intérieur, Paris, 20 décembre 1820.)

Mettant de côté les sentiments politiques, nous demanderons si tout homme, ami de l'art et de l'histoire, ne doit pas rendre grâce à l'heureuse inspiration qui nous a valu la conservation de l'un des édifices les plus remarquables de la renaissance et les plus historiques de France? Il n'est personne qui ne s'apitoie sur la ruine des monuments de la Grèce et de Rome; il n'est si mince voyageur qui n'ait trouvé des paroles éloquentes contre les dégradations de lord Elgin et les boulets des Turcs empreints aux murs du Parthénon ; mais l'on voit sans sourciller, que disons-nous? avec une secrète joie, peut-être, tomber nos monuments, à nous, non sous le canon de nos ennemis, mais par la main de nos révolutionnaires, ou sous le marteau d'un obscur spéculateur. *Assassins!* disait un Anglais, à qui l'on reprochait d'emporter les bas-reliefs de Jumièges, *vous vous plaignez des voleurs!....* Ne faut-il pas déplorer l'aveuglement causé par les passions politiques, quand un homme, dont l'esprit et le style sont justement vantés, laisse tomber de sa plume cette phrase de vandale : « Je fais des vœux pour la bande noire, qui, selon moi, » vaut bien la bande blanche, servant mieux l'Etat et le roi. » Je prie Dieu qu'elle achète Chambord. (Courrier). »

La commission de Chambord avait eu le projet de restaurer le château avant de le remettre au duc de Bordeaux, mais l'insuffisance des revenus la força d'y renoncer. Le conseil général de Loir-et-Cher s'était associé à l'idée de la commission en demandant, en 1821, que les deux forêts de Boulogne et de Russy, dépendant jadis de l'apanage de Blois, fussent réunies à Chambord, pour que le revenu du domaine répondît à l'importance du château et permît de le rétablir entièrement ; mais la chambre de 1825 passa à l'ordre du jour sur cette demande.

Charles X, craignant de paraître intervenir dans la question de Chambord, eut beaucoup de peine, en 1828, à permettre à Mme la duchesse de Berry de s'arrêter au château pendant le voyage qu'elle allait faire dans la Vendée. Elle y fut reçue, le 18 juin, par sept ou huit mille personnes, venues de tous les côtés du Blésois, qui voyaient avec joie, dans cette visite, l'assurance que le château ne serait pas détruit, et que le domaine serait accepté par le roi au nom de son petit-fils. La duchesse de Berry apprécia parfaitement tous les genres d'intérêt qui se rattachent au monument, et prit plaisir à consigner le souvenir de sa venue de la même façon que les nombreux visiteurs qui l'avaient précédée, en inscrivant son nom, avec la pointe d'un couteau, sous la coupole du grand escalier.

Cette inscription, dont l'intérêt augmentera de plus en plus à mesure que la date s'éloignera de nous, a été cachée sous une couche de mortier, pour la dérober, à la fois, aux outrages du fanatisme politique, et à ceux du fanatisme, plus dangereux peut-être, des touristes. Les uns auraient lacéré la pierre qui la supporte, les autres l'auraient enlevée.

M. Touchard-Lafosse, auteur d'un grand nombre de compilations, a parlé fort dédaigneusement de l'action si naïve et si naturelle de Mme la duchesse de Berri. « Cette princesse savait, dit-il, à l'occasion, compren- » dre la grandeur ; mieux conseillée ce jour-là, elle se » fût dispensée de consacrer ainsi sa venue dans le châ- » teau des rois, ses aïeux, à la manière d'une grisette » visitant le donjon de Vincennes. »

Nous renvoyons les lecteurs de M. Touchard-Lafosse à l'ouvrage de Letronne sur les inscriptions gravées par les différents voyageurs qui, depuis la plus haute antiquité, consignèrent de la même manière le souvenir de leur visite au célèbre colosse de Memnon, et au nombre desquels figure l'empereur Hadrien. Pour faire valoir encore l'intérêt qui s'attache à cette sorte d'album mural, nous citerons aussi les inscriptions recueillies sur les murailles et les lambris de l'ancien château de Blois.

Mme la duchesse de Berry posa ensuite la première

pierre de la restauration de Chambord, sur la terrasse de l'Oratoire. Les événements politiques qui se préparaient devaient encore détruire ce projet ; M. Pinault, alors architecte du château, l'avait très bien compris, en s'appliquant surtout à reproduire l'effet du magnifique développement de la façade du midi, masquée par les bâtiments qui ferment les cours.

La restauration des monuments qui appartiennent à des temps éloignés de nous, doit être faite avec le respect le plus religieux pour les idées et les formes d'architecture en usage alors. Il n'y a pas deux partis à prendre : un seul doit être suivi et il peut être formulé en peu de mots : réparer et consolider les anciennes portions de l'édifice qui menacent ruine ; restituer celles qui ont disparu par l'effet du temps ou la main des hommes ; abattre les constructions modernes ajoutées au plan primitif.

Pour rendre au château de Chambord sa physionomie originale, il n'y a pas de très grands travaux à faire. Il suffit de rétablir les fossés d'enceinte, avec leur décoration architecturale, d'abattre les mansardes, les lucarnes et la porte principale de la cour, adjonctions si malheureuses de Louis XIV, et de remplacer les mansardes par des terrasses. Les dessins et les plans du vieux Du Cerceau, contemporain de Chambord, suffisent pour donner une idée exacte de ce qu'il faut restituer et de ce qu'il faut détruire. Ces principes sont, du reste, heureusement suivis dans les travaux extérieurs qui s'exécutent maintenant.

Le 7 février 1830, la commission de Chambord fit solennellement la remise du domaine à Charles X, qui l'accepta au nom de son petit-fils ; ce fut chez le duc de Bordeaux que le 19 mai de la même année, furent reçus les princes de Sicile et la duchesse de Berry, revenue avec eux de Chambord. La demeure royale est retombée depuis dans cette solitude profonde qui ajoute encore à la tristesse naturelle du site.

Pendant cette visite, qui devait être un adieu, Mme la duchesse de Berry dit à M. de Calonne, nommé par le roi conservateur de Chambord : « Monsieur, il ne faut
» pas distraire un denier du revenu de la propriété; tout
» doit y être dépensé en améliorations et pour le bien du
» pays. » Ce vœu a été religieusement accompli.

Par les soins de M. Bourcier, régisseur du domaine, la totalité des maisons du village a été reconstruite ; la presque totalité des toits et des charpentes du château a été renouvelée ; les mansardes de l'aile de l'ouest ont été abattues, toutes les lucarnes des combles sont garnies de volets, deux chapelles et une tour surmontée d'un campanille, ont été ajoutées à l'église, qui a été reconstruite presque entièrement ; deux écoles gratuites ont été établies ; près de 3,000 hectares de terre, où ne croissaient que des genêts et des bruyères, ont été plantés en glands, châtaignes, bouleaux et sapins de différentes espèces, plus de 15 lieues (60 kilomètres) de routes et allées plantées d'arbres ont été exécutées ; on a creusé tous les ans, de 25 à 30,000 mètres de fossés d'assainissement et de clôture ; le Cosson, qui parcourt le domaine dans une étendue de trois lieues, a été curé à fond ; la Sologne s'arrête maintenant aux murs du parc.

Aujourd'hui une somme de 70 à 80 mille francs assure, chaque année, le travail de deux à trois cents familles d'artisans, et répand l'aisance parmi elles. La population de la commune, dont le bien-être moral et matériel va s'améliorant sans cesse, a presque doublé depuis que Chambord est devenu la propriété du duc de Bordeaux. On ne pouvait user plus dignement du don généreux de la France.

Le chef de la maison de Bourbon, en prenant le titre de comte de Chambord, a terminé noblement la série des illustrations historiques de notre château ; c'est un touchant souvenir du prince, d'avoir choisi dans l'exil le nom qui lui rappelle à la fois un dernier hommage fait par la France, et un dernier coin de terre sur le sol français!

Les travaux de consolidation du château sont maintenant très avancés, et on a commencé de donner suite au projet de restauration soumis en 1830 à Mme la duchesse de Berry, et nous ne pouvons qu'applaudir à tout ce qui a déjà été exécuté. En présence du progrès immense qui s'est fait dans les travaux de restauration de nos anciens monuments nationaux, et dont le château de Blois nous offre un des plus brillants modèles, nous devons donc compter sur la restitution la plus complète et la plus intelligente des portions détruites ou altérées du château de Chambord. Nous verrons reparaître les fossés d'eau vive et leurs doubles rangs de balustres; nous retrouvons déjà les terrasses de la cour sous les mansardes abattues; le magnifique aspect du donjon, de sa coupole, de ses galeries et de leurs escaliers à jour se présente de nouveau à la vue, et sans obstacle, dans toute sa splendeur.

La révolution de juillet a laissé à Chambord quelques traces de son passage. La panique de février 1831 ayant fait entreprendre une croisade contre les fleurs de-lys, l'administration départementale fut obligée d'ordonner la démolition de la grande fleur-de-lis de l'escalier (assez malheureusement restaurée depuis), et comme il était permis de se méfier des connaissances historiques des briseurs d'insignes royaux, on fut obligé également de faire disparaître les H couronnés de Henri II, dans la crainte qu'ils ne fussent attribués à Henri V.

Mais il y eut une attaque plus sérieuse contre le domaine de Chambord. Le gouvernement de juillet s'autorisant du titre d'*apanage* donné à ce domaine dans divers documents, quoiqu'il ne fût ni énoncé dans le procès-verbal de remise ni dans l'acte d'acceptation de Charles X, le fit mettre sous le sequestre et en prit possession, au nom de l'État, le 5 décembre 1832.

Après un mémorable procès qui ne dura pas moins

de 20 ans, et dont toutes les phases sont racontées dans l'Histoire de Chambord, par M. de la Saussaye, la possession du domaine semble aujourd'hui définitivement acquise au duc de Bordeaux.

Beauregard. — Une tradition locale attribue la première fondation de ce château au roi François Iᵉʳ. A défaut de preuves, on peut conjecturer que ce monarque fit l'acquisition de cette résidence, alors peu importante, d'un sieur Doulcet, qui en était encore propriétaire en 1500. En 1525, la seigneurie de Beauregard était possédée par Anne de Lascaris, comtesse de Tende et Villars, femme de René, bâtard de Savoie, et oncle de François Iᵉʳ. Cette circonstance porte à penser que la possession de cette dame pouvait avoir pour origine un acte de haute libéralité royale.

Après avoir appartenu successivement à deux secrétaires d'État, Jean Duthier et Florimond Robertet, Beauregard fut vendu, en 1617, par Philippe d'Angenne, second mari de Jeanne d'Haluin, veuve de Florimond Robertet, à messire Paul Ardier, sous-secrétaire d'État sous Louis XIII, qui le transmit à son fils, le président Ardier. La famille de ce dernier le posséda, par les femmes, jusqu'en 1816, époque où Aglaée-Henriette de Gaucourt, vicomtesse de Jumilhac, en fit la vente au général vicomte de Préval. Celui-ci le revendit, le 29 novembre 1830, à madame la comtesse de Sainte-Aldegonde, veuve en premières noces du maréchal Augereau. Cette dame posséda le domaine jusqu'en 1849. Ce fut elle qui fit bâtir la chapelle actuelle; l'ancienne avait été démolie par le comte de Gaucourt, descendant du célèbre défenseur d'Orléans, au siége mémorable de 1429. On voulait alors moderniser les vieux manoirs dont les beautés ne frappaient plus la vue. Ainsi furent perdues les fresques de Nicolo dell' Abbatte, qui décoraient la chapelle. J'ai vu longtemps chez le curé de la paroisse dont dépend le château, Cellettes, un magnifique bas-relief de marbre blanc venant de la chapelle de Beauregard et représentant le passage de la Mer Rouge ; très bel ouvrage de la Renaissance, traité dans un tout autre sentiment que l'antique, et où, par le fouillé du marbre, on avait atteint des effets de perspective extraordinaires.

Le château de Beauregard appartient aujourd'hui à M. de Chollet. Il est situé à 8 kilomètres de Blois, sur le bord de la forêt de Russy, presque à la cime des collines qui dominent la jolie vallée du Beuvron, situation d'où lui vient son nom bien mérité de Beauregard.

Bien que par elle-même la terre de Beauregard ne soit pas importante, son château et son parc de soixante hectares en font une des plus agréables et des plus somptueuses résidences du Blésois.

Quelques-unes de ses parties portent encore le caractère du XVIe siècle ; mais, en général, il appartient au XVIIe, ayant été réédifié presque entièrement alors par MM. Ardier père et fils.

On remarque dans l'ancien corps de logis élevé sur des arcades à jour, la galerie du premier étage, contenant trois cent quarante-six portraits, d'une exécution très médiocre, formant la collection des souverains, reines, hommes et femmes célèbres, qui ont illustré tant notre pays que le reste de l'Europe pendant quinze règnes consécutifs. A la suite, un autre appartement contient soixante quatorze portraits, formant la collection du règne de Louis XIV. Le carreau émaillé de la galerie est extrêmement curieux ; il représente une armée rangée en bataille avec son général et ses officiers.

Bury. — Dans cette jolie vallée de la Cisse, si fraîche et si verdoyante, presque au sortir de la forêt de Blois, s'élèvent, près d'un hameau, les ruines du vieux château de Bury, qui, dans son état de dégradation, frappe encore par sa grandeur. On sait peu de chose de son histoire.

A la place qu'occupent les ruines, existait, vers le milieu du XIIe siècle, une forteresse féodale. Dévastée à cette époque par Sulpice II, seigneur de Chaumont et d'Amboise, elle paraîtrait avoir été complètement détruite durant les longues guerres

qui troublèrent les règnes de Charles VI et de Charles VII. Il n'en reste aucune trace, et l'histoire se tait sur son compte jusqu'en 1515, époque où Florimond Robertet, dit le Grand, ministre et secrétaire d'Etat de François Ier, fit l'acquisition de la châtellenie de Bury. Ce fut lui qui fit bâtir le château dont les ruines existent de nos jours. Du Cerceau en donne la description dans le second volume de ses plus *Excellents bastiments de France.* « Ce bastiment, dit-il, est eslevé et de grand
» moustre. » Notre vignette le représente d'après le dessin de ce célèbre architecte.

La châtellenie de Bury fut érigée en baronnie par lettres-patentes du mois d'avril 1566, en faveur de Claude Robertet, fils de Florimond. A l'extinction de la famille Robertet, dans les premières années du XVIIe siècle, Bury devint la propriété des Neuville de Villeroy. En 1633, Charles de Villeroy d'Alincourt l'échangea pour une rente avec Charles, marquis de Rostaing. Il était alors comté et baronnie. Dans le mois de février 1642, le marquis de Rostaing, devenu propriétaire du comté d'Onzain, obtint de Gaston, duc d'Orléans, comte de Blois, et de Louis XIII, des lettres-patentes qui ordonnèrent la réunion des comtés d'Onzain et de Bury, sous le nom de comté de Rostaing. Cette réunion devint la cause de la ruine de Bury. Ses possesseurs l'abandonnèrent, attirés à Onzain par le charme de sa situation dans le magnifique vallon de la Loire, séduits par la beauté de ses eaux et de ses promenades nombreuses, engagés surtout par l'importance des propriétés qui en dépendaient. Ainsi délaissée par ses maîtres, la superbe résidence des Robertet ne tarda pas à déchoir. Bientôt la main des hommes vint contribuer à sa ruine : on trouva son entretien trop coûteux, et, pour réparer Onzain, on lui enleva ses charpentes, ses planchers, ses meilleures pierres de taille ; enfin, du consentement des propriétaires, il devint, pour les habitants du village, une véritable carrière.

Tous ces détails sont tirés d'une excellente notice sur

le château de Bury, due à la plume élégante du possesseur de l'hôtel des Robertet à Blois, M. Naudin.

« L'on voyoit, dit Bernier, tant de raretez, dans ce châ-
» teau, du temps de son fondateur, que l'admiration
» ayant premièrement fait ajouter quelque chose à la
» vérité, les paysans des environs, et leur postérité en-
» suite, en parlèrent d'une manière toute fabuleuse. »
Nous avons déjà rappelé, à l'article de Chambord, la *chasse du comte Thibault* et sa halte aux ruines de Bury. Une autre légende populaire se rattache à ces ruines : c'est celle d'une *dame blanche* qui les habite et apparaît de temps à autre sur le sommet de leurs tours démantelées.

La dame blanche de Bury nous expliquera-t-elle le mystère qui cache la destinée d'une statue du célèbre Michel-Ange, trésor inestimable renfermé autrefois dans les murs du château ? Il s'y rattache une histoire curieuse, et il m'est impossible de n'en pas dire ici deux mots que j'extrairai du travail si intéressant, publié à ce sujet par M. de Reiset, dans l'Athenæum de 1853.

En 1501, Pierre de Rohan, maréchal de Gié, l'un des plus grands personnages de la cour de France, avait témoigné à la république de Florence le désir de posséder un David de bronze, pareil à celui de Donatello qui décorait alors la cour du palais et se voit aujourd'hui au musée des *Uffizi*. Il offrait même de payer la dépense ; mais nous croyons volontiers, avec M. de Reiset, que c'était pour la forme. La Seigneurie ne demandait pas mieux que de satisfaire un homme aussi puissant à la cour de France, et se rejetait sur la difficulté de trouver un artiste capable, assertion sans doute exagérée et qui prouvait une médiocre confiance dans les offres du maréchal.

Cependant, pressée sans doute par une nouvelle demande, elle se décida et choisit tout simplement Michel-Ange ; la délibération du sénat florentin est du 12 août 1502. Le célèbre artiste s'engagea à exécuter la statue dans l'espace de six mois. De tout temps les peintres et les sculpteurs ont promis beaucoup et peu tenu ; en 1504, la statue n'était pas terminée, malgré toutes les instances faites par les ambassadeurs de la république de Florence, près le roi Louis XII, au nom du maréchal. Mais bientôt le maréchal, en perdant son crédit à la cour, perdit aussi sa statue.

Le successeur de Pierre de Rohan, dans les faveurs du roi, Florimond Robertet, eut l'idée assez naturelle d'hériter de la statue, comme il avait hérité du crédit du maréchal.

Le 27 septembre 1505, l'ambassadeur Francesco Pandolfini, écrivait à la Seigneurie, au sujet de certains payements que la France réclamait de la république de Florence. Il avait essayé, disait-il, de s'adresser directement au roi ; mais le roi ne veut pas se mêler d'affaires et se laisse gouverner par quelques-uns de ceux qui l'entourent, car après avoir d'abord montré beaucoup de douceur, il a fini par déclarer, en présence de beaucoup de monde, qu'il faudrait, de toute façon, que les Florentins payassent l'argent qu'ils devaient. L'ambassadeur sachant que le trésorier Robertet était un de ceux dont l'influence avait le plus agi sur l'esprit du roi, dans cette affaire, se *mit d'accord* avec un homme appartenant audit Robertet et possédant toute sa confiance. Dans la réponse de Robertet, transmise par son affidé, le trésorier s'emportait, menaçait beaucoup la république, l'accusait d'être de mauvaise paye et de peu de reconnaissance. « Elle a fait faire, disait-» il, pour le maréchal de Gié un David, et quand elle l'a » vu tombé en disgrâce, elle ne le lui a pas envoyé. » Elle ne soutient ses amis que dans la fortune, ne sait pas donner de l'argent quand cela est nécessaire, et ignore que mille ducats dépensés à propos valent mieux à la cour que toutes les brigues du monde. Le mal qui arrive à la république vient de la lésinerie *(strecteza)* du gonfalonier...... *Cum molte altre parole simili....* Le confident terminait, en disant que si l'on donnait 4 à 500 écus, par an, au trésorier, on en tirerait un fruit merveilleux : *Tanto fructo che maraviglieresti!*

La Seigneurie de Florence donna sans doute l'argent et promit la statue, car on voit, depuis, les ambassadeurs florentins et Robertet dans les meilleurs termes. Les papiers rapportés de Venise, par M. Paul de Musset, nous ont appris que Robertet recevait ainsi des cadeaux, en argent et en nature, du riche époux de la mer Adriatique.

En 1508, le bronze était coulé, mais non réparé. Malheureusement le grand artiste florentin était entre les mains de Jules II, qui ne voulait pas s'en dessaisir; force fut donc, pour répondre aux instances de Robertet, de faire faire la *réparure* par un autre. La correspondance des ambassadeurs et de Robertet devient alors pleine de sentiments de reconnaissance *réciproques*. On y voit que, pour la forme, comme le maréchal de Gié, Robertet avait offert de payer la statue, « mais dans » un moment d'expansion et de satisfaction commune, » il crut pouvoir la demander aux Florentins en pur » don. Robertet la destinait à orner la cour de son » hôtel de Blois qu'il venait de reconstruire à neuf. » Elle serait posée, disait-il, sur une colonne de » marbre aux armes de la république florentine. »

La Seigneurie ne comprenait pas, ou ne voulait pas comprendre à demi-mot, et n'avait pas pensé à fournir la colonne avec la statue. Quand la colonne lui fut réclamée par son ambassadeur, qui touchait peut-être de Robertet quelque remise sur un marché aussi avantageux, le gonfalonier Soderini se fâcha, en offrant néanmoins, si Robertet pouvait obtenir du marquis de Massa deux ou trois blocs de marbre, de les faire conduire à Livourne d'où ils iraient facilement à Marseille et, de là, à Blois par Lyon. Il s'étonne, à bon droit, que Robertet ne soit pas satisfait de posséder une statue que l'on peut regarder comme un cadeau vraiment royal *(che è una cosa regia)*. La statue du pape, à Bologne, dit-il, lui a coûté 31,000 ducats, et elle ne vaut pas le David. Robertet n'insista pas.

Enfin, le 6 novembre, la statue était en route pour Livourne : *Il Davit, nel nome di Dio, in questa mattina è incassato e andato al porto*, écrivait le gonfalonier. Elle pesait 7 à 800 livres, et avait un peu plus de 4 pieds de haut.

« Le Trésorier, par suite du refus de Soderini, re-
» nonça-t-il, dit M. de Reiset, à la placer au milieu de
» cette cour de l'hôtel d'Alluye, sur une colonne armo-
» riée à l'écusson de la république florentine, comme
» c'était son intention? Nous n'en savons rien ; mais il
» n'est pas douteux que ce bronze ne soit venu entre ses
» mains.

» Malheureusement c'est un bronze, et si nous ne pou-
» vons comprendre qu'un marbre plus grand que nature,
» envoyé en France vers la même époque, ait disparu
» sans laisser aucune trace, nous savons trop bien qu'avec
» du bronze ont fait des cloches ou des canons, et nous
» craignons que le David n'existe plus depuis long-
» temps.

» Si nos tristes pressentiments venaient à être démentis
» par quelque heureuse trouvaille ; si ces lignes, écrites
» avec tant de plaisir sur un sujet si attrayant, contribuaient
» un jour à faire retrouver, dans quelque château des en-
» virons de Blois, ce bronze ignoré et méconnu, mais tou-
» jours palpitant de la vie qu'a dû lui donner Michel-
» Ange, ce serait pour nous une joie véritable. »

C'est en effet dans un château des environs de Blois qu'a été posé le David ; si nous ne l'avons pas trouvé, nous en connaissons du moins la place, et c'est dans le château même qui fait le sujet de ce chapitre.

Au second volume des plus Excellents bastiments de France, publié en 1559, Du Cerceau n'a rien dit de la statue, dans sa courte description de Bury, mais on voit dans son dessin, au milieu du parterre qui décore la cour d'honneur, une statue élevée sur une colonne. Malgré l'exiguité de la figure, il y a dans le mouvement de l'une des jambes, une indication très claire de l'attitude donnée par Michel-Ange à sa statue, qui représentait David appuyant un pied sur la tête de Goliath, comme on le sait par un dessin de la collection du Louvre, acquis en 1850. Ce dessin est une étude de la statue même, et Mariette l'avait pris pour la première pensée du David qui décore le Palais-Vieux, à Florence, malgré la différence énorme de style et d'attitude entre les deux figures.

En 1649, un de nos prédécesseurs, Jodocus Sincerus, qui publiait en latin un Guide du voyageur en France, *Itinerarium Galliæ*, dit en parlant de Bury : *In medio areæ columnæ imposita est imago regis Davidis æneæ, magni pretii æstimata : quæ Roma jam fere ante seculum eò translata traditur.* L'auteur a dit Rome pour Florence, ce qui prouve que les Guides de ce temps-là n'étaient pas plus véridiques que la plupart de ceux publiés de nos jours (j'en excepte le mien, bien entendu,), même quand ils s'appelaient *Jodocus Sincerus*.

En 1655, le sieur Du Verdier, historiographe du roi, faisait paraître à Paris, chez Michel Robin, *pour la commodité des François et estrangers*, un autre Guide, copié simplement sur ceux qui l'avaient précédé, sans en prévenir le lecteur, procédé encore fort en usage aujourd'hui (j'excepte toujours mon livre), écrivait de Bury : « Chasteau magnifique et spacieux, qui fait voir au » milieu de sa court, sur une colomne, l'image du roy » David, en bronze, laquelle est de grand prix, et a » esté apportée là de Rome, depuis six vingts ans. »

Observons que, dans ces descriptions, le David est placé sur une colonne, comme dans le dessin de Du Cerceau. La république de Florence avait-elle cédé à de nouvelles obsessions de Robertet, ou le trésorier avait-il fait les frais de cette colonne ?

L'Histoire de Blois de Bernier, publiée en 1682, parle encore de la statue de David, mais comme d'un souvenir. « Il n'y a pas longtemps qu'il y avoit encore
» [à Bury] de fort beau bustes, et particulièrement ce-
». luy du prévost Tristan, et un autre, de marbre blanc,
» qui (si l'on en croit l'inscription) est la figure de
» Jean Tillery, *Alleman, inventeur de la poudre à ca-*
» *non*. Mais il y avait, de plus, un David de bronze,
» au milieu du donjon, que les connoisseurs estimoient
» infiniment et qui avoit esté apporté de Rome. »

Jodocus Sincerus parle aussi de ces bustes et de ceux d'empereurs et de rois qui décoraient le château.

Nous avons vu plus haut les causes de l'abandon de Bury. A l'époque où Bernier écrivait, la magnifique galerie où se voyaient les raretés accumulées par Robertet, était déjà en ruines. Les Rostaing, possesseurs à la fois de Bury et d'Onzain, avaient enrichi ce dernier château aux dépens de l'autre. C'est là où durent être portés d'abord tous les objets d'art provenant de Bury; toutefois je ne les trouve plus cités nulle part. Peut-être aussi furent-ils vendus par François Robertet, dernier descendant de Florimond, qui avait dissipé, comme tant d'héritiers, la fortune amassée par ses aïeux; car ses collatéraux acceptèrent l'héritage, sous bénéfice d'inventaire, et la baronnie fut vendue, par expropriation, à Nicolas de Neuville.

Quant à Onzain, magnifique construction placée sur les bords de Loire, à 4 lieues de Blois, sur la route de Tours, en face de Chaumont, il n'en reste pas une pierre si ce n'est celle de fondation que l'on a emportée à Blois, tant la bande noire, qui l'acheta en 1823, apporta de soin dans cette démolition.

Chaumont. — Antérieurement au Xe siècle, le lieu qu'occupe aujourd'hui le château de Chaumont s'appelait la Garenne de la Comtesse. Quelle comtesse? on l'ignore. Ce qu'il y a de certain, c'est que, sur la fin du X⁰ siècle, Eudes Ier, comte de Blois, l'un des successeurs de Thibault-le-Tricheur, fit élever en cet endroit une forteresse, dont il confia la garde à Névole, renommé capitaine. Cette construction avait pour but de mettre un terme aux déprédations de Lysois de Bazougiers, seigneur d'Amboise. Vers 1026, Eudes, IIe du nom, la donna à titre de fief à Gelduin, seigneur de Saumur et de Pont-Levoy, qui la lui demanda comme indemnité de la perte de Saumur, tombé au pouvoir de Foulques-Nerra, leur ennemi commun. A Gelduin succéda Geoffroy, son fils, surnommé la Fille (*puella*), à cause de la beauté de ses traits. Ce Geoffroy mourut âgé de plus de 100 ans, laissant Chaumont à Sulpice d'Amboise, premier du nom, fils de Lysois, et devenu son neveu, comme mari de Denyse, fille de Chaara, sa sœur, et de Frangal, sire de Fougères. En raison de cette alliance, les successeurs de Sulpice à la seigneurie d'Amboise le devinrent également à celle de Chaumont.

Sous Sulpice, IIe du nom, les fortifications du château furent rasées par Thibault IV, comte de Blois, à la suite d'une bataille qui fit tomber entre ses mains ce Sulpice et ses deux fils, Hugues et Hervé; ceux-ci avaient eu le malheur de lui livrer ce château pour leur rançon.

Thibault V le rétablit en 1060. Peu de temps après, Henri II, roi d'Angleterre, s'en étant emparé, le rendit à Hugues, l'aîné des fils de Sulpice II, pour le récompenser de son dévouement à ses intérêts. Sulpice III, successeur de Hugues, mourut sans enfants, et ses domaines passèrent à Jean de Berrie, fils de Renaud de Berrie et de Marguerite d'Amboise, sœur de Sulpice III. Ce Jean de Berrie prit le nom et les armes d'Amboise.

Parmi les seigneurs de Chaumont, issus de cette seconde maison d'Amboise, la postérité distinguera toujours l'illustre cardinal d'Amboise. Son arrière-petite nièce, Antoinette d'Amboise, veuve d'un Larochefoucault-Barbézieux, fut le dernier des membres de cette race fameuse, qui ait possédé Chaumont. A l'un des héritiers de cette dame, l'acheta la reine Catherine de Médicis, le 31 mars 1559 ; mais elle le donna peu de temps après à la duchesse de Valentinois en échange de Chenonceaux. La belle favorite de Henri II, quoique bannie de la cour, n'habita point les bords de la Loire ; elle leur préféra toujours les splendides solitudes du château d'Anet, qu'elle s'était fait bâtir. La duchesse de Bouillon, sa fille, hérita de Chaumont.

A la suite de cette dame, le vieux manoir des Gelduin et des Sulpice voit passer dans ses murs, comme de fugitifs météores, une foule de nobles propriétaires. Toutefois, quelque gloire rejaillit sur lui du nom de l'un d'eux, Henri de la Tour, père du grand Turenne. En 1600, un gentilhomme lucquois, nommé Sardini, qui possédait aussi un hôtel à Blois (V. p. 145), l'occupe en vertu du droit de retrait lignager, qu'il exerce, comme mari d'Isabelle de la Tour, sur Nicolas Largentier, sieur de Vaussemain, et fermier-général des gabelles. Cet étranger est suivi des Rouffignac qui revendent la propriété, en 1699, à Paul de Beauvillier, duc de Saint-Aignan. Changeant toujours de maîtres, ce domaine, en 1739, va des seigneurs de la maison de Mortemart à M. Bertin de Vaugien, conseiller au parlement de Paris, et de ce magistrat à M. Le Ray, grand-maître des eaux et forêts, intendant des Invalides.

Sous ce propriétaire, l'industrie est appelée à Chaumont ; des fabriques s'élèvent : une poterie estimée utilise le sol, et la plastique, sous la direction de l'Italien Nini, produit ces portraits, en *terre de Chaumont*, que les curieux recherchent encore. En 1803, M. Le Ray, fils, entre en possession du domaine paternel, mais il ne l'habite guère, entraîné bientôt dans le Nouveau-Monde par des spéculations hasardeuses. Pendant sa longue absence, un ordre de l'empereur relègue en son château l'auteur de *Corinne*. La présence de cette femme illustre, à laquelle il manqua de comprendre la mission providentielle de Napoléon, amène à Chaumont plus d'un hôte célèbre, courtisan de son exil, entr'autres, les comtes de Sabran et de Salaberry, le duc de Montmorency, et l'auteur d'*Adolphe*, Benjamin Constant.

D'autres mutations, cependant, attendent la féodale demeure; elle compte un instant parmi ses possesseurs M. d'Etchegoyen, propriétaire du joli château de Madon, ancienne maison de plaisance des évêques de Blois, située dans le voisinage ; puis celui-ci en transmet la propriété à Mme la comtesse d'Aramon, qui l'habite aujourd'hui avec son second mari, M. le vicomte Walsh.

Grâce à ses derniers possesseurs, le château de Chaumont, très-habilement réparé, a pu reprendre de nos jours la physionomie des anciens temps. Dans cette restauration, M. de la Morandière s'est montré le digne élève de M. Duban, sous la direction duquel il avait travaillé à la restauration du château de Blois.

Tandis que l'habile architecte restituait au château toute sa poésie de pierre, le père de M. Walsh, le bon, spirituel et habile conteur, dont chacun connaît les écrits, restituait au vieux manoir toute la poésie de ses souvenirs.

En 1681, dans ses Mémoires inédits sur les maisons royales de France, Félibien donne une description du château de Chaumont, qui prouve que, depuis cette époque, cette noble résidence a subi peu de changements. Seulement, il signale du côté de la Loire une façade du temps de Charles d'Amboise, qui n'existe plus, M. Bertin de Vaugien l'ayant fait abattre, tandis qu'il était propriétaire. Il admire l'escalier à noyau, bâti en pierre de lie ; il parle des tours, des vieux bâtiments des d'Amboise, plus faits, dit-il, pour servir de place forte que de maisons de plaisir, et offrant en plusieurs endroits cette espèce de volcan en éruption, devise fort ancienne, mais très peu véridique, qui fait allusion au prétendu sens étymologique de Chaumont (*chaud mont*). Il passe sous silence les C bien visibles, cependant, dans l'encadrement sculpté qui embrasse presque tout le château, regardés à la fois comme l'initiale du nom de Chaumont, et comme le complément de sa devise; le fil d'une tradition vivante, à la main, il reconnaît la « grande salle fort spacieuse, ayant veue du costé de » l'eau, où la reyne Catherine tenoit ses assemblées » d'astrologues et de desvineurs, auxquels elle avoit » beaucoup foy. »

En effet, Nicole Pasquier, fils du célèbre Estienne Pasquier, raconte, en ses Lettres, que « la Royne mère, » désireuse de sçavoir si tous ses enfants monteroient » à l'Estat, un magicien, dans le chasteau de Chaul- » mont, qui est assis sur le bord de la rivière de Loire, » entre Blois et Amboise, luy monstra dans une sale, « autour d'un cercle qu'il avoit dressé, tous les Roys de » France qui avoient esté et qui seroient, lesquels firent » autant de tours autour du cercle qu'ils avoient régné » et devoient régner d'années; et comme Henry » troisiesme eut fait quinze tours, voilà le feu roy » [Henry IV], qui entre sur la carrière, gaillard et » dispost, qui fit vingt tours entiers, et voulant achever » le vingt et uniesme il disparut. A la suite, vint un pe- » tit prince de l'aage de huict à neuf ans, qui fit trente- » sept ou trente-huict tours; et après cela toutes choses » se rendirent invisibles, parceque la feüe Royne Mère » n'en voulut voir davantage. » (Tom. II, p. 1058.)

Maintenant, si nous examinons ce château dans son état actuel, nous verrons qu'à l'extérieur, du côté de la plaine, il se compose de deux corps-de-logis irréguliers, flanqués d'une tour à chaque angle et réunis au pavillon de la voûte d'entrée par deux autres tours, bastions formidables chargés de machicoulis. Cet ensemble d'édifices du XVe siècle se présente sous un aspect vraiment belliqueux. A quelque distance, on aime à voir jaillir ses toits aigus, ses clochetons, ses hautes cheminées, du milieu des bosquets et des masses de verdure qui le pressent. La voûte ouvre sur une cour formant terrasse du côté de la Loire, depuis la démolition exécutée par M. de Vaugien. Dans les bâtiments qui la ceignent on distingue, à droite, la chapelle appuyée en retrait, à l'extérieur, sur l'entablement d'un rempart probablement élevé pour la soutenir. Elle reçoit le jour par plusieurs fenêtres ornées dans le style ogival, dit flamboyant. Cette chapelle, à l'intérieur, forme une sorte de croix grecque et présente des dimensions assez vastes pour mériter la qualification d'église. Elle possède un retable de bois sculpté qui mérite l'attention des connaisseurs, et de beaux vitraux d'où s'échappe cette lumière affaiblie, douce au regard et si favorable au recueillement.

La grande galerie, les salons, les appartements, décorés dans le meilleur style de la renaissance, attestent le bon goût des propriétaires du château. Les voyageurs voudront les visiter, et surtout cette terrasse d'où, penchés sur l'immense panorama du bassin de la Loire, ils verront se développer ce que Fénélon appelle si pittoresquement : « un horizon à souhait pour le plaisir des » yeux. »

Chenonceaux. — La commune de Chenonceaux, située presque à la limite de l'arrondissement de Blois, fait partie du département d'Indre-et-Loire. Son château, l'une des merveilles du XVIe siècle, n'était d'abord qu'une habitation féodale d'assez peu d'importance, possédée par une famille originaire d'Auvergne, du nom de Marques. Thomas Bohier, originaire de la même province, baron de Saint-Cyergue et général des finances de Normandie, acheta vers 1496 de Pierre Marques, son débiteur, ce modeste castel qui s'élevait non loin du Cher. Ce fut cet opulent seigneur qui jeta les fondements du château de nos jours. Il fit choix, pour ses constructions, de l'emplacement d'un moulin bâti dans la rivière par le châtelain, son prédécesseur. Même, il eut la première idée du pont qui joint les deux rives du Cher. Mais sa mort, arrivée en 1523, et celle de son habile épouse, Anne Briçonnet, survenue peu de temps après, empêchèrent la réalisation de ce projet, autorisé, dès 1515, par François Ier. A cette époque, le principal corps-de-logis se trouvait terminé. On peut y voir les armes des deux époux, sculptées ou peintes en plusieurs endroits, avec cette inscription où se laisse pressentir, quant à l'achèvement de leurs plans gigantesques, la double insuffisance de la vie et de la fortune :

SIL VIENT A POINT ME SOWIENDRA

Antoine Bohier, l'aîné de leurs fils, hérita de la seigneurie de Chenonceaux, sans pouvoir la garder longtemps. La succession de son père ayant été reconnue débitrice envers le trésor d'une somme considérable, il se vit bientôt dans la triste nécessité, pour se libérer, de faire l'abandon de ses biens à François Ier. Ce prince, heureux de profiter d'une occasion qui mettait au nombre des maisons royales un château déjà renommé par la beauté de son architecture et le charme d'une situation incomparable, en fit prendre possession en son nom par le connétable de Montmorency, en l'année 1535. Il y vint plusieurs fois avec sa cour, et le garda jusqu'à sa mort.

Henri II, son fils, peu de temps après son avènement, en fit don à la belle Diane de Poitiers, et celle-ci, vers 1515, fit construire le pont médité par Thomas Bohier. La mort du roi mit fin à tous les projets d'embellissement conçus par la favorite. Avec Henri finissait sa puissance. D'ailleurs, l'épouse si longtemps éclipsée, Catherine de Médicis, était régente ; bien résolue de tirer vengeance d'une rivalité d'autant plus odieuse, qu'elle l'avait blessée à la fois et comme épouse, et comme femme, et comme reine, les témoignages de sa haine ne se firent pas attendre. Pour en arrêter les effets, la duchesse de Valentinois dut remettre à l'implacable florentine, avec les pierreries données par son royal amant, le plus magnifique joyau de son écrin, Chenonceaux !

Ceci se passait en 1560. Dès-lors Catherine fit de cette résidence une de ses habitations de prédilection. Les écrits du temps sont remplis du détail des fêtes qu'elle y donna pendant ses fréquents séjours. De cette ère de plaisirs et de splendeurs datent les terrasses, les douves, la galerie du pont et le grand bâtiment faisant face à l'avant-cour.

A Catherine succéda, dans la possession de Chenonceaux, la pieuse Louise de Vaudemont-Lorraine, veuve de Henri III. Cette princesse y passa, dans le deuil, les dernières années de sa vie. Un témoignage de son inconsolable tristesse s'est maintenu jusqu'à nos jours sur la cheminée de la chambre qu'elle occupait ; ce sont ces trois mots de Virgile :

SÆVI MONVMENTA DOLORIS.

Louise de Vaudemont mourut à Moulins, le 29 janvier 1601, laissant Chenonceaux à sa nièce, Françoise de Lorraine, duchesse de Mercœur, fiancée de César, duc de Vendôme et fils naturel de Henri IV. A la mort du dernier des ducs de Vendôme, le vainqueur de Villa-Viciosa, Chenonceaux échut successivement à sa veuve, Marie-Anne de Bourbon, petite fille du grand Condé, puis à la princesse douairière de Condé, puis enfin au duc de Bourbon, qui l'acheta en 1720, pour le revendre en 1730 à M. Dupin.

Cette acquisition fut heureuse pour Chenonceaux, négligé depuis près d'un siècle par ses puissants possesseurs. M. Dupin y reçut toutes les illustrations de la fin du dernier siècle ; il y consacrait sa fortune à l'embellissement de ce magnifique manoir ; exemple que suivirent ses petits-neveux, M. le comte et Mme la comtesse de Villeneuve. Protégé par les vertus de Mme Dupin, il ne reçut aucune sérieuse atteinte dans les temps les plus orageux de la première révolution.

M. Chabouillet, conservateur adjoint du cabinet des antiques, et M. Massé, architecte du département de Loir-et-Cher, ont publié, en 1834, un très bon et très beau livre sur Chenonceaux.

C'est un des rares palais célébrés par notre histoire, le seul, peut-être, qui puisse se présenter à l'avide curiosité de notre âge, dans toute l'intégrité de sa forme et de sa décoration primitives. Les siècles n'y ont rien changé, rien déplacé : meubles (à quelques anachronismes près), jardins, ombrages, tout s'y est perpétué en son lieu, en son état, comme oublié par le temps. Si revenaient à la vie tant d'illustres possesseurs, tant de nobles hôtes qui l'habitèrent ; tous, rois, reines, princes, chevaliers, grands artistes, esprits sublimes, y reconnaîtraient ce qu'ils ont élevé, placé, occupé, aimé ! Le vieux Thomas Bohier y retrouverait, pyramidant sur le Cher, au bruit du feuillage et des eaux, son château de fées, chargé de ses magiques sculptures, et sa chapelle gardant, malgré le passage des siècles, ses armes toujours brillantes aux légers pendentifs des voûtes. François Ier y reverrait les préaux, témoins des exploits de ses paladins, derniers successeurs de Tancrède et de Brandimart, disparus avec son règne ; Diane de Poitiers, les attributs de la reine des nuits que sa beauté se plaisait à revêtir ; Catherine de Médicis, son large foyer, aux divines sculptures, où, sans doute, elle médita plus d'une fois, durant ses veillées, les profondes leçons de Machiavel, son maître ; et la bonne Louise de Vaudemont, cet oratoire en deuil, qui vit couler ses larmes, entendit ses prières. Entre ces tentures, étincelantes d'arabesques d'or et d'azur, à ces hautes fenêtres ouvertes sur l'horizon de la vallée, Marie d'Ecosse pourrait, comme aux heures de sa jeunesse, s'asseoir et rêver, dans le parfum des brises fraîches, dans le calme des soirées printanières du *tant doux pays de France*, et pourrait y reprendre ses nobles entretiens, par ces allées immuables, sur ces pelouses immobilisées, avec ce peuple de héros et de génies qui vint après elle : les Condé, les Vendôme, les Voltaire, les Montesquieu, les Buffon, les Jean-Jacques !

Cheverny. — La seigneurie de Cheverny était déjà possédée, dès le XIVe siècle, par la famille Hurault. Au XVe, Jacques Hurault figure dans plusieurs actes du temps comme seigneur de la Grange, Chiverny, Vibraye et Huriel. Au commencement du XVIe siècle, le général Raoul Hurault fit bâtir, dans la terre de Cheverny, un château au lieu qu'occupent aujourd'hui les communs. L'illustre

chancelier de Cheverny, qui reçut le jour dans cette maison, en accrut les possessions et fit ériger la terre en vicomté, de la mouvance immédiate de Blois. En 1634, le fils du chancelier, créé comte de Cheverny, fit démolir une partie des bâtiments élevés par son aïeul, et construire le château qui existe aujourd'hui. Félibien l'attribue à Boyer, architecte de Blois. Toutefois les lettres F. L., gravées, avec la date 1634, dans un des cartouches de l'escalier, sembleraient indiquer un autre artiste.

La terre de Cheverny, sortie pendant la révolution des mains de la famille Hurault, est rentrée en sa possession il y a près d'une trentaine d'années. Elle appartient maintenant à M. le marquis de Vibraye, chef de la branche des Hurault de Vibraye.

Le château de Cheverny est une belle, régulière et magnifique habitation. Son architecture tient, par plusieurs détails, au temps de la renaissance et, par l'ordonnance générale, au style qui atteignit son apogée sous Louis XIV. La façade se compose d'une suite de corps-de-logis et de pavillons. Sur l'entablement du pavillon central s'ouvre une niche oblongue qui renferme le buste, en marbre, du fondateur. Les pavillons qui s'élèvent à chaque extrémité de l'édifice ont leurs couvertures à l'impériale, avec de légers dômes ou lanternes. Les fenêtres de tout le premier étage de la façade, séparées par des niches semblables à celle du pavillon central, portent des frontons chargés d'ornements très délicatement sculptés et renfermant des bustes antiques de marbre.

Le château fait face à une large et superbe avenue d'une lieue d'étendue, dans laquelle se déroule, à son aise, un chemin cantonal venant de Contres. Le parc, dessiné maintenant à l'anglaise et traversé par une rivière, est tout-à-fait digne du château qu'il enveloppe de ses ombrages.

Les connaisseurs admirent au premier étage un appartement, autrefois reservé pour le roi : il est formé d'une Salle des gardes, d'une chambre à coucher et de plusieurs cabinets.

Dans la Salle des gardes, les lambris, les plafonds et les panneaux des fenêtres sont décorés d'arabesques, de fleurs et de devises. Parmi ces fleurs on remarque le soleil, avec la légende ARMA GERO COMITIS, allusion aux armes du comte de Cheverny (V. p. 141).

La cheminée de cette salle est ornée de cariatides et de statuettes en bois doré, d'un dessin hardi, mais d'une exécution assez grossière. Sur le manteau de la cheminée, Jean Mosnier, de Blois, a peint différents traits de la fable d'Adonis. Les murs de la salle ont malheureusement perdu leurs tapisseries ; M. le marquis de Vibraye a recouvert leur nudité par des trophées d'armes.

A la suite de la Salle des gardes se trouve la *Chambre du roi.* Celle-ci n'a perdu de sa décoration qu'une imposte de porte, où le tableau original qui la décorait a été remplacé par un médiocre paysage du XVIII° siècle. Cette pièce, extrêmement curieuse, peut donner, dit M. de Chennevières, en son excellent livre des Peintres provinciaux de l'ancienne France, « une vraie et
» grande idée de ce qu'était au XVII° siècle, la ma-
» gnificence décorative de quelques-uns de nos châ-
» teaux. »

Les peintures du plafond, de la cheminée et des dessus de porte offrent l'histoire de Persée ; les lambris inférieurs celle de Théagène et Chariclée, à laquelle l'artiste n'a pas consacré moins de 30 tableaux ; deux parties d'une même histoire, puisque Chariclée était fille de rois d'Ethiopie qui descendaient de Persée et d'Andromède. Le sujet le mieux traité de la première partie est assurément un groupe de petits enfants, peints sur un fond d'or, et jouant avec la tête de Méduse.

En somme, toutes ces compositions sont faciles, un peu lâchées, mais d'une effet très agréable et font le plus grand honneur à Jean Mosnier, peintre blésois, bien au-dessus de la réputation qu'on lui a faite et dont M. de Chennevières a heureusement fait appel à la justice de notre temps.

D'autres salles présentaient des scènes tirées du célèbre roman de l'Astrée, si à la mode alors, et de l'immortelle *histoire* de don Quichotte. Des débris de ces dernières ont été replacées, de nos jours, dans une petite salle basse du pavillon de gauche. Les lambris, les plafonds, les volets du château tout entier étaient ainsi ornés de peintures que le goût malheureux du dernier siècle a fait successivement disparaître.

Les cabinets attenant à la chambre royale offrent encore quelques panneaux où sont peints des fleurs, fruits, feuillages et arabesques.

On voit dans la chambre du roi un lit d'une époque plus ancienne, qui est peut-être celui où mourut, dans le vieux château, le 15 août 1599, le chancelier de Cheverny, et dont il est question dans les Mémoires de son fils, l'abbé de Pont-Levoy. « Arrivant audit Cheverny,
» et trouvant qu'on luy avoit fait changer un vieil lict,
» pour en remettre un plus beau en sa place, il se fas-
» che contre ma belle-sœur, la comtesse de Cheverny
» [Isabelle d'Escoubleau de Sourdis], qui avoit pensé
» bien faire, et voulut que l'on remist son vieil lict,
» avec la vieille tapisserie, en ladite chambre. »....

Le chancelier était né au château de Cheverny, le 25 mars 1528.

Le possesseur actuel, au rebours de ses devanciers, s'occupe constamment à restituer au château de Cheverny son ancienne physionomie. Il a cependant cédé une fois au goût pour le jardin anglais, en détruisant la symétrie de l'avenue du parc, et comblant les fossés secs qui environnaient le château, et où se voyaient des parterres et des grottes de rocailles.

Le château de Cheverny possédait autrefois une loge, célèbre par une bacchanale de la main de Poussin. Les parterres avaient été aussi ornés de figures de pierres dues au ciseau du fécond sculpteur parisien, Gilles Guérin.

En quittant le château, le voyageur fera bien de visiter l'église du bourg de Cheverny, dont le portail remonte au XIIe siècle. La chapelle seigneuriale offre les marbres funéraires des Hurault, dont les corps reposaient dans un caveau qui fut violé en 93.

Je transcrirai ici l'épitaphe des trois cousins : Messire Guy de Laval, époux de Marguerite Hurault, qui mourut à la bataille d'Ivry; de Anne Hurault, baron d'Huriec, tué au siége de Salvagnac, le 22 novembre 1586, et de Louis Hurault de Villeluisant, tué au château de Lassé, dans le Maine, en 1589.

> Passant, ce peu de marbre avarement enserre
> Les cœurs ensevelis de trois proches parents,
> Tous trois morts en trois ans, en trois actes de guerre,
> Tous trois pareils en sort et tous trois différents ;
> Car l'un perdit la vie au choc d'une bataille,
> Noié dedans son sang, coulant de toutes parts ;
> L'autre finit ses jours, forçant une muraille,
> Et l'autre en gardant une et sauvant ses remparts.
> Ils bruslèrent tous trois d'une commune flamme,
> Dont la sainte vertu fut l'unique flambeau :
> Leurs trois corps, en vivant, n'eurent qu'une mesme ame ;
> Leurs trois corps estant morts n'ont qu'un mesme tombeau.

L'épitaphe latine du chancelier est remarquable ; je ne puis résister au désir de la faire connaître :

D. M.

FVNCTVS HONORATO SENIO PLENVSQVE DIERVM
 EVOCOR AD SVPEROS : PIGNORA QVID GEMITIS ?
REDDERE DEPOSITVM LEX EST IDEOQVE PETENTI
 CORPVS HVMO MANES RESTITVOQVE POLO.
TOLLITE QVOD VESTRVM EST, INSIGNIA JVRA PARENTIS
 SCILICET ET TITVLOS, PLVS SATIS VRNA MIHI.

Les Crotteaux (Les petites grottes). — Nous allions consacrer un article à ce joli manoir, construit dans le commencement du XVIIe siècle, lorsque nous nous sommes rappelé les pages suivantes, dues à la plume élégante et facile de feu M. le comte de Salaberry. Nous n'hésitons pas à les détacher des Mémoires de la société académique de Blois, dans l'espoir qu'elles donneront à nos lecteurs tout le plaisir qu'elles nous ont procuré :

« Le petit château des Crotteaux fut le séjour du sage, du bon, du vertueux Guillaume Ribier, conseiller d'État en retraite, témoin et acteur aux Etats-Généraux de 1614. Guillaume Ribier se fit admirer dans cette assemblée par la vigueur de son esprit, et obtint du roi Louis XIII et de la reine-mère tout ce qu'il demanda pour son pays. Le brevet de conseiller d'Etat qu'il ne demandait pas lui fut donné par honneur. Marie de Médicis, dans son séjour ou exil à Blois, prenait ses conseils et lui fit offrir la charge de secrétaire de ses commandements, qu'il refusa par modestie. Enfin le cardinal de Richelieu, après la prise de la Rochelle, à son passage à Blois, lui proposa de suivre la cour et de servir le roi, dans ses conseils, lui promettant une sûre et haute élévation. Ribier refusa encore. Cette courte digression était nécessaire pour montrer que le caractère, les mœurs, les études, la piété, la fidélité, la vie entière de Guillaume Ribier sont historiquement dans un accord parfait avec les devises dont il s'est plu à s'entourer dans son habitation.

» Dès la porte d'entrée on reconnaît l'homme des champs; on y voit cette inscription :

RVRA MIHI ET RIGVI PLACEANT IN VALLIBVS AMNES

Le propriétaire actuel a ajouté les vers imitateurs de Delille :

» Verdoyantes forêts, prés fleuris, clairs ruisseaux,
» J'irai, je goûterai votre douceur secrète.

Sur la porte intérieure du manoir, on lit :

ARBITRII HIC TIBI JVRA TVI.

Ce qui veut dire : *Ici tu es libre de faire ce que tu veux.*

» ..... Les solives légères du grand salon de Guillaume Ribier s'offrent aux yeux et à l'esprit de ses visiteurs, entourées des arabesques les plus gracieuses et les plus variées... Ici, c'est une main qui tient les balances de la justice avec cette inscription : *Nec spe nec metu* (ni par l'espérance ni par la crainte); est-ce autre chose que le témoignage que lui rendait sa conscience de magistrat ? Là des roses et des lis au milieu d'un buisson d'épines, et au bas les mots : *E tra le spine spuntano* (ils poussent au milieu des épines); n'était-ce pas un souvenir mélancolique de l'affection du conseiller d'État Ribier pour la reine-mère, placée au faîte des grandeurs et au milieu des chagrins qu'elle avait toujours éprouvés ou qu'elle s'était faits à elle-même. Ailleurs c'est l'image d'un vaisseau au port, avec cette pensée : *Secure ridet ventos* (en sûreté il se rit des vents), heureuse expression du bonheur dont jouit Ribier de vivre tranquille à l'abri des orages des cours.

» De là, les goûts paisibles d'un philosophe désabusé; de là, cet olivier qui représente si bien la paix de son âme, avec cette devise : *Paci et sacratæ Minervæ* (à la paix et à la divine Minerve).

» Mais la vertu de Caton, la sagesse de Salomon n'excluent pas une douce gaîté, d'innocents plaisirs de table, et l'hôte bienveillant avait aussi peint un cep de vigne avec cette invocation : *Adsit lætitiæ Bacchus dator* (préside ici, Bacchus, dieu de la joie).

» Enfin, le dernier vœu du vieillard philosophe, de cet homme heureux, est adressé à l'œuvre de sa création, à sa paisible retraite, à sa jolie maison. Il lui souhaite d'être debout tant que la rivière du Cosson coulera à ses pieds. Au-dessus de la porte qui donne sur le Cosson, on lit :

PERENNET VT AMNIS

(qu'il dure autant que cette rivière).

» Après le conseiller d'État, Guillaume Ribier, le château des Grotteaux fut possédé par cette famille, longtemps blésoise, dont le nom était *Lenfernat*, et qui prit pour devise ce jeu de mots : *Qui bien fait l'enfer n'a.*

» Mais la bienveillance hospitalière de Guillaume Ribier, son aménité, sa simplicité de mœurs se sont continuées dans le possesseur actuel de son confortable manoir, petit-fils d'un blésois, aussi honorable qu'honoré, qui fut maire de Blois, et qui depuis longtemps a fait attacher un sentiment de reconnaissance au nom de Boucherat. L'aimable et bon propriétaire des Crotteaux fait voir avec plaisir les devises du manoir à ses hôtes, et n'oublie pas celle de : *Adsit lœtitiæ Bacchus dator.* Puisse l'eau du Cosson aller toujours à son moulin ! »

Ce possesseur, M. Bagieu, est mort il y a peu d'années. La terre, restée deux ans en vente sans trouver d'acheteur, a été morcelée ; mais heureusement le manoir, le parc, une ferme et le moulin sont entre les mains d'un propriétaire, M. le comte de Lamarre, qui aidera, au moins sa vie durant, à justifier le PERENNET VT AMNIS ; souhait d'antiquaire, par lequel nous terminerons ce chapitre.

Fougères. — Le château de Fougères est très-ancien. Au XIe siècle, déjà, Frangal, d'origine danoise, en était seigneur. Ce feudataire, qui ne laissait pas d'être puissant et redouté dans le pays, épousa Chaane, fille du fameux Gelduin, seigneur de Saumur et de Pont-Levoy, et sœur de ce Geoffroy, surnommé *Puella* (jeune fille) à cause de son extrême beauté, heureux don de sa race, qu'elle partageait avec son frère. Cet hymen fut fécond, car, dit le naïf traducteur de la chronique d'Amboise, « *il engendra plusieurs enfants, que fils que filles.* »

La rudesse farouche, inhérente au caractère des pirates scandinaves, paraît s'être perpétuée longtemps chez les successeurs de Frangal ; à ce sujet on cite la légende suivante, conservée dans le pays :

« Un seigneur de Fougères, descendant du vieux Danois, s'était marié au déclin de la vie, avec une jeune et charmante orpheline, d'illustre, mais pauvre maison.

» Les hommages que la rare beauté de la jeune châtelaine lui attirait de la part des nobles personnages reçus au castel de Fougères, ne tardèrent pas à remplir l'âme du baron d'une cruelle jalousie. Sa vie se passait à surveiller les plus innocentes actions de sa brillante épouse.

» Elle, pleine de candeur et de vertu, n'opposait qu'une douceur angélique aux injustes soupçons du sombre châtelain. Enfin, le moment vint où le descendant de Frangal, mandé par le roi, dont il était un des plus fidèles barons, fut obligé de faire une absence de plusieurs semaines.

» Près de partir, il fit défense à la châtelaine, sous les plus affreuses menaces, de recevoir au logis, pendant son absence, aucun homme de quelque condition, âge, ou pays qu'il fût.

» Précisément, environ ce temps, une dame, une amie d'enfance de la châtelaine, s'avisa d'envoyer à la dame de Fougères, par un sien page, un missel sur vélin, vrai chef-d'œuvre d'enluminure.

» Cet envoyé vint à Fougères, comme touchait à son terme la dernière semaine de l'absence du maître. Il présentait respectueusement à la châtelaine le présent de sa dame, lorsque le seigneur entra brusquement dans l'appartement. Furieux à l'aspect du page, et sans demander d'explication, il plongea son épée dans le corps du pauvre enfant. Il laissa la vie à son épouse, mais il la renferma dans la plus haute chambre de la tour carrée du château. Sa vengeance ne se borna pas à cette réclusion ; il la fit passer pour morte, et lui fit faire de magnifiques obsèques.

» La malheureuse châtelaine resta on ne sait combien de temps dans sa prison. Quelques-uns pensent qu'elle y mourut. Mais personne ne doute à Fougères, que son âme ne revienne, dans la grande tour, et que sa voix gémissante ne se mêle au bruissement des vents, pendant les longues nuits de l'automne. »

Le château actuel a été bâti par Pierre de Refuge, trésorier du roi Louis XI et chevalier de son ordre de Saint-Michel, ce qu'il a eu soin de rappeler dans l'ornementation de la tour de l'escalier. La cour décorée d'arcades, la porte d'entrée flanquée de deux longues tourelles, les tours d'angle, la grosse tour carrée, et tout l'ensemble de l'édifice offrent bien le caractère des châteaux du XVe siècle, plus habitables que ceux du siècle précédent, mais conservant encore tous les caractères de la forteresse.

Les propriétaires actuels du château de Fougères habitent, près de là, un très beau château moderne, du nom de Boissay, et ont établi une filature dans le vieux manoir, dont ils n'ont rien détruit de ce qui pouvait lui enlever son caractère original.

Abbaye de la Guiche. — Des légendes, dont Bernier nous a confirmé le précieux souvenir, rapportent que, vers la fin du XIIe siècle, des pâtres découvrirent, à la suite de quelques apparitions, dans un lieu nommé *La Guiche*, une image miraculeuse de la mère du Sauveur. Cet endroit, situé dans la commune de Chouzy, à l'extrémité septentrionale de la forêt de Blois, à deux lieues à peine de cette ville, paraît avoir été l'emplacement d'une habitation gallo-romaine, peut-être le théâtre de quelque ancienne superstition druidique ou payenne. Quoiqu'il en soit, les prodiges dont parle Bernier déterminèrent, en 1272, Jean Ier de Châtillon, comte de Blois, à fonder à La Guiche l'abbaye de femmes nobles qu'il avait depuis longtemps le dessein d'établir. Au rapport du même historien, le nombre des religieuses ne devait pas passer 80. Astreintes à un service perpétuel pour le comte, sa femme et ses ancêtres, elles étaient tenues d'admettre parmi elles toutes les filles du mérite et de la vocation nécessaires, désignées par ce dernier. Une bulle du pape Martin II stipula que la communauté ne serait sujette qu'à la cour de Rome. Jeanne, comtesse d'Alençon, dans une charte de 1285, ajoutant de nouvelles libéralités à celles de Jean Ier son père, ordonna que le nom de La Guiche, qui cependant a prévalu, serait changé en celui de la *La Garde-Notre-Dame.* Longtemps après, Charles, duc d'Orléans, comte de Blois, donna quelques biens à cette abbaye. Au temps de Bernier, on admirait encore le bel entretien de l'église et l'exacte régularité du service divin. Cependant le nombre des religieuses était diminué ; une mauvaise administration ayant, à une époque précédente, amoindri les revenus de la communauté.

La Guiche devint la nécropole de la dynastie des comtes de Blois, du nom de Châtillon. En 1280, on y déposa les restes mortels de son fondateur, décédé à Chambord, et, peu de temps après, ceux d'Alix de Bretagne, sa veuve, morte au retour d'un pélerinage en Palestine. Les dames de La Guiche firent élever à leur bienfaitrice, dans le chœur de leur église, un superbe tombeau *noir, avec sa représentation au naturel.* Auprès de son père, en 1292, vint reposer Jeanne de Châtillon, bienfaitrice comme lui de la maison, et successivement Hugues de Châtillon, seigneur ami des lettres, Guy Ier, mort en 1342, Louis Ier, tué à la bataille de Crécy, et quelques autres.

L'époque des guerres de religion ne laissa pas d'être fatale à l'abbaye de La Guiche ; ses tombes même furent profanées. Presque entièrement démolie après la révolution, elle ne présente aujourd'hui que des ruines. Néanmoins on y admire encore un reste de cloître et, surtout, une église souterraine d'un admirable effet.

Dans une petite chapelle isolée, se voient les sarcophages du fondateur de l'abbaye, Guy de Châtillon, et de Jean, l'un de ses successeurs. Deux fois violés et mutilés par les calvinistes et par les révolutionnaires de

93, ils ont pu être restaurés par M. Pardessus, frère du célèbre jurisconsulte blésois, et père du propriétaire actuel de La Guiche.

Menars. — Le bourg de Menars, ainsi que l'indique son nom, d'origine celtique *(men-hir)*, est assurément très ancien, mais le château ne paraît pas remonter à une époque bien reculée. En 1506, Jean de Tailleman, à cause de damoiselle Perrette de Faillard, sa femme, fait hommage de la seigneurie de Menars au comté de Blois. Ensuite, il passe à messire Jean du Thier, secrétaire d'État et seigneur de Beauregard, qui en fait également hommage, en 1547. Sa veuve, en 1560, renouvelle cet hommage, tant pour Menars que pour ses autres seigneuries du Blésois. Vers 1647, messire Guillaume Charon, trésorier de l'extraordinaire des guerres, ayant acquis la terre de Menars, fait rebâtir le château, qui ne consistait alors qu'en un modeste corps-de-logis flanqué de pavillons plus modestes encore. Jacques Charon, son neveu, conseiller et maître des requêtes, ajoute de nouvelles constructions à l'œuvre de son oncle, fait construire une orangerie et planter une avenue fort admirées alors. En sa faveur, Louis XIV érige en marquisat, relevant de la tour du Louvre, la terre de Menars, dont Louis XIII avait fait précédemment une vicomté.

Sous Louis XV, le château devient pendant quelques mois la résidence du vertueux Stanislas, roi de Pologne. Frappée de la beauté de sa situation, la marquise de Pompadour l'acheta peu de temps après. Elle fait élever un nouveau château, agrandir les jardins et le laisse en mourant au marquis de Marigny, son frère. Menars, sous la Restauration, était possédé par un vieux guerrier de l'Empire, le maréchal duc de Bellune. Aujourd'hui, il appartient à la princesse de Chimay.

Le château bâti par la marquise de Pompadour, est plus remarquable par la masse de ses bâtiments et le développement de sa longue façade sur le cours de la Loire, en face de celui de Nozieux, que par la beauté de son architecture. Il est de cette époque où l'art, cherchant des conceptions moins élevées qu'aux époques antérieures, s'attachait surtout à produire ces meubles charmants, ces bagatelles ravissantes, ces ornements capricieux, nommés *Pompadour*, dont nous embellissons encore nos demeures, et le château était très riche de ces charmantes fantaisies qui en sont disparues aujourd'hui. Les jardins sont beaux, distribués dans l'ancien goût de Versailles, animés par plusieurs groupes dus à la meilleure statuaire du temps. On y jouit, ainsi que du château, d'une vue admirable sur la vallée de la Loire et sur les plaines de la Sologne.

Le prince de Chimay, dans des vues de bienfaisance qu'on ne saurait trop louer, avait fondé au château de Menars un ensemble d'établissements philanthropiques d'éducation, dont il n'existe plus que l'École professionnelle du centre, dirigée par M. César Fichet, sous le patronage du prince.

Montrichard. — Vers la fin du Xe siècle, un noble propriétaire, nommé *Rabel* ou *Rabeau*, (*vir quidam nobilis, Rabellus nomine*), jouissait paisiblement sur les bords du Cher d'un tout petit hameau placé au pied d'une montagne, entre Nanteuil et Bourré. Or, cet homme pacifique, qui n'occupe l'histoire que pour le fait de ses modestes possessions, fut, un beau matin, troublé dans les douces quiétudes de sa vie. Voici à quelle occasion : la montagne qui surplombait ses chères pénates avait, très-malheureusement pour lui, toutes les conditions requises alors pour l'érection d'une forteresse. C'était, quant à sa forme escarpée, quant à son élévation ardue, tout ce qu'un vautour eût pu souhaiter de mieux pour se bâtir une aire. Or, un vautour l'ayant vue s'en empara. Celui-là s'appelait Foulques Nerra, comte d'Anjou. Comme si Rabeau et le village n'eussent pas existé, il se mit à construire sur la montagne un bon et solide repaire. Laissa-t-il Rabeau dans sa chaumière achever tranquillement son idylle ; le mit-il à la porte? l'histoire n'en dit rien. Rabeau, assurément, se plaignit à son suzerain, ce Danois Gelduin, seigneur de Saumur et de Pont-Levoy, puis celui-ci se plaignit au sien, le puissant comte de Blois, Eudes II. Eudes, prenant le parti de Gelduin, qui prenait celui de Rabeau, livra bataille à Foulques, non loin de là, dans la plaine de Pont-Levoy. Foulques, comme de raison, remporta la victoire, et garda, un traité survenant, la montagne de Rabeau. Telle est la stricte vérité touchant la fondation du château de Montrichard. Foulques le munit, l'entoura, le flanqua de bastions et de remparts, y bâtit un donjon, et donna la garde du tout à Roger de Montrésor, dit *le Diable*, son compère et son ami, *Rogerio Diabolerio ad custodiendum tradidit*. On doit croire qu'au-dessous, ou dans l'intérieur de la place, Rabeau put, en vertu du susdit traité, conserver son habitation. Peut-être, et cette hypothèse est très admissible, ses gens et lui furent-ils le noyau de la population de la ville de Montrichard et l'origine de la seigneurie d'Argy, enclavée dans les murs du château. Je voudrais que la petite maison, d'architecture romane, placée en face de l'hôtel de M. Rance, eût été l'habitation de l'honnête et malheureux Rabeau. Elle peut très bien remonter à l'époque où vivait ce propriétaire dépossédé par Foulques.

Le manoir de Foulques fit partie plus tard des possessions de la maison d'Amboise, attachée aux intérêts des comtes d'Anjou. Tombé ensuite au pouvoir des rois d'Angleterre, héritiers de ces comtes, il reçut garnison anglaise. Philippe-Auguste s'en empara, après un siége long et mémorable. Il appartenait dans le XVIe siècle aux sires d'Harcourt; Louis XI l'acheta de l'un d'eux, en 1461. Il fut donné dans la suite, par engagement, au chancelier de Cheverny, puis compris dans la part héréditaire de son fils, le comte de Limours, qui le vendit à la marquise de Sourdis, sa sœur, aïeule du marquis d'Effiat, encore seigneur du lieu en 1681.

Aujourd'hui, le terrain sur lequel s'élèvent les ruines du château, appartient à M. Rance, honorable propriétaire de Montrichard. Quant aux ruines elles-mêmes, elle faisaient, avant la révolution de 1848, partie des domaines de la famille d'Orléans. Ces débris, restes imposants de l'architecture militaire du XIe siècle, consistent en plusieurs grands pans de la chemise d'enceinte, et dans le donjon ou tour carrée. De son sommet, où mène un escalier appliqué à l'un des angles, la vue découvre, à une large distance, des terres fertiles, des vignes renommées, des hameaux sans nombre, tous les riants aspects de la vallée du Cher, une des belles entrées de la Touraine.

A l'extrémité occidentale de la ville de Montrichard, apparaît l'église de Nanteuil, dédiée à la sainte Vierge. Elle fut bâtie, au commencement du XIe siècle, sur les fondements d'une vieille basilique, incendiée durant les longues guerres de cette époque tourmentée. Elle appartient à différents âges. L'abside, avec ses fenêtres étroites, à plein cintre, date du XIe siècle. La belle chapelle de la Vierge, tapissée d'*ex-voto* et placée au-dessus d'une autre qui forme crypte, est un ouvrage qui n'est pas antérieur au XVIe. Un portail élégamment sculpté, qui mène de la rue dans la crypte dont nous parlons, est une restauration due à la munificence de Louis XI. La crypte elle-même doit être rapportée au temps, sinon à la libéralité de ce monarque. Le vieux despote avait une foi particulière à *Notre-Dame de Nanteuil;* il y vint plusieurs fois en pèlerinage; on dit même que ce fut pour s'assurer un logement, durant ces pieuses excursions, qu'il fit l'acquisition du château de Montrichard. L'église de Nanteuil a droit à l'attention des archéologues par son antiquité, par son architecture et par les légendes qui entourent son berceau. La dévotion à Notre-Dame y attire toujours un grand concours de pèlerins, le lundi de la Pentecôte. Elle a été très bien restaurée par M. Massé, architecte du département, et par les bienfaits de la commission des monuments historiques.

Sur la rive opposée du Cher, presque en face de Montrichard, l'abbaye d'Aiguevives est encore un lieu de pélerinage pour les âmes pieuses, d'examen pour les amis des études archéologiques. Son église, a peu près entière encore, et de la plus admirable architecture du XII° siècle, est classée au nombre des monuments historiques. On en trouve la description dans les *Excursions Archéologiques*, sur les bords du Cher, de MM. Péan et Charlot. Une troisième édition de ce livre se prépare.

A huit kilomètres de Montrichard, en remontant la vallée du Cher, une ancienne localité mentionnée dans la table de Peutinger, Thézée, présente à la curiosité des voyageurs de grandes constructions de l'époque gallo-romaine. C'est le monument le mieux conservé de ceux que les maîtres du monde élevèrent sur le sol de notre Blésois.

Orchaise. — Le chef-lieu de cette commune est situé à quelque distance d'Herbault, à trois lieues de Blois. C'est un groupe de maisons champêtres, placées au sommet d'un coteau, près de la riante vallée de la Cisse, et dominées par les grandes masses de verdure de la forêt de Blois. Les archéologues du XVII° siècle voulaient que César y eût établi ses magasins, se fondant sur une étymologie, donnée depuis un temps immémorial, *horrœa Cœsaris*. Nous savons aujourd'hui que ce nom vient d'*auri casa*, maison d'or, que porte cette localité dans les plus anciens titres, et qui lui vient peut-être d'une maison dont la porte était dorée, de même que de notre temps ce nom est devenu celui d'une maison de Paris, assez connue, dont les balcons sont dorés.

Mais à Orchaise, ce sont moins les ouvrages et les souvenirs des hommes qui doivent attirer l'attention du voyageur, que les œuvres de la nature. On y admire une fontaine qui s'échappe d'une grotte profonde, formée par des rochers d'un calcaire grenu de couleur claire, chargé de grains verts Le ruisseau qu'elle forme peut être suivi longtemps dans l'intérieur de la grotte, dont les géologues attribuent la formation à l'action de torrents puissants et impétueux. Quoi qu'il en soit, les eaux de ce ruisselet, toujours fraîches et limpides, forment, en sortant de la grotte plusieurs jolies cascades sur les pelouses de la colline. On se plaît à leur doux murmure. Les habitants du pays (le peuple a aussi ses étymologies) veulent que le fond de la grotte soit habité par une fée assise sur une *chaise d'or*. Il va sans dire qu'elle garde, dans ces mystérieuses profondeurs, un trésor d'une richesse incalculable.

Orchaise dut aussi quelque célébrité à sa terre, dite *terre sigillée*, ou *terre de Blois*, et presque aussi estimée par les médecins, dans l'ancienne thérapeutique, que la fameuse *terre de Lemnos*. Elle a dû et doit encore une plus grande célébrité à la qualité des vins récoltés sur son territoire. Dans la *Bataille des vins*, fabliau du temps de Philippe-Auguste, on parle avec éloge de ceux d'Orchaise.

L'église du village, ruinée dans les guerres de religion était d'une haute antiquité, comme on peut le reconnaître à quelques débris des claveaux de l'ancienne archivolte du portail qui ont été placés horizontalement au-dessus de la porte actuelle.

Près de l'église, est une grange des dîmes dont la construction peut remonter au XIIe siècle.

Pont-Levoy. — Le célèbre Mabillon croit reconnaître Pont-Levoy dans un lieu du pays Blésois nommé en 818 *Pontilapidensis* (Pont-Pierre); mais son nom vient évidemment du *pont-levis* d'un ancien château. Louis-le-Débonnaire possédait, en cet endroit, quelques propriétés dont il fit don à l'abbaye de Saint-Martin de

238 ENVIRONS. — PONT-LEVOY.

Tours, ou, peut-être, à l'ermitage que paraissent avoir possédé là, dès 816, des moines sortis de Saint-Martin même. Suivant M. Dupré, l'un des historiens de Pont-Levoy, un château y fut élevé vers 854, à l'époque où

les pirates normands incendièrent Blois et les plaines situées entre le Cher et la Loire. Au XI° siècle, Gelduin, vassal du comte de Blois, était seigneur du château et du pays de Pont-Levoy. Ce Gelduin, sur la fin de sa vie, en 1034, convertit le château en un monastère. Il le mit sous la règle de Saint-Benoît et le dédia à la vierge Marie, en mémoire de la protection qu'il en avait reçue, pendant une tempête, dans un de ses voyages sur mer. Enrichie dans le cours des siècles par une foule de princes et de seigneurs, l'abbaye de Pont-Levoy, en 1473, devint une commende. Le premier de ses abbés commendataires fut François de Brillac, depuis évêque d'Orléans. L'un de ses successeurs, le fameux cardinal de Richelieu, y introduisit, en 1629, la discipline de Saint-Maur. En 1729, la commende ou mense abbatiale fut réunie à la mense des évêques de Blois, qui en jouirent jusqu'à la révolution.

L'enseignement des Bénédictins paraît avoir commencé à Pont-Levoy, dès le XIe siècle. Mabillon assure que, dans le siècle suivant, la culture des études y était florissante. Au XIIIe, l'instruction s'y trouvait dans un état si prospère que l'évêque de Chartres crut devoir en féliciter l'abbé Godefroy, chef de la communauté. Mais alors, l'école était composée de deux parties distinctes : celle des *laïcs* ou *externes*, limitée aux premiers éléments, et celle des *novices* ou *internes*, que de plus hautes études préparaient à l'état monastique. Vers le milieu du XVIIe siècle, fut fondée, sous l'influence de la réforme de Saint-Maur, l'institution d'un pensionnat séculier. En 1715, Louis XIV donna, par lettre de cachet, le titre de collége à cette institution, et Louis XV, en 1764, y ajouta celui d'*École royale militaire*. Par suite de ce dernier titre, elle reçut de la munificence de Louis XVI le dixième des six cents bourses créées en 1776 pour les fils des chevaliers de Saint-Louis, dans les dix écoles militaires du royaume. En 1788, d'après

M. Mandard, le nombre des élèves était de 220, dont 60 boursiers, nombre fixé en 1776.

Ce M. Mandard, architecte et ingénieur, auquel la ville de Paris doit la rue et la cour qui portent son nom, professait les hautes mathématiques à Pont-Levoy avant 1789. Ce respectable vieillard vivait encore en 1844.

La révolution surprit Pont-Levoy dans cette situation prospère. Dès-lors, la congrégation de Saint-Maur ayant été dispersée, la direction du collége, décoré du titre de *collége national*, fut confiée à M. Garrelon, membre sécularisé de cette congrégation. Incarcéré comme suspect en 1793, cet ex-religieux fut remplacé par M. Chappotin, ancien bénédictin et vicaire épiscopal de M. Grégoire, évêque constitutionnel de Loir-et-Cher.

M. Chappotin continua, dans le collége de Pont-Levoy, les traditions de l'illustre congrégation de Saint-Maur. En 1796, de directeur qu'il était pour le compte de l'Etat, il devint directeur pour son propre compte, par l'acquisition qu'il fit à cette époque des bâtiments et des meubles de la maison, mis en vente comme propriété nationale. Sous cet administrateur intelligent et éclairé, l'institution ne fit que grandir. Elle atteignit son apogée sous l'empire, mais elle déclina sous la restauration. En 1824, après trente-un ans de fonctions, M. Chappotin, peu agréable au pouvoir qui dominait alors, poussé aussi par le besoin du repos, résigna ses fonctions à M. Sarrut, qui les exerça jusqu'au 15 août 1827. La maison, par suite de mésintelligences survenues entre lui et le grand-maître de l'Université, ayant été fermée, après une année d'interruption, elle se rouvrit sous la direction de M. l'abbé Demeuré, ancien proviseur. Ce dernier directeur, d'une volonté énergique, rappela l'ancienne prospérité de l'école. Possédée aujourd'hui par M. Laurentie, le publiciste distingué de notre temps, par M. le prince de Chalais et par M. le marquis de Vibraye, l'école de Pont-Levoy, après quelques jours de déclin, a repris, sous l'administration de M. l'abbé Peschoud, la situation où M. Demeuré l'avait replacée.

Grâce à son enseignement, l'abbaye de Pont-Levoy est du petit nombre des grands cloîtres que la révolution a laissé subsister jusqu'à nos jours. Elle peut ainsi donner une idée de ces puissants monastères que la piété de nos aïeux avait élevés sur le sol de la France. Elle intéresse à la fois l'architecte et l'archéologue. La masse imposante de ses bâtiments, leur majestueuse élévation frappent les regards. On remarque principalement la chapelle, élevée au XVe siècle, et la grande façade, des premiers temps du XVIIe, qui se développe au midi, sur des prairies entrecoupées de bocages.

L'église du bourg offre seule des souvenirs de Gelduin. La statue originale de la vierge miraculeuse, *Notre-Dame-des-Neiges*, longtemps enfouie, a été récemment retrouvée et placée dans la chapelle du collége.

A un faible éloignement de Pont-Levoy, dans un champ, se trouve un *dolmen* ou table de pierre. Ce monument druidique est appelé *pierre de minuit*, parce que, dans la contrée, il passe pour faire une révolution sur lui-même, pendant la messe de minuit, au moment de la consécration.

Eaux de Saint-Denys. — En l'an 895, Saint-Denys-sur-Loire, alors simple village, portait encore le nom de *Voginant*, appellation gauloise qui atteste que, dans les temps reculés de l'ère celtique, existait en ce lieu une fontaine sacrée, ou *nant*. La réputation de cette source, perpétuée pendant tout le moyen-âge, était en grande estime à la cour des comtes de Blois et des princes de la branche des Valois qui résidèrent dans notre ville. Dans une notice intéressante, M. le docteur Blau, médecin en chef de l'Hôtel-Dieu de Blois, citant le savant bibliothécaire de la même ville, M. Dupré, nous apprend que l'illustre famille des Hurault possédait à

Saint-Denys un manoir dans lequel elle se plaisait à héberger les hôtes distingués qu'y faisait affluer l'excellente réputation des eaux. Plus tard, le célèbre médecin blésois, Paul Reneaulme, l'un des pères de la botanique française, mettant à profit le séjour à Blois de Marie de Médicis, dédia à cette princesse un opuscule intitulé : *Les Vertus de la Fontaine de Médicis près Saint-Denys-lèz-Blois*, imprimé en 1618. Dans l'année 1682, le docteur Bernier comparait la vertu des eaux de *Voginant* à celles des sources de Forges. La mort de Gaston d'Orléans, le dernier des comtes de Blois, et le séjour de la cour à Paris leur firent perdre leur vogue aristocratique. Bientôt le défaut d'entretien amena la dégradation du bassin dont les avait ornées la mère de Louis XIII ; leur qualité fut altérée par le mélange des terrains éboulés et des eaux pluviales ; elles tombèrent dès-lors dans un abandon général, sans avoir cependant jamais été oubliées. L'Annuaire de Loir-et-Cher, pour 1807, nous apprend qu'elles sont connues sous le nom de la Fontaine médicinale, et que l'usage assez fréquent que l'on en fait dans le département, les bons effets que nombre de malades en ont ressenti, les rendent dignes d'attention.

Les choses étaient dans cet état, lorsque M. le dr Blau et M. le dr Arnoult, médecin de l'hôpital de Blois, eurent l'idée d'en faire opérer le déblaiement et de leur rendre une réputation qu'elles n'auraient pas dû perdre. Grâce à leur zèle intelligent et à l'empressement désintéressé du propriétaire, M. le comte de Beaucorps-Créqui, dont la femme est l'héritière des Hurault de Saint-Denys, les premiers travaux furent exécutés, et la source ne tarda pas à verser ses eaux limpides sur les vieilles dalles, retrouvées, de Marie de Médicis. Maintenant, par les soins d'une société d'hommes honorables, présidée par M. E. Riffault, maire de Blois, la fontaine de Saint-Denys, totalement réparée, est couverte d'un pavillon élégant, et une maison de bains s'y élève sous la direction habile de M. de la Morandière.

Ses eaux, éprouvées par de savantes analyses, favorablement accueillies de l'Académie de médecine, ont reçu la consécration de l'autorité supérieure, qui leur a donné pour médecin-inspecteur M. le docteur Arnoult, dont nous venons de parler. Elles voient de nouveau la foule se presser, dans la saison propice, sur les bords de leur triple source; et pourquoi ne retrouveraient-elles pas toute la vogue qu'elles eurent autrefois? Indépendamment de leurs qualités salutaires, maintenant constatées, n'offrent-elles pas, dans leur espace resserré, trois sources de qualités différentes, que l'on a justement baptisées des noms de Médicis, Reneaulme et Henri IV; n'ont-elles pas l'inestimable avantage d'être situées à la porte de Blois, de Chambord, de Menars; à quelques lieues de Chaumont, de Chenonceaux, de Cheverny, dans le paysage de la Loire, un des paradis de ce monde? Disons d'elles ce que l'immortel Dante disait des eaux régénératrices, placées au seuil des béatitudes paradisales : « Je sortis de ces eaux divines, plein d'une
» vigueur sans pareille; j'étais comme une plante ré-
» cemment éclose, que le printemps garnit de feuilles
» naissantes, disposé, dans ma pureté nouvelle, à m'é-
» lancer vers les régions constellées. »

Io ritornai dalla santissim' onda,
Rifatto sì, come piante novelle,
Rinnovellate di novella fronda,
Puro e disposto a salire alle stelle.

SUPPLÉMENT.

Une erreur très regrettable, commise à l'imprimerie, a empêché les articles suivants de paraître à la place qu'ils devaient occuper dans ce livre.

Le Palais Épiscopal. — Le cachet de noblesse, de force, de majesté qui distingue le règne du *Grand Roi*, se retrouve, autant que le demandait l'importance de la localité, dans le palais épiscopal, bâti à côté de la cathédrale. Rien de plus Louis XIV que ces jardins en terrasse, ces allées de marronniers et de tilleuls, d'où se déroule à la vue un magnifique panorama sur la ville de Blois et le val de la Loire.

Cet édifice, si admirablement situé, devait d'abord être établi dans les bâtiments du couvent de Saint-Laumer, et la cathédrale dans l'église abbatiale ; mais les réclamations des Bénédictins firent revenir de cette première détermination le gouvernement de Louis XIV. On fit heureusement choix de l'emplacement actuel, alors occupé par des maisons de l'ancienne rue des Papegaults, et notamment par la demeure du prieur de Saint-Solenne.

Gabriel, architecte du roi, fut l'architecte du palais, et le sieur Jacquet, entrepreneur à Blois, adjudicataire des travaux pour 85,000 fr. ; le petit bâtiment, situé au couchant, et celui qui ferme la cour au nord, furent élevés plusieurs années après.

Jusqu'à la Révolution, le palais épiscopal fit partie de la mense de l'évêché de Blois et devint la résidence des évêques. A cette époque, leur successeur constitutionnel s'y installa avec les vicaires épiscopaux; mais il abandonna, avec un louable désintéressement, une partie des dépendances pour y loger la bibliothèque communale, que l'on formait alors de toutes celles des communautés religieuses, et surtout de la collection des beaux livres de M. de Thémines. Alors aussi, sur la proposition de M. Grégoire, les jardins de l'évêché furent transformés en jardin botanique, dont M. E. Johanneau fut nommé démonstrateur; mais cette institution n'eut qu'une durée éphémère.

En 1800, l'évêché, alors vacant, fut occupé par le préfet; cependant la translation des bureaux, qui siégeaient à Bourg-Moyen, ne fut effectuée qu'en 1802.

En 1823, lors du rétablissement de l'évêché, la restitution du palais épiscopal aux évêques fut décidée; la construction d'une préfecture nouvelle entraîna d'assez long débats, et ce ne fut qu'au mois de juin 1830 que l'évêque, Mgr de Sauzin, put y faire son entrée. Ce bon et spirituel prélat, alors septuagénaire, occupait un logis provisoire en face, et cette circonstance lui faisait dire qu'il était destiné, comme Moïse, à voir la *terre promise*, mais sans pouvoir y pénétrer. Un autre évêque, celui de Poitiers, dans une circonstance semblable, disait, plus spirituellement encore : « Je suis logé en face de » chez moi. »

Depuis M. Grégoire, l'admirable terrasse du palais a été ouverte au public; cette promenade, le plus beau point de vue de la Loire, peut-être, est restée accessible aux habitants, dont elle fait les délices, et aux étrangers qu'elle ravit d'admiration.

Le grand Séminaire. — Cet édifice, qui n'est qu'une grande maison, dépourvue de toute prétention architecturale, ne mériterait guère d'être mentionné ici, s'il ne renfermait pas une chapelle dans le style du XIIIe siècle, construite et décorée avec infiniment de goût. Sa construction est due à M. de la Morandière; les peintures murales sont de la main de M. de Vaine.

Maisons Religieuses. — Plusieurs maisons religieuses, telles que les *Ursulines*, la *Providence*, le *Refuge*, les *Sœurs de l'Espérance*, sont des constructions très modernes, fort peu remarquables et d'aucun intérêt, au point de vue de l'art, pour le voyageur.

FIN.

Blois, Imp. et Lith. de Lecesne.

TABLE.

	PAGES.		PAGES.
BLOIS	1	Hôtels de : Pont (Denis du)	142
ÉDIFICES RELIGIEUX	25	— Poste (la)	147
Cathédrale	(ibid).	— Préfecture (la)	152
Cimetières	158	— Sardini	145
Évêché	245	Hôtel-Dieu	133
Maisons religieuses	247	Hôtel-de-Ville	122
Saint-Laumer	27	Hôpital-Général	136
Saint-Saturnin	31	Mail	157
Saint-Vincent-de-Paul	30	Maisons de la rue Saint-Lubin	149
Séminaire (Grand)	246	Murs de Ville	157
ÉDIFICES MILITAIRES	33	Octroi	154
Château (le)	33	Palais-de-Justice	152
Mag. des subsistances milit.	121	Petit-Louvre	139
Tour Beauvoir	(ibid).	Pont de Blois	156
ÉDIFICES CIVILS	123	Ponts (Vieux)	157
Allées (Les)	139	Saint-Lazare	150
Asile des aliénés	154	Tour-d'Argent	130
Bibliothèque	155		
Butte des Capucins	159	ENVIRONS	163
Collége	153	Châteaux de : Beauregard	202
Embarcadère	154	— Bury	204
Fontaines	131	— Chambord	163
Halle aux blés	153	— Chaumont	212
Hôtels de : Alluye	138	— Chenonceaux	217
— Amboise	143	— Cheverny	220
— Aumale	145	— Crotteaux	224
— Belot	147	— Fougères	227
— Bretagne	148	— Menars	231
— Chancellerie (la)	146	— Montrichard	233
— Epernon	144	Abbaye de la Guiche	229
— Gaillard	146	— de Pont-Levoy (aujourd'hui collége)	237
— Guise	144	Orchaise	237
— Phélippeaux	147	Eaux de Saint-Denis	241
— Pierre-de-Blois (la rue)	148		

www.ingramcontent.com/pod-product-compliance
Lightning Source LLC
Chambersburg PA
CBHW070656170426
43200CB00010B/2257